JN048836

トランスナショナル・ガバナンス

庄司克宏……編
Katsuhiro Shoji & Miguel P. Maduro (eds.)
ミゲール・P.マドゥーロ……編

トランスナショナル・ガバナンス

地政学的思考を越えて

岩波書店

はしがき——本書を読む前に

庄司克宏

近年、専制主義的な中国やロシアの軍事的脅威の増大などから、わが国においても地政学への関心が高まっている。(1) 地政学(Geopolitics)とは、字義的には「地理政治学」であるが、定義としては「グローバルな規模における政治を形成する地理」および「グローバルな規模の政治に起因する地理」の両面で、「地理(geographies)を特に重視する政治の理論と実行」に関する研究であるとされる。(2) ちなみに、「地理」とは、『広辞苑』(第七版)によれば、「地球上における山川・海陸・気候・生物・人口・都市・産業・交通・政治などの状態」を意味する。地政学の特徴としては、「今日、トランスナショナルな現象の実体がいかなるものであり、それがどのように誇張されているかにかかわらず、世界の政治は依然として領域に基礎を置き、それにより画定される国家に照準が合わせられている」ことが挙げられる。(3) つまり、グローバルな政治を分析し理解するためには、国境を越えた現象や活動ではなく、領土に基礎を置く国家と、領土を画定する国境にもっぱら狙いを定めることが不可欠であるということになる。

これに対し、本書はトランスナショナル・ガバナンス(Transnational Governance)、すなわち、「国境を越えた統治」に焦点を当てている。これは国家の重要性を軽視していることを意味するのだろうか。

答えは「否」である。むしろ、国家はトランスナショナル・ガバナンスにおいても依然として主要なアクターであると捉えられている。しかし、国家の活動は、人権問題や金融政策など、たとえ内政に関わるものであっても、他の国家に影響を及ぼすことがある(これは、国家間における「相互的外部性」と呼ばれる)。この点に由来する国家の機能不全が、トランスナショナル・ガバナンスが必要とされ、それを正当化する根拠となっている。

言い換えれば、国家はグローバルな政治の「主人公」であるが万能ではないため、その欠陥を補う「付加価値」としての役割がトランスナショナル・ガバナンスの存在理由なのである。「すべての制度的選択肢は不完全であり、国家を越えたガバナンスという巨大かつ複雑な世界においては、すべての制度的選択肢は高度に不完全なのである」という指摘がある[(4)]。この「すべての制度的選択肢」には国家も含まれる。国家という単一の制度の集合体のみでは、グローバルな政治は機能不全を起こすというわけである。国家の政策決定が不完全であるゆえに、トランスナショナル・ガバナンスの必要性が生じる。国家は不完全ながらグローバルな政治で決定を行う支配的なアクターとしての地位を依然として有している一方で、国家がもはや一定の問題におけるガバナンスに最も適した組織体ではない場合もあり得る[(5)]。

「付加価値」としてのトランスナショナル・ガバナンスの例として、欧州連合(EU)を挙げることができる[(6)]。EUは国家を構成員とし、単独の国家では達成できない利益を獲得するためにEUレベルで「主権の共有」が行われている。その限りにおいて、EUの単一市場(域内市場)では、物・人・サービス・資本の国境を越えた自由な移動が達成されている。この結果としてもたらされる、平時の経済活動におけるＥＵのトランスナショナル・ガバナンスの恩恵は絶大である。ブレグジットで「主権回復」を追求したイギリスでさえ、ＥＵとの間の「関税ゼロ、数量割当ゼロ」の自由貿易は手放さなかった。

しかし、難民危機や新型コロナウイルス感染症（ＣＯＶＩＤ-19）パンデミックでは、国境が復活し、国境を越えた自由な移動は停止され、あるいは制限された。ＥＵは一定範囲で共通ルールを定めているにとどまり、国境管理の究極的責任は国家にあるからである。

以上のような問題意識から、本書は執筆された。トランスナショナル・ガバナンスは、善かれ悪しかれ、国家の存在と機能を前提としているが、国家間の関係に不可欠な「付加価値」を提供していることも事実である。このことが本書の発想の出発点にある。

（1）たとえば、北岡伸一・細谷雄一編『新しい地政学』東洋経済新報社、二〇二〇年などが注目される。

（2）Jason Dittmer and Jo Sharp, "General Introduction" in Jason Dittmer and Jo Sharp (eds.), *Geopolitics: An Introductory Reader*, Routledge, 2014, pp. 1–10 at 3.

（3）Colin S. Gray, "The Continued Primacy of Geography", *Orbis*, Vol. 40, No. 2, 1996, pp. 247–259 at 248.

（4）Miguel Poiares Maduro and Neil Komesar, "Constitutionalism without Borders and Governance beyond the States: A Comparative Institutional Approach", in Paul Schiff Berman (ed.), *The Oxford Handbook of Global Legal Pluralism*, Oxford University Press, 2020, pp. 439–472 at 440.

（5）*Ibid.*

（6）*Ibid.*, pp. 440, 441.

目　次

※〔　〕は論文執筆者・訳者による注釈である。

序章 トランスナショナル・ガバナンスとは何か

庄司克宏

1 はじめに——トランスナショナル・ガバナンス

(1) グローバル・ガバナンスと三つの形態

グローバル・ガバナンス(global governance)とは、「規範、行動規則、ならびに規制、監視および遵守の手段を生み出すために世界政府が存在しないにもかかわらず、世界はどのように統治されているのか」という疑問に対する答えとして提示されている概念であるとされる。それは、「市民、社会、市場、および、国際システムにおける国際的公権力の行使の主体かつ客体である国家の間の関係を定義し、構成し、また仲介する法、規範、政策および制度の総体」である。[1]また、「単一の国家では取り組むことができない課題および脅威に対して集合的に問題解決を行う取り決め」を意味する。[2]

このようなグローバル・ガバナンスには三つの異なる形態があるとされる。すなわち、政府間ガバナンス(intergovernmental governance)、トランスガバメンタル・ガバナンス(transgovernmental governance)、および、トランスナショナル・ガバナンス(transnational governance)である[3](図表1)。それらのガバナンスに共通するのは、非階層的な運営様式をとっていることであり、その点が主権国家とは決定的に異なる[4]。なお、EUでは超国家的な運営がなされる場合には、その限りで階層的な運営がなされている。

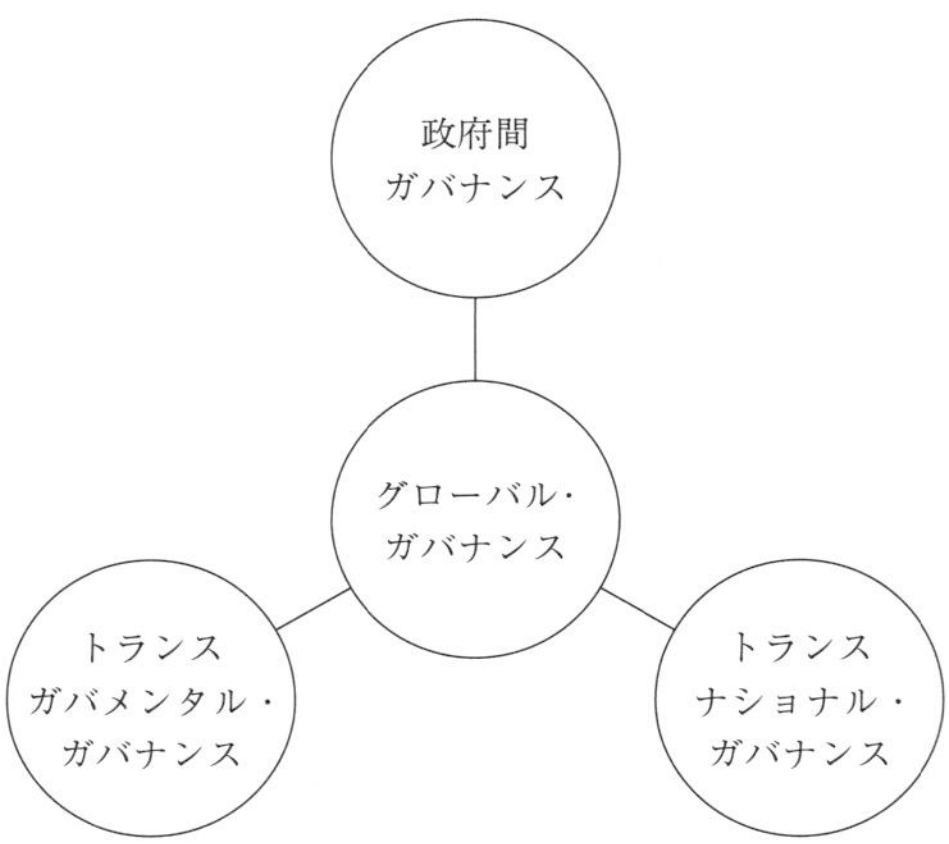

図表1　グローバル・ガバナンスの3つの形態

第一に政府間ガバナンスとは、国家が政府を通じて相互に協力することを意味する。各国政府は、たとえば二〇二〇年以降の気候変動に関する国際枠組みを定めるパリ協定のような国際条約を交渉して締結する。各国政府はまた、気候変動レジームのように、「所与の問題領域でアクターの期待が収斂する原則、規範、ルールおよび決定作成手続[5]」として定義される国際レジームを形成することがある。さらに、国際連合、世界貿易機関、国際通貨基金、世界銀行のような国際機構の加盟国として、および、G7やG20のように定期的に首脳会議などを開催して相互協力を行う。しかし、各国政府の合意に時間がかかることや、強力な反対国が存在すると合意が骨抜きになるなどの欠点が指摘される[6]。

第二にトランスガバメンタル・ガバナンスでは、国内の行政、司法および立法の各機関の構成員が緊急の政策的問題に取り組むため、国境を越えて協力する。(7) そこでは、「諸国を互いに分け隔て、「国内」領域を「国際」領域から区分する国境をまたいで作用する同類の政府部門・部局の間の定期的かつ目的を有する関係のパターン」と定義される政府部門間ネットワークが形成される。(8) 各国政府の専門職員で構成される非公式の多国間フォーラムの形をとることが多い。(9)

よく知られている例としては、各国銀行監督機関の長が銀行部門の国際基準を創り出し、その監督を行うバーゼル銀行監督委員会(Basel Committee on Banking Supervision: BCBS)、証券取引活動を規制する点で同様の機能を果たす証券監督者国際機構(International Organization of Securities Commissions: IOSCO)などがある。(10) EUにおける例としては、欧州公共管理ネットワーク(EUropean Public Administration Network: EUPAN)(11)がある。それは、EU加盟国で公共管理に責任を負う総局長レベルの非公式なネットワークであり、公共管理分野における新たな手段と方式を開発することにより、欧州公共行政の遂行、競争力および質を改善することが任務である。(12)

第三にトランスナショナル・ガバナンスでは、非国家行為主体がグローバル・ガバナンスの特定の争点領域を規制する。たとえば、世界五五以上の国・地域で活動し、地球規模の環境問題を解決するために活動するグリーンピース(Greenpeace)や、世界最大の国際人権擁護団体であるアムネスティ・インターナショナル(Amnesty International)が存在する。また、国際労働組合総連合(International TradEUnion Confederation: ITUC)、国際産業別労働組合組織(Global Union Federations: GUFs)およびOECD労働組合諮問委員会(TradEUnion Advisory Committee to the OECD: TUAC)の三者間パートナーシップであるグローバル・ユニオン(Global Unions)のほか、さまざまな業界団体、多国籍企業などが活動している。これらの非国家行為主体は、各国政府や国際機構のルール設定活動に影響を与えることに焦点を当て、しばしば成功してきた。さらに最近では、自らルールを創り出して実行するようにもなっている。その例として、トランスナショナルなラベリングおよび認証組織を含め、次のようなものがある。(13)

- ＩＣＡＮＮ(Internet Corporation for Assigned Names and Numbers)――インターネット・ドメインの帰属を管理するアメリカの非営利法人(14)
- 国際会計基準審議会(International Accounting Standards Board: IASB)――国際財務報告基準(ＩＦＲＳ)財団に属する独立の会計基準設定機関(15)
- ラグマーク財団(RUGMARK Foundation)――違法な児童労働のない絨毯製造を約束し、製造過程に監視を受け入れる企業が製造・輸出したことを認証する商標(ＲＵＧＭＡＲＫ)を管理運営するインド法人として設立され、国際的に活動する非営利団体(16)
- 森林管理協議会(Forest Stewardship Council: FSC)――責任ある森林管理を世界に普及させることを目的とし、国際的な森林認証制度を運営する、独立した非営利団体のメキシコ法人(17)
- 海洋管理協議会(Marine Stewardship Council: MSC)――世界の水産資源の維持・回復や海洋環境の保全を目指し、認証とエコラベルを通じて持続可能で適切に管理された漁業を推進している国際的な非営利団体のイギリス法人(18)

(2) 狭義のトランスナショナル・ガバナンス

図表2　政府間ガバナンスと狭義のトランスナショナル・ガバナンス

グローバル・ガバナンスの形態	政府間ガバナンス	トランスナショナル・ガバナンスⅠ	トランスナショナル・ガバナンスⅡ
アクター	公的アクターのみ	公的アクターと民間アクター	民間アクターのみ
非階層的運営様式の形態例	国際機構 国際レジーム	官民パートナーシップ	民民パートナーシップ(NGOと企業など)

(出典：Thomas Risse, "Transnational Governance and Legitimacy" in Arthur Benz and Yannis Papadopoulos (eds.), *Governance and Democracy*, Routledge, 2006, pp. 179-199 at 182の表10.1に依拠して，一部修正のうえ作成)

グローバル・ガバナンスの三形態の一つとして先述したトランスナショナル・ガバナンスは、「民間アクターが組織的に関与する、国民国家を越えたガバナンス取り決め」と定義されることがある。この定義では、企業や非政府組織(NGO)のような民間アクターが国家に対するロビイングや影響力を得ようとする活動よりむしろ、ルール形成、ルール実施および業務提供活動に直接関与することに着目する。その上で、非国家行為主体がグローバル・ガバナンスの政策決定機関に発言権を有する場合に限定して、トランスナショナル・ガバナンスという用語が使用される。[19] 本書では、これを「狭義のトランスナショナル・ガバナンス」として扱う。

このようなトランスナショナル・ガバナンスは「新たな様式のガバナンス」と呼ばれ、国民国家を越えた制度取り決めとして、二つの特徴を有する(図表2)。第一にアクターの側面であり、企業、民間利益団体や非営利民間団体であるNGOのような非国家行為主体がガバナンス取り決めに含まれるということである。すなわち、民間アクターがグローバル・ガバナンスに包含されるということを意味する。これには、公的アクターと民間アクターが連携する場合と、民間アクターのみが連携する場合の二とおりがある。第二に運営様式であり、非階層的な運営様式に強調が置かれる。グローバル・ガバナンスでは、世界政府がない中で非階層的運営にのみ依存する。非階層的運営には、一方において規範・ルールに従わせるためにプラスとマイナスの誘因(アメとムチ)が使用される場合、また、他方において議論に基づく学習および説得により、規範・ルールの内容・手続の正当性を自発的に受け入れる場合がある[20]。

2 広義のトランスナショナル・ガバナンス

(1) 定義

本書では、「国家を越えている」(beyond the state)という側面(「国家の上位にある」(above the state)ではない)[21]に焦点を当て、私的・公的、公式・非公式を問わず、あらゆる形態の「国境を越えたガバナンス」(Governance beyond the States：各国家の地理的範囲を越えたガバナンス)を、「広義のトランスナショナル・ガバナンス」として捉える[22](図表3)。その場合、階層的な運営様式と非階層的な運営様式のガバナンス・ミックス[23]も含まれる。

これには、第一に政府間ガバナンスにおける国連をはじめとする普遍的国際機構およびEUなどの地域的国際機構が存在する。EUの場合には、政策分野に応じてEU法が国内法に優越する原則に基づき、階層的な超国家的ガバナンスが行われる。第二に先述したトランスガバメンタル・ガバナンスにおけるバーゼル銀行監督委員会や証券監督者国際機構などの活動が含まれる。さらには、第三に私的・公的を問わず、標準化団体やネットワークのような存在も、国境にまたがって生じる出来事を

図表3　広義のトランスナショナル・ガバナンス

	広義のトランスナショナル・ガバナンス（国境にまたがって生じる出来事を「統治する」）		
ガバナンス形態	政府間ガバナンス	トランスガバメンタル・ガバナンス	トランスナショナル・ガバナンス
アクター・特徴	普遍的政府間国際機構 地域的国際機構 各国政府を通じた協力	各国政府の専門職員で構成される非公式の多国間フォーラム	非国家行為主体がルール形成，ルール実施および業務提供活動に直接関与する
例	国連 EU	バーゼル銀行監督委員会 証券監督者国際機構	IASB，FSC ICANN FIFA，IOC

（筆者作成）

「統治する」限り、含まれる。それは、国家によりコントロールされない、また、効果や行動が国境にまたがって生じるガバナンスのあらゆる行使を包含する。

⑵　標準化団体

広義のトランスナショナル・ガバナンスにおける標準化団体とは、物品やサービスの仕様・性能・品質などに関する統一規格（国際標準）を、国境を越えて策定する組織を指す。

例としては、国家間の製品やサービスの交換を助けるために、標準化活動の発展を促進することを目的として設立された国際標準化機構（International Organization for Standardization: ISO）がある。スイスの非営利法人であり、工業分野の国際的な標準規格を制定するための民間団体である。なお、電気分野は、電気、電子および関連技術の国際規格を作成・発行する国際電気標準会議（International Electrotechnical Commission: IEC）が担当している。世界一六二カ国の標準化機関で構成され、日本からは日本工業規格（ＪＩＳ）の調査・審議を行っている日本産業標準調査会（Japanese Industrial Standards Committee: JISC)が加盟している。[24]

なお、欧州においては、欧州規格について欧州標準化委員会(Comité EUropéen de Normalisation: CEN)が設立されている。電気分野に関しては欧州電気標準化委員会(Comité EUropéen de Normalisation Electrotechnique: CENELEC)が担当している。

(3) ネットワーク

広義のトランスナショナル・ガバナンスにおける「ネットワーク」とは、諸アクター間で情報、目標、資源が国境を越えて交換される相互作用のプロセスを通じて集合的行動を実現することを指す。[25]たとえば、国際コーポレート・ガバナンス・ネットワーク(International Corporate Governance Network: ICGN)は、一九九五年ロンドンに設立された民間組織(イギリス法人)[26]であり、参加している機関投資家の運用資産総額は二六兆米ドル超、国別では四五カ国超となっている。その任務は、効率的なグローバル市場と持続的な経済の促進に向け、実効的なコーポレート・ガバナンス(企業統治)の構築と投資家のスチュワードシップ(資産受託責任)の醸成である。この目的を達成するため、コーポレート・ガバナンスについての意見を発信し政策立案に貢献することに加え、資本市場参加者に対しベスト・プラクティスを実践するよう勧奨している。[27]

その政策方針は、企業のガバナンスに焦点を当て、いかに取締役会が株主以外のステークホルダー(利害関係者)にも配慮しつつ、企業の成功を導き、投資家にとっての持続的な価値創出を可能にするのかを示す「ICGNグローバル・ガバナンス原則」[28]、および、受益者・顧客に対し、投資家としての受託者責任を果たす際に必要となるスチュワードシップ活動を実践する枠組みを提供する「ＩＣＧＮグローバル・スチュワードシップ原則[29]」に基づいている。

(4) その他

さらに、インターネット・ドメインの帰属を管理する先述のＩＣＡＮＮ、また、トランスナショナルなレベルでスポーツを規制する国際サッカー連盟(Fédération Internationale de Football Association: FIFA、スイス法に基づく法人)や国際オリンピック委員会(International Olympic Committee: IOC、非営利独立国際組織)のような民間団体の活動(狭義のトランスナショナル・ガバナンス)も含まれる。

3　広義のトランスナショナル・ガバナンスとしてのＥＵ
――ＥＵにおけるガバナンス・ミックス――

(1) 階層性と非階層性

ＥＵを広義のトランスナショナル・ガバナンスとして捉える場合、そこでは階層的な運営様式と非階層的な運営様式のガバナンス・ミックスが見られる。ＥＵにおけるガバナンスの主要形態として現れるのが、超国家的ガバナンスと政府間ガバナンスである。それらに加えて、副次的に他のガバナンス形態が加わることもよく見られる。

たとえば、物・人・サービス・資本の自由移動を意味するＥＵ域内市場(単一市場、共同市場)では、

第1章で後述するとおり、SOLVITという形でトランスガバメンタル・ガバナンスが政府間ガバナンスおよび超国家的ガバナンスとともに存在する。

また、狭義のトランスナショナル・ガバナンスが超国家的ガバナンスとともに存在する場合もある。これは、私的アクターと公的アクターによるハイブリッド・トランスナショナル・ガバナンス(hybrid transnational governance)とも呼ばれる。たとえば、EU域内で生産され、または、域内に輸入された違法伐採木材・木材製品をEU市場に入れることを禁止し、違反した場合の罰則を設けるように加盟国に義務づける。さらに、輸入事業者には、違法伐採木材がEU市場に入るリスクを最小限にするための「相当の注意」(due diligence)[30]を行うことを求めるEU木材規則[31]に基づき、EUの政策立案・執行機関であるコミッション(欧州委員会)および加盟国所轄機関に説明責任を負う民間の監視団体が、企業との契約に基づき「相当の注意」を監視する。[33]

なお、EU木材規則は取引業者に調達先に関する情報を提供するよう要求するが、先述した森林管理協議会(FSC)のFSC認証はその多くをすでに含んでいるため、調達先の企業がFSC認証を受けていれば「相当の注意」のコストが低減すると言われている。[34] このように、FSCはEUにおけるハイブリッド・トランスナショナル・ガバナンスにも貢献している。

(2) 超国家的ガバナンスと政府間ガバナンス

EUは主権国家とは異なり、加盟国に対してEU法に従わせるための合法的な強制力の独占を欠いている。しかし、EUの超国家的機関(コミッション、EU司法裁判所、欧州中央銀行)が公的アクターとして階層的に調整を行う場合がある。すなわち、超国家的ガバナンスでは、それらの超国家的機関が加盟国の同意を必要としないで法的拘束力を有する決定を定め、遵守確保を行うことができる。たとえば、欧州中央銀行（ＥＣＢ）はユーロ圏の金融政策を単独で定める権限を有する。コミッションは加盟国による違法な国家援助（政府補助金など）を調査し、規制することができる。また、事業者（企業）によるカルテルや支配的地位の濫用を調査し、違反があれば制裁金を科すことができる。ＥＵ司法裁判所は、ＥＵ法の解釈を通じてＥＵ法の国内法に対する優越性などの判例法を形成し、超国家的ガバナンスを支えている。(35)

しかし、ＥＵではすべてが超国家的ガバナンスにより階層的に運営されているわけではなく、加盟国首脳で構成される欧州理事会（ＥＵ首脳会議）および加盟国閣僚で構成される理事会（閣僚理事会）などを通じて、非階層的な政府間ガバナンスも行われている。その典型例として、共通外交・安全保障政策（ＣＦＳＰ）や経済財政同盟における財政規律などがある。

4　結語――ＥＵにおけるトランスナショナル・ガバナンスの基盤

広義のトランスナショナル・ガバナンスを含むグローバル・ガバナンスとは、近代以降の主権国家（国民国家）の地位・性格を欠いた社会・政治秩序の形成のプロセスであると言える。(36)それは「政府なき統治」（governance without government）であり、(37)世界市民共同体に対応するグローバルなデモス（「国民」）が存在せず、その名の下にガバナンスが行われることがないことを意味する。国民国家を越えたガバナンスは、せいぜい、稀薄にしか存在していない「世界市民」というコスモポリタン的アイデンティティを有する層に依拠しているにすぎない[38]。

しかし、EUには部分的に欧州アイデンティティが存在し、それが超国家的ガバナンスの基盤となっている。また、欧州レベルでトランスナショナルな共同体意識も部分的に存在するとも言われている。

(1) 欧州アイデンティティ——超国家的ガバナンスの基盤?

欧州アイデンティティに関するEU世論調査(二〇一八年春)によれば、イギリスを含むEU二八カ国において、回答者の八九%が自分の市町村に、九三%が自分の国に、また、五六%がEUに、愛着感を有している。なお、EUではなく「欧州」に愛着感を有する者の割合は六五%にのぼる[39]。

図表4にあるとおり、二八カ国のうち、二〇カ国においてEUへの愛着感を有する者が五一%以上を占めている(最高はルクセンブルクの七九%)。EUに愛着感を有する者の割合が四九%以下である八カ国には原加盟国のイタリア(四八%)、オランダ(四二%)が含まれている(最低はギリシャの三七%[40])。

他方、図表5に示されているとおり、一九九二年から二〇〇四年までのEU世論調査(近い将来、あなたは自分を欧州人のみ/欧州人および(自国籍)人/(自国籍)人および欧州人/(自国籍)人のみのいずれとみなすか?)に基づく研究によれば、過半数が欧州を第二アイデンティティとする「(自国籍)人および欧州人」と回答して、「(自国籍)人のみ」という回答と拮抗している[41]。

しかし、欧州アイデンティティの内容は、「EU欧州アイデンティティ」と「ナショナリスト欧州

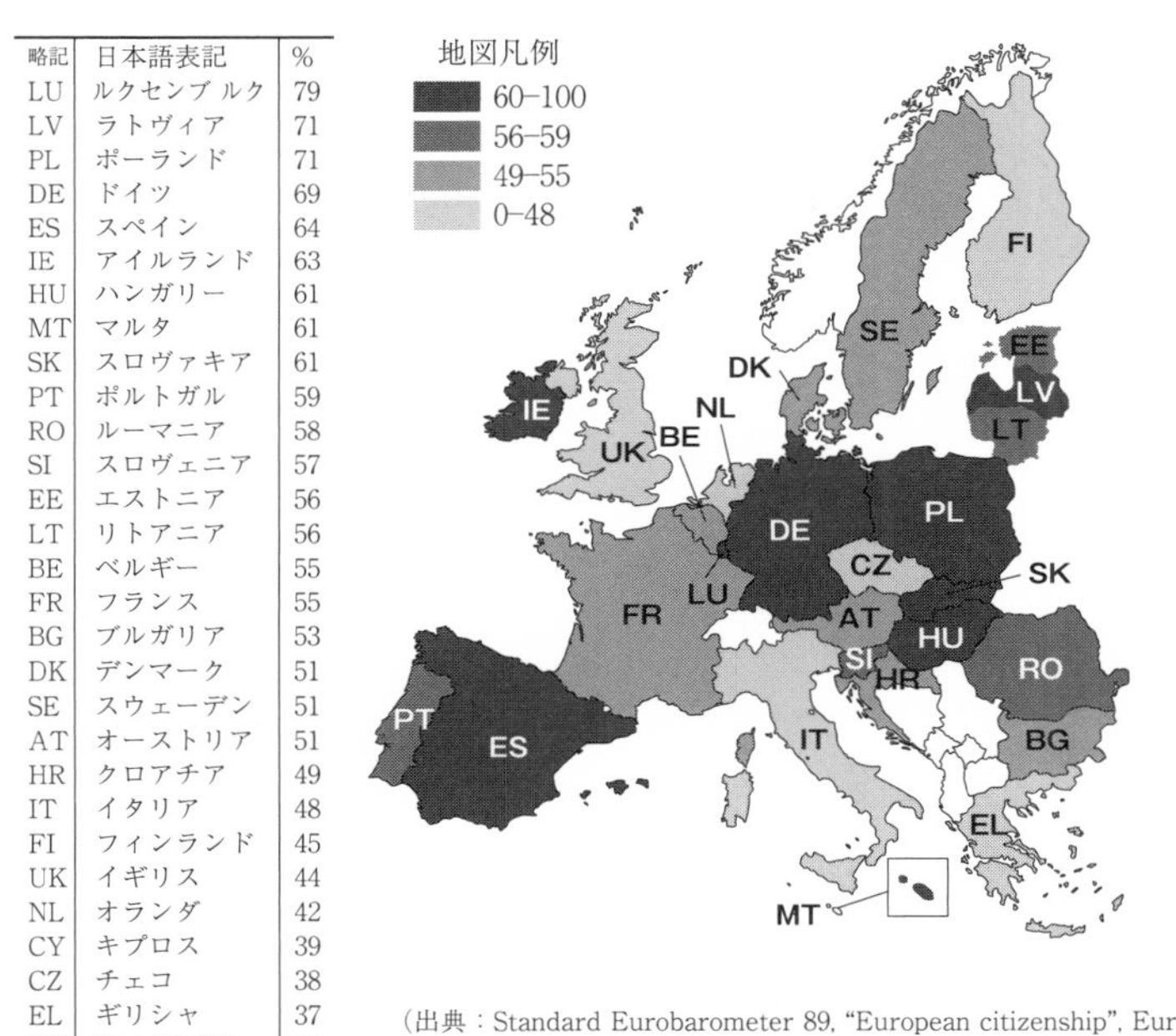

略記	日本語表記	%
LU	ルクセンブルク	79
LV	ラトヴィア	71
PL	ポーランド	71
DE	ドイツ	69
ES	スペイン	64
IE	アイルランド	63
HU	ハンガリー	61
MT	マルタ	61
SK	スロヴァキア	61
PT	ポルトガル	59
RO	ルーマニア	58
SI	スロヴェニア	57
EE	エストニア	56
LT	リトアニア	56
BE	ベルギー	55
FR	フランス	55
BG	ブルガリア	53
DK	デンマーク	51
SE	スウェーデン	51
AT	オーストリア	51
HR	クロアチア	49
IT	イタリア	48
FI	フィンランド	45
UK	イギリス	44
NL	オランダ	42
CY	キプロス	39
CZ	チェコ	38
EL	ギリシャ	37
EU	28カ国平均	56

（出典：Standard Eurobarometer 89, “European citizenship”, European Commission, March 2018, p. 13）

図表4　「あなたはどれくらいEUに愛着感を有していますか？」

アイデンティティ」に分かれている。「EU欧州アイデンティティ」は、民主主義、人権、法の支配および市場経済と同一視され、欧州のエリート層が抱く欧州アイデンティティである。これに対し、「ナショナリスト欧州アイデンティティ」は、共通の歴史的遺産を有する西欧文明、強い民族的伝統、宗教的中核としてのキリスト教および明確な地理的境界に基づいている。「ナショナリスト欧州」は「EU欧州」に対抗するビジョンとして、欧州懐疑派政党や反EUポピュリズムにより支持されている。(42)

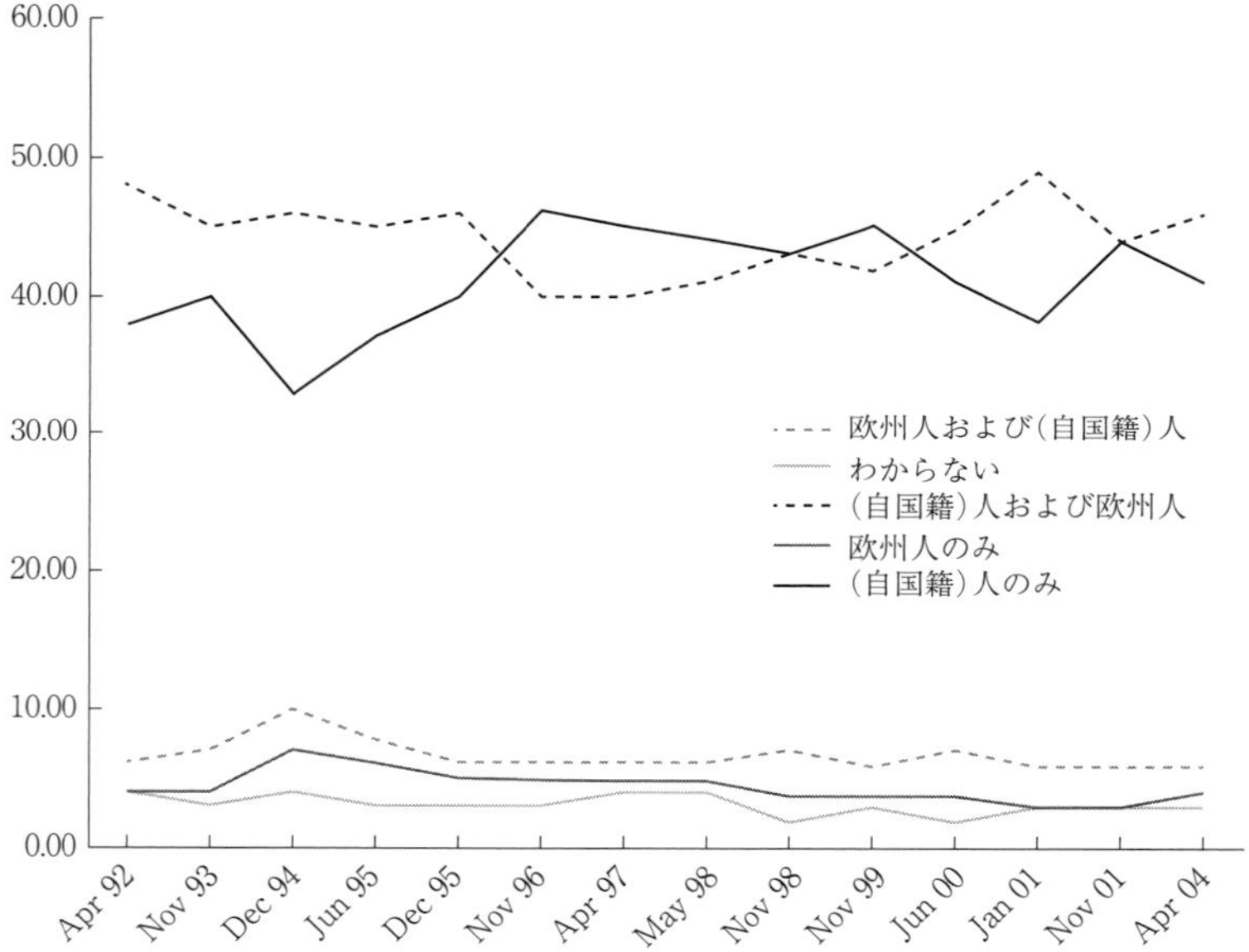

(出典：Thomas Risse, *A Community of Europeans?: Transnational Identities and Public Spheres*, Cornell University Press, 2010, p. 41, Figure 2.1)

図表5　ナショナル・アイデンティティと欧州アイデンティティの1992～2004年EU平均(「近い将来，あなたは自分自身を・・・とみなしますか？」)

(2)「欧州トランスナショナル愛着感ネットワーク」——欧州トランスナショナル・ガバナンスの基盤?——

「新欧州人」と題するEU世論調査(二〇一〇年三～四月実施、当時EU加盟国は二七カ国)において、自分の居住国以外で最も愛着感を有する国を二つ挙げるよう問われた際、回答者の五一%が居住国以外の国に何らかの愛着感を有していることが判明した。図表6に示されているとおり、人々が自分の居住国以外で愛着感を有する国はEU二七カ国平均でその割合が高い順に、①フランス(八%)、①イタリア(八%)、①スペイン(八%)、②ドイツ(六%)、③イギリス(五%)、③アメリカ(五%)、④オーストリア(四%)であった。[43]

特定の他国に最も愛着感を有する理由としては、多い順に、①その国で定期的に休日や週末を過ごす(二五%)、②その国に親しい友人が住んでいる(二三%)、③その国に身近な親族(兄弟姉妹、子ども、親)が住んでいる(二一%)、④その国からニュース、文化的生活やスポーツを定期的にフォローしている(一六%)、⑤その国に典型的な食べ物を自国で定期的に食している(一一%)であった。[44]

このEU世論調査の結果を利用し、「共同体意識」(a sense of community)を「相互の共感と忠誠、「われわれ感覚」と信頼と相互配慮、自己イメージと関心の点での部分的同一化、相互にうまくいく行為予測、それによる協力行動の問題」とするカール・W・ドイッチュ(Karl Wolfgang Deutsch)の定義[45]に依拠して、応用解析を行った研究[46]によれば、次のような指摘がなされている。

第一に、EU二七カ国の市民の半数が他国に愛着感を有しており、その四分の三が他のEU加盟国

図表 6　自分が居住する国以外で最も愛着感を有する国々

	フランス	イタリア	スペイン	ドイツ	イギリス	アメリカ	オーストリア	ギリシャ	その他
27カ国平均	8%	8%	8%	6%	5%	5%	4%	3%	12%
ベルギー	**38%**	13%	14%	7%	5%	4%	3%	2%	11%
ブルガリア	3%	6%	6%	**7%**	6%	4%	1%	6%	6%
チェコ	6%	5%	3%	**10%**	7%	3%	7%	5%	5%
デンマーク	5%	7%	8%	**15%**	14%	7%	3%	6%	22%
ドイツ	9%	11%	8%	—	4%	4%	**16%**	4%	11%
エストニア	1%	1%	2%	**6%**	5%	2%	1%	1%	9%
アイルランド	8%	3%	9%	4%	**26%**	17%	1%	1%	9%
ギリシャ	6%	8%	4%	**11%**	5%	3%	1%	0%	6%
スペイン	**13%**	9%	—	4%	6%	4%	0%	0%	12%
フランス	—	12%	**17%**	6%	5%	4%	1%	1%	17%
イタリア	**9%**	—	**9%**	3%	6%	7%	1%	2%	5%
キプロス	2%	2%	1%	2%	22%	4%	0%	**59%**	10%
ラトヴィア	1%	1%	1%	5%	**7%**	2%	1%	0%	7%
リトアニア	2%	2%	3%	7%	**12%**	3%	0%	0%	8%
ルクセンブルク	**40%**	14%	8%	21%	4%	3%	4%	1%	10%
ハンガリー	7%	12%	7%	**18%**	7%	5%	15%	8%	6%
マルタ	3%	36%	2%	2%	**47%**	6%	2%	0%	18%
オランダ	**19%**	10%	9%	**19%**	11%	6%	6%	3%	20%
オーストリア	5%	17%	5%	**18%**	3%	5%	—	6%	8%
ポーランド	4%	6%	4%	**9%**	7%	3%	2%	2%	5%
ポルトガル	**13%**	2%	10%	3%	6%	2%	0%	0%	11%
ルーマニア	8%	**13%**	7%	8%	5%	4%	2%	2%	2%
スロヴェニア	1%	6%	1%	6%	1%	1%	**10%**	1%	21%
スロヴァキア	1%	3%	2%	**6%**	3%	3%	5%	2%	4%
フィンランド	2%	2%	5%	**6%**	**6%**	5%	1%	2%	15%
スウェーデン	8%	12%	12%	8%	**16%**	12%	3%	9%	38%
イギリス	9%	5%	**11%**	4%	—	10%	1%	3%	20%

＊網掛け数字は，27カ国で対象国に対する最も高い割合を示す（縦列）．
＊＊太字の数字は，回答者の国で最も高い割合を示す対象国を示す（横行）．
（出典：Special Eurobarometer, "New Europeans", European Commission, April 2011, p. 55）

に向けられている。

第二に、「欧州トランスナショナル愛着感ネットワーク」は高度に非対称的であり、EUの五大国、すなわち、イギリス（当時）、フランス、ドイツ、イタリア、スペインに集中している（図表7）。

第三に、一般に交流、および、とくに人々の越境活動（留学、オンラインでの友人関係、旅行、移住）が、トランスナショナルな愛着感との強い相関関係を有している。

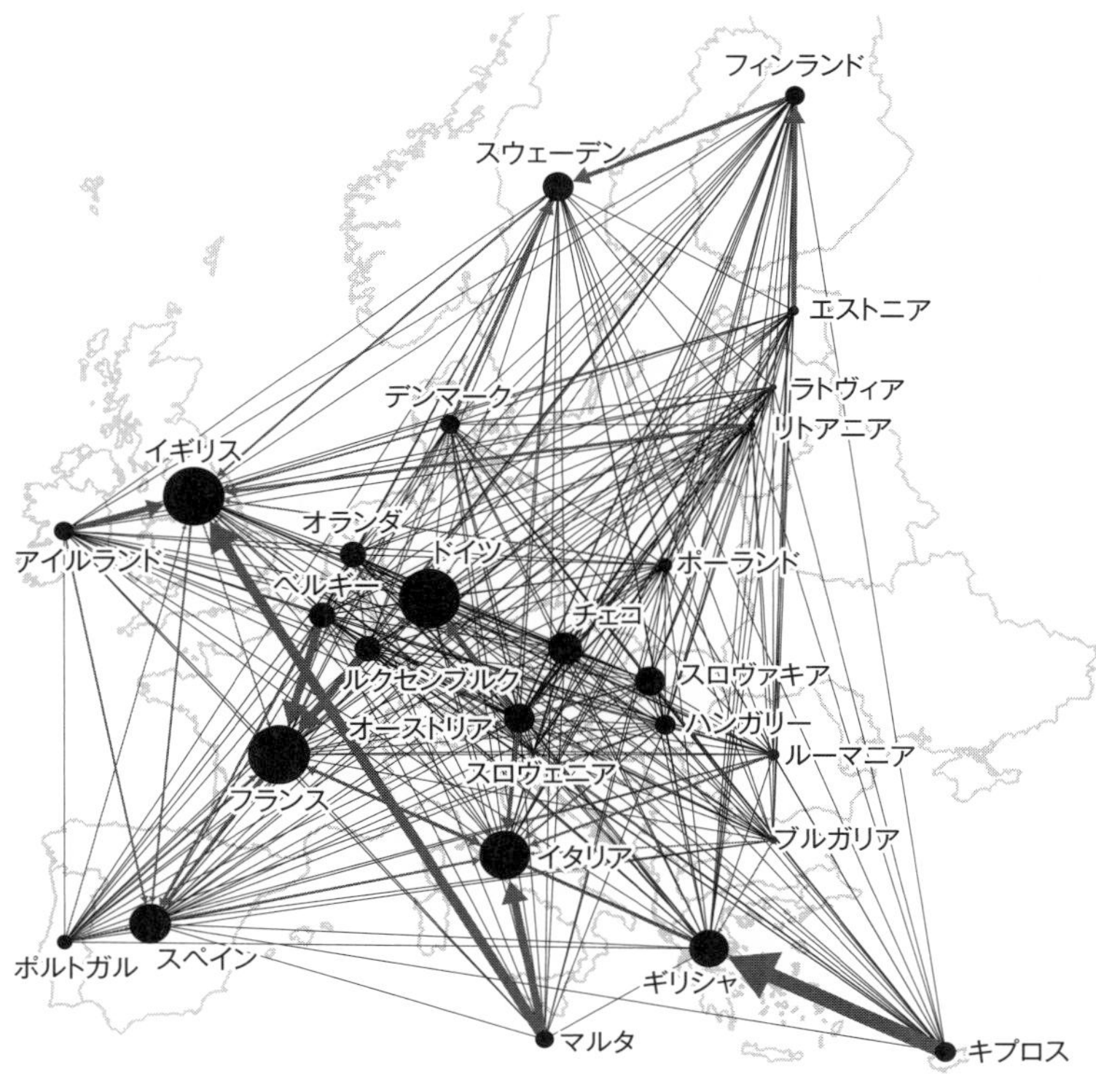

＊円が大きいほど，他国民から愛着感の対象となっている割合が高いことを示す．
＊＊矢印は愛着感が向かっている先の国を示し，矢印が太いほど愛着感が高いことを示す．
（出典：Emanuel Deutschmann, Jan Delhey, Monika Verbalyte and Auke Aplowski, "The power of contact: Europe as a network of transnational attachment", *European Journal of Political Research*, Vol. 57, No. 4, p. 976, Figure 1）

図表 7　トランスナショナルな愛着感のネットワークとしての欧州

第四に、トランスナショナルな愛着感は高等教育を受けた人の間でかなり高くなっている。第五に、越境コンタクトがすべての教育歴の人々にとって重きをなす一方、職業上の移住(労働移民)が教育水準の低い人々の方に大きな影響を与えている。(47)

以上の指摘から、総合的に見るならば、越境交流と共同体意識の間に強い関係が存在することが示されており、その理由の一つとして信頼や一体感(identification)よりもむしろ接触により増大する(contact-driven)、トランスナショナルな愛着感の性質が考えられる。政策的な見地に立つならば、欧州統合プロジェクトを、国々の間で「水平的」に生じる共同体意識に基づかせることが可能である。その際に注目すべき点は、「欧州トランスナショナル愛着感ネットワーク」の非対称的構造(前掲第二点)である。それは、トランスナショナルな愛着感の構造がＥＵ五大国に非常に集中していることが、それらの国に欧州を主導する一定の正当性と政治的影響力を与えていると解釈することができる。(48)

しかし他方で、他のＥＵ加盟国から強い愛着感を受けていたイギリスがＥＵから離脱したことに例証されるように、真の欧州的共同体意識が醸成されるためには対称的な双方向のネットワークが必要とされるという解釈も成り立つ。非対称構造は、欧州の社会的結束と政治統合プロセスにとって障害となり得るため、現在は非常に弱い「欧州トランスナショナル愛着感ネットワーク」を強化する必要がある。そのようにして、欧州統合の目標としてローマ条約(現在のＥＵ機能条約)の前文に掲げられた「欧州諸民間の一層緊密化する連合」(an ever closer union among the *peoples* of Europe)(傍点、イタリックは筆者による)という目標に資することができる。(49)

ＥＵでは広義のトランスナショナル・ガバナンスの中でガバナンス・ミックスが多く存在し、政府間ガバナンス、トランスガバメンタル・ガバナンス、超国家的ガバナンス、トランスナショナル・ガバナンス（狭義）が並存している。ＥＵ市民の間に「ＥＵ欧州アイデンティティ」が増大することは超国家的ガバナンスの基盤となる一方、「欧州トランスナショナル愛着感ネットワーク」を醸成することはトランスナショナル・ガバナンス（狭義）の土台を作ることや、超国家的ガバナンスを補強することになる。

最後に付言するならば、以上の点から、日本にとっては、超国家的ガバナンスに加わる可能性はないものの、他国との交流増大によりトランスナショナルな愛着感のネットワークを構築することが、たとえばトランスナショナル・ガバナンス（狭義）の基盤を構築し、また、政府間ガバナンスやトランスガバメンタル・ガバナンスの余地を増大させる可能性があることが示唆される。

（1）Ramesh Thakur and Thomas G. Weiss, "Framing Global Governance, Five Gaps" in Manfred B. Steger (ed.), *The Global Studies Reader* (2nd ed.), Oxford University Press, 2014, pp. 27–40 at 27.

（2）*Ibid.*, p. 29.

（3）Klaus Dingwerth, *The New Transnationalism: Transnational Governance and Democratic Legitimacy*, Palgrave Macmillan, 2007, p. 2.

（4）Thomas Risse, "Transnational Governance and Legitimacy" in Arthur Benz and Yannis Papadopoulos (eds.), *Governance and Democracy*, Routledge, 2006, pp. 179–199 at 182, 183.

（5）Stephen D. Krasner, "Structural causes and regime consequences: regimes as intervening variables", *International Organization*, Vol. 36, No. 2, 1982, pp. 185–205 at 185.

(6) Klaus Dingwerth, op. cit. *supra* note 3, p. 2.

(7) *Ibid.*

(8) Anne-Marie Slaughter, *A New World Order*, Princeton University Press, 2004, p. 14.

(9) Kenneth W. Abbott, Céline Kauffmann and Jeong-Rim Lee, *The contribution of transgovernmental networks of regulators to international regulatory co-operation*, OECD Regulatory Policy Working Papers No. 10, p. 12, available at〈https://dx.doi.org/10.1787/538ff99b-en〉, accessed 05/10/2020.

(10) Klaus Dingwerth, op. cit. *supra* note 3, p. 2.

(11) EUPAN - European Public Administration Network, available at〈https://www.eupan.eu/〉, accessed 08/10/2020.

(12) Trans-governmental networks in Regulatory policy, Directorate for Public Governance, OECD, available at〈https://www.oecd.org/gov/regulatory-policy/irc7.htm〉, accessed 08/10/2020.

(13) Klaus Dingwerth, op. cit. *supra* note 3, pp. 2, 3.

(14) 佐藤真紀「インターネットの自由が危ない?」、庄司克宏編『インターネットの自由と不自由』法律文化社、二〇一七年(一~一八頁)五、六頁。

(15) 「ＩＡＳＢ・ＩＦＲＳの基礎知識」、日本公認会計士協会、〈https://jicpa.or.jp/specialized_field/ifrs/basic/〉に二〇二〇年一〇月八日アクセス。

(16) RUGMARK INDIA, available at〈http://www.rugmarkindia.org/rugmark/rugmark_india.html〉, accessed 08/11/2020.

(17) 「ＦＳＣ ＪＡＰＡＮ」、〈https://jp.fsc.org/jp-jp〉に二〇二〇年一〇月八日アクセス。

(18) 「ＭＳＣ認証制度」環境省、〈https://www.env.go.jp/policy/hozen/green/ecolabel/a04_27.html〉および「Marine Stewardship Council」、〈https://www.env.go.jp/policy/hozen/green/ecolabel/a04_27.html〉、共に二〇二〇年一〇月八日アクセス。MARINE STEWARDSHIP COUNCIL, Companies House, available at〈https://find-and-update.

company-information.service.gov.uk/company/03322023〉, accessed 08/10/2020.

(19) Thomas Risse, op. cit. *supra* note 4, pp. 182, 183.

(20) *Ibid.*, pp. 181, 182.

(21) Tanja E. Aalberts, "The Future of Sovereignty in Multilevel Governance Europe - A Constructivist Reading", *Journal of Common Market Studies*, Vol. 42, No. 1, 2004, pp. 23–46 at 28.

(22) 共編者からの示唆に基づく。杉浦章介『越境的な規範の形成と執行』慶應義塾大学出版会、二〇一四年も、同様の立場でトランスナショナル・ガバナンスを論じていると思われる。

(23) Tanja A. Börzel, "The European Union—A Unique Governance Mix ?" in David Levi-Faur (ed.), *The Oxford Handbook of Governance*, Oxford University Press, 2014, pp. 613–627 at 614, 615.

(24) 「ビジネス用語集」、エリートネットワーク、〈https://www.elite-network.co.jp/dictionary/iso.html〉に二〇二〇年一〇月八日アクセス。

(25) 落合洋人「ネットワークマネジメントを基礎としたガバナンス概念の構築に向けて——ロッド・ローズのガバナンス論の批判的考察から」『同志社政策科学研究』第一〇巻一号、二〇〇八年（一六七〜一八〇頁）一七三、一七四頁を参考にした。

(26) Articles of Association of International Corporate Governance Network, available at 〈https://www.icgn.org/sites/default/files/Articles%20of%20Association%20%26%20Bylaws-approved-AGM-2018Jun25-clean_0.pdf〉, accessed 08/10/2020.

(27) 「ＩＣＧＮグローバル・ガバナンス原則（第五版）」二〇一七年、三頁、〈https://www.icgn.org/sites/default/files/ICGN-GGP-JP-web_0.pdf〉に二〇二〇年一〇月八日アクセス。

(28) 「ＩＣＧＮグローバル・ガバナンス原則（第五版）」二〇一七年、同上。

(29) 「ＩＣＧＮグローバル・スチュワードシップ原則」二〇一六年、〈https://www.icgn.org/sites/default/files/ICGN_Global_Stewardship_Principles_JPN_1.pdf〉に二〇二〇年一〇月八日アクセス。

（30） 田中英夫編集代表『英米法辞典』東京大学出版会、一九九一年、二八〇、二八一頁によれば、「それぞれの情況が要求する適度の注意。通常程度に慎重な人が当該情況において払うであろう程度の注意」とされている。

（31） Regulation 995/2010 laying down the obligations of operators who place timber and timber products on the market[2010]OJ L 295, p. 23.

（32） 「EU木材規則」、林野庁、〈https://www.rinya.maff.go.jp/j/riyou/goho/jouhou/eutr.html〉に二〇二〇年一〇月一〇日アクセス。

（33） Christine Moser and Sina Leipold, “Toward ‘hardened’ accountability? Analyzing the European Union’s hybrid transnational governance in timber and biofuel supply chains”, *Regulation & Governance*(2019), https://doi-org.kras1.lib.keio.ac.jp/10.1111/rego.12268, pp. 1–18 at 6–9.

（34） 吉田暢「貿易における公的な規制とプライベートスタンダードがグローバルサプライチェーンを通じて企業活動に与える影響」『アジ研ポリシー・ブリーフ』第六一号、二〇一五年、〈https://www.ide.go.jp/library/Japanese/Publish/Download/PolicyBrief/Ajiken/pdf/061.pdf〉に二〇二〇年一〇月一〇日アクセス。

（35） Tanja A. Börzel, op. cit. *supra* note 23, pp. 614–617.

（36） Thomas Risse, op. cit. *supra* note 4, p. 180.

（37） James N. Rosenau, “Governance, order, and change in world politics” in James N. Rosenau and Ernst-Otto Czempiel(eds.), *Governance without Government: Order and Change in World Politics*, Cambridge University Press, 1992, pp. 1–29.

（38） *Ibid.*

（39） Standard Eurobarometer 89, “European citizenship”, European Commission, March 2018, p. 4, available at 〈https://ec.europa.eu/commfrontoffice/publicopinion/index.cfm/ResultDoc/download/DocumentKy/83538〉, accessed 08/10/2020.

（40） *Ibid.*, pp. 12, 13.

(41) Thomas Risse, *A Community of Europeans?: Transnational Identities and Public Spheres*, Cornell University Press, 2010, pp. 39–46.
(42) *Ibid.*, pp. 50–53, 61.
(43) *Ibid.*, pp.53–55.
(44) *Ibid.*, p. 58.
(45) Karl Wolfgang Deutsch, *Political Community and the North American Area* (Princeton Legacy Library), Princeton University Press, 2015, p. 36. ドイッチュの理論に関する研究として、たとえば山内麻貴子「ドイッチュの多元型安全保障共同体に関する一考察」『ワールド・ワイド・ビジネス・レビュー』(同志社大学)第三巻二号、二〇〇二年(九七～一一五頁)などがある。
(46) Emanuel Deutschmann, Jan Delhey, Monika Verbalyte and Auke Aplowski, "The power of contact: Europe as a network of transnational attachment", *European Journal of Political Research*, Vol. 57, No. 4, pp. 963–988, November 2018.
(47) *Ibid.*, p. 979.
(48) *Ibid.*, pp. 981, 982.
(49) *Ibid.*, pp. 982, 983.

第1章　トランスナショナル・ガバナンスと相互承認原則

庄司克宏

1　はじめに——政府間ガバナンスと規制の「二重の負担」問題

物品貿易においていわゆる非関税障壁となる規制は、輸入国が差別禁止の原則を受け容れるならば、国産品にも輸入品にもまったく同一の仕方で適用される。しかし、国産品には自国の規制のみが適用される一方で、輸入品はそれが生産された国（原産国、ホーム・ステート：home state）の規制に加えて、輸入先の国（消費国、ホスト・ステート：host state）の規制の下に置かれる。後者はホスト・ステート・コントロール（Host State Control）と呼ばれる（図表1）。それは差別禁止原則に基づくとしても、輸入品に対して規制の「二重の負担」として非関税障壁となることを示している。これは、国家主権が尊重される分権的な政府間ガバナンス・モデルを意味する。[1] 差別禁止原則に従う限り、各国の民主主義を反映した自由な規制が許される。[2] しかし、それでは自由貿易が妨げられるため、自由貿易を十分に実現するには輸入品に対する規制の「二重の負担」（非関税障壁）を解消する必要がある。[3]

2　規制の「二重の負担」問題の解決策

(1) 各国規制の調和――超国家的ガバナンス

輸入品に対する規制の「二重の負担」を解消する方法の一つは、超国家的ガバナンスに基づき、各国規制を調和(共通化)することである(図表2)。その場合、各国の規制権限は排除され、ルール決定のレベルが国家から超国家的機構(EU)へ移行する。超国家的な調和は加盟国の一方的な行動を封じる効果がある一方、EU立法プロセスにおける閣僚理事会での政府間交渉に長い時間がかかること、

共通ルールの不在

A国

Rule(a)

産品X

B国

(b)

Rule(b)

産品Y

B国に輸入された産品Xは，A国による規制Rule(a)だけでなく，B国の国産品Yと同じくB国による規制Rule(b)も受けることになる．このようにして，規制の「二重の負担」が発生する．

(筆者作成)

図表1　ホスト・ステート・コントロール(Host State Control)

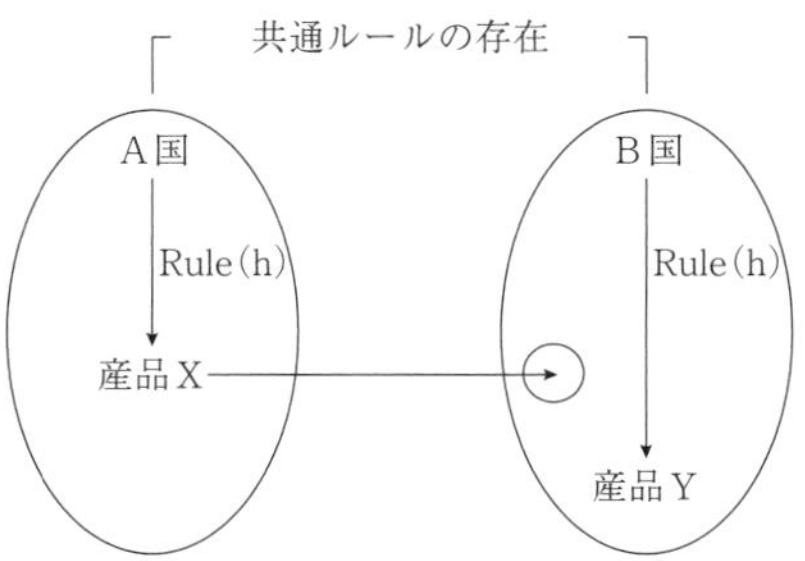

B国に輸入された産品Xは，すでにA国で共通の規制Rule(h)を受けているので，B国で新たな規制を受けない．このようにして，規制の「二重の負担」が回避される．

(筆者作成)

図表2　調和(Harmonisation)

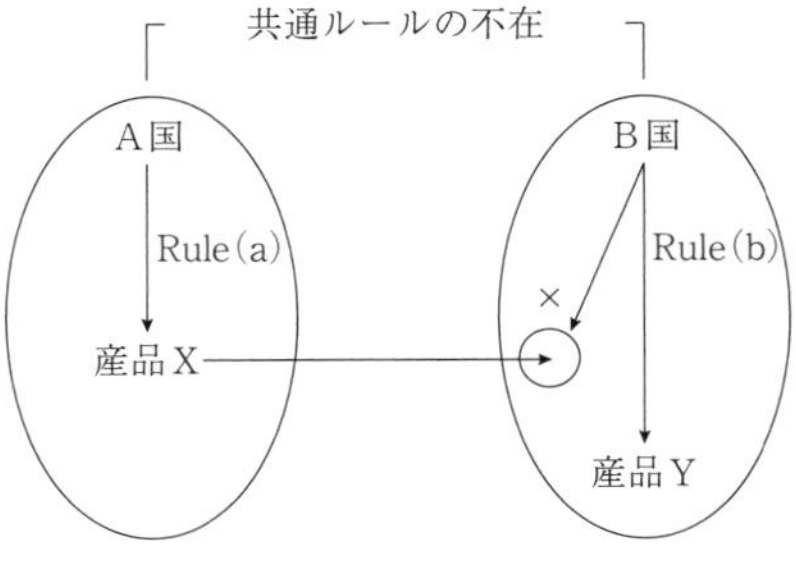

B国に輸入された産品Xは，A国による規制Rule(a)を受けるだけでよく，B国による追加的な規制Rule(b)を受けない．このようにして，規制の「二重の負担」が回避される．

（筆者作成）

図表3　ホーム・ステート・コントロール（Home State Control）の相互承認

また、調和が達成されると各国レベルでの規制の多様性や柔軟性が失われがちになることが欠点として指摘される(4)。

(2) 相互承認原則――トランスガバメンタル・ガバナンス――

そこで、調和に代わる方法として、EUでは相互承認原則がEU司法裁判所のカシス・ディジョン判決(5)により導入された(6)。それは、「一加盟国において適法に生産され、取引されているかぎり、当該産品が他の加盟国においても輸入を認められるべきである」という考え方である。当該分野においてEUレベルでの各国法の調和が存在しない場合、ホーム・ステート・コントロールを原則とすること、それにより原産国の規制に域外的効果を付与すること(7)、しかしその一方で、各加盟国の事情に応じて例外的にホスト・ステート・コントロールの余地を認めることを意味する。このようにして、規制の「二重の負担」が原則として解消されることになる（図表3）。なお、ホスト・ステートでは規制の相互承認（輸入国規制と原産国規制の並存）への対応コスト、また、消費者の情報コストが発生する(8)。

EU法は相互承認原則により規制間競争を促し、各国企業に規制の少ない国へ移転する誘因を与えるだけでなく、加盟国に対しては国内規制を少なくして外国企業を誘致するよう仕向けることにより、競争圧力を生み出す[9]。相互承認原則はEU法による各国法の調和がない分野で、加盟国に対して非関税障壁を撤廃させるよう作用する[10]。この点は、EUと加盟国の間の「垂直的主権委譲」とは対照的に、加盟国間の「水平的主権委譲」と呼ばれることがある[11]。前者は超国家的ガバナンスの側面であるが、後者はトランスガバメンタル・ガバナンスの特徴を有する。

「水平的主権委譲」としての相互承認は、「法を規定し遵守確保する管轄権の相互配分を通じて主権の行使を領域的な固定から解き放すことにより、主権を尊重することとそれを根本的に再構成することの双方に関わるものである[12]」とされる。しかし、「水平的」主権委譲であってもEUの超国家的法秩序の下で、加盟国は原産国または輸入国として、EU立法による調和がない場合でも、EU基本条約に基づくEU司法裁判所のコントロールに服している。このような意味で、EUの相互承認ガバナンスは「垂直的」すなわち超国家的である[13]。

相互承認原則は、理論上、規制撤廃の「底辺に至る競争」を招くおそれがあるが、各国の事情に応じた例外を認めることで回避される。そのメカニズムが「同等性」(equivalence)のテストである[14]。相互承認原則には、トランスガバメンタル・ガバナンスの側面として、輸入国(ホスト・ステート)が自国の規制と原産国(ホーム・ステート)の規制との間に重複がないかどうかを検証する段階、すなわち「同等性」テストが介在する[15]。重複がない限りにおいてホスト・ステート・コントロールが許容される。すなわち、例外的に輸入国規制が認められるかどうかは、原産国と輸入国の両規制の間に同等性すなわち規制の重複があるか否かによる。輸入国は自国の規制と原産国の規制との間に機能的な同等性(方法・手段が異なるとしても同等の結果が達成されること)がある場合、それを受け容れる義務がある。同

図表4　域内市場における規制権限の配分に関する3つのモデル

モデル	ホスト・ステート・コントロール	調和	ホーム・ステート・コントロール
特徴	差別禁止原則	超国家的統一規制	相互承認原則 規制間競争
コスト	企業の「二重の負担」	政府の交渉コスト	ホスト・ステートの対応コスト，消費者の情報コスト
政治的帰結	主権委譲なし	垂直的主権委譲	水平的主権委譲

（出典：Susanne K. Schmidt, "Mutual Recognition as a New Mode of Governance", *Journal of European Public Policy*, Vol. 14, No. 15, 2007, p. 647, Table 1に依拠して筆者作成）

等性に欠けるときには、その限りで輸入国規制を及ぼすことができる。超国家的なレベルではEU司法裁判所が、輸入国の政策目標（たとえば消費者保護）を充たすとしても、より制限的でない代替手段が存在しないかどうか（比例性原則）を審査する。(16)

以上の三つのモデルを比較すると、図表4のとおりとなる。実際には、安全、健康、環境などの不可欠な基準に限定してEUレベルで超国家的な調和（EU立法）を行い、それ以外の部分では加盟国間の相互承認に委ねるというガバナンス・ミックスが、EU司法裁判所の超国家的監督の下に行われている（図表5）。

(3) 刑事司法協力と相互承認ガバナンス

相互承認原則は、域内市場において物の自由移動だけでなく、サービスの自由移動（たとえば金融サービスにおける「単一パスポート」）や開業の自由（たとえば弁護士などの専門職資格）など、さまざまな分野で導入されている。また、刑事司法協力分野でも、各国の刑事訴訟法などの刑事手続面の調和が困難なため、相互承認原則が活用されている。

たとえば、「欧州逮捕状及び加盟国間における引渡手続に関する枠組決定[17]」（欧州逮捕状枠組決定）における欧州逮捕状とは、「刑事訴追を行い又は自由刑若しくは自由剥奪を伴う保安処分を執行する目的で、一加盟国が他の加盟国に被請求者の逮捕及び引き渡しを求めるために発付する司法的決定」（第一条一項）をいう。欧州逮捕状は外交ルートを経ないで二つの加盟国の司法機関の間で直接送付され、受理される（第九条一項）。加盟国は「相互承認の原則に基づきかつ本枠組決定の規定に従い、欧州逮捕状を執行しなければならない」（第一条二項）[18]。すなわち、相互承認により一定範囲で「双方可罰性」の適用が排除される。双方可罰性とは、刑事分野において「一定の国際協力の措置を執る場合に、対象となっている犯罪がいずれの関係国の国内法においても犯罪であることを要する[19]」ことをいう。

　欧州逮捕状の受理国（ホスト・ステート）が同逮捕状を自動的に執行しなければならないのは、次の範囲においてである[20]。第一に、限定列挙された三二項目の犯罪にのみ適用される（第二条二項）。第二に、それらの犯罪は欧州

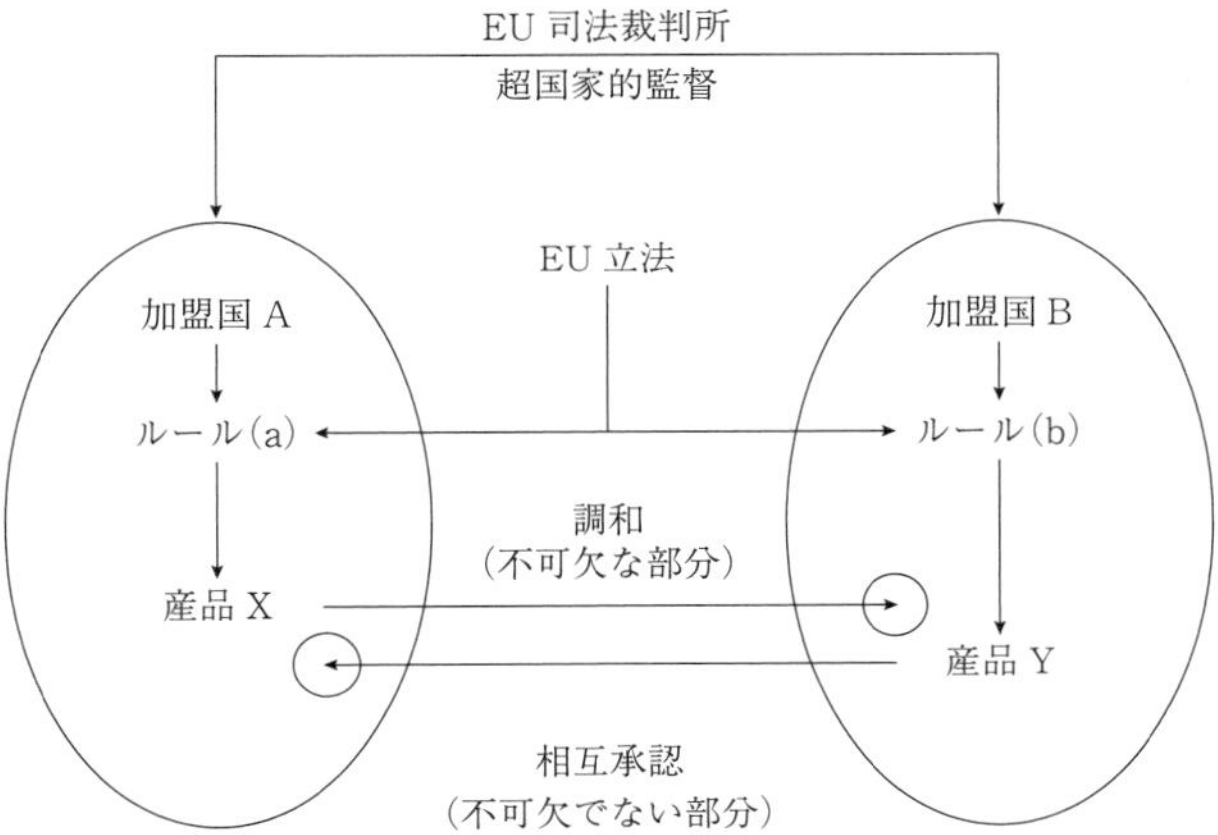

（出典：庄司克宏「日 EU 経済連携協定における相互承認原則の比較法的考察」，『法学紀要』（日本大学）第 53 巻，2012 年，194 頁，図 3，一部加筆）

図表 5　調和と相互承認のガバナンス・ミックス

逮捕状の発付国（ホーム・ステート）の法による定義に基づく。[21] すなわち、ホーム・ステート・コントロールが適用される。第三に、そのうえで、当該行為が発付国において最長で少なくとも三年の自由刑（または自由剝奪を伴う保安処分）を科することが可能である場合、執行国（受理国）の司法機関は当該行為の双方可罰性を検証することなく、当該者を引き渡さなければならない（第二条二項）。[22]

このように、欧州逮捕状枠組決定における相互承認原則の下では、ＥＵ司法裁判所の超国家的監督の下に、一定の制限と例外を設けつつ、各国刑法規定における同等性の欠如を前提として犯罪人引渡における双方可罰性を排除し、ホーム・ステート・コントロールに基づいて、加盟国が人の逮捕を命じる司法的決定を相互に自動的に認め合うこととしている。

3　ＥＵ域内市場の運営とＳＯＬＶＩＴ
——政府間ガバナンス、超国家的ガバナンス、トランスガバメンタル・ガバナンス——

（1）加盟国による間接行政——政府間ガバナンス

ＥＵにおける行政は加盟国による間接行政を原則とする。ＥＵ基本条約によれば、「加盟国は［ＥＵ］の法的拘束力を有する行為を実施するために必要なすべての国内法上の措置をとる」（ＥＵ機能条約第二九一条一項）。例外的に競争法（独占禁止法）や共通農業政策などでコミッション（欧州委員会）による直接行政（同二項）が一部行われる。これは、原則として加盟国がＥＵ法令を実施するため自己の権限を使用する義務の下にあることを示している（加盟国はEU法を国内で実施する場合、EU法が定めていない範囲で国内法に依拠する）。すなわち、加盟国はEU法の執行権限を一般的に有する。[23]

なお、EU基本条約には、EUと加盟国の間の行政協力に関する規定が置かれている。それによれば、「加盟国による［EU］法の実効的な実施は、［EU］が適正に機能するために不可欠であり、共通利益事項とみなされる」ため、「［EU］は、［EU］法を実施する行政的能力を改善する加盟国の努力を支援することができる」（EU機能条約第一九七条）。EUはそのために必要な措置を定めることができるが、この分野で加盟国法令の調和（共通化）を行うことはできない。

このように、加盟国の行政機関は階層的構造を有するようなEU行政組織の一部ではない。[24] EUの行政秩序は基本的に政府間ガバナンスに基づいている。[25] しかし、各国がEU法令を国内で実施する義務は必ずしも適正に遵守されているわけではない。[26]

(2) EU司法裁判所の司法的監督――超国家的ガバナンス

他方で、超国家的ガバナンスの要素も存在する。すなわち、加盟国がEU法の執行を怠る場合、コミッションがEU司法裁判所に義務不履行訴訟を提起することができる。また、個人が国内裁判所に訴えを提起して、加盟国のEU法違反の是正や損害賠償を求めることができる。その際、国内裁判所は、「先決付託手続」と呼ばれる制度を通じて、関係するEU法についてEU司法裁判所の判断を仰ぐことができる。義務不履行訴訟では、判決までに平均約一八～二〇カ月、また、先決付託手続では「先決判決」までに平均一五～一六カ月（これに国内裁判所の判決までの時間が加わる）を要している（いずれも二〇一五〜二〇一九年の数字)。[27]このように、超国家的な司法手続では、多大な時間とコストが伴う。

(3) 域内市場におけるSOLVITの仕組み――トランスガバメンタル・ガバナンス

1 SOLVITの導入

「域内市場における実効的問題解決」(Effective Problem Solving in the Internal Market: SOLVIT)とは、域内市場すなわち物・人・サービス・資本の自由移動に関わるEU市民の権利に対して、他のEU加盟国の行政機関が違反行為を行った場合、原則一〇週間以内にその問題を解決するために、各国の行政機関が無料で提供するオンライン・サービスである。[28]それは、ある加盟国の市民や事業者が時間と費用をかけずに、他の加盟国の行政機関がEU法令を誤って適用したことに起因する問題に対応するため、[29]コミッションが二〇〇一年に勧告を行い、[30]翌年に閣僚理事会が承認することにより導入が決定された。[31]

2 SOLVITにおける紛争解決プロセス

SOLVITにおける紛争解決プロセスでは、個人(企業の場合を含む)、かれらにとっての「母国SOLVITセンター」(the home SOLVIT centre)、問題が発生した国にある「主導SOLVITセンター」(the lead SOLVIT centre)および同国の国内所轄機関が、EU法の適用に関する対話に参加する。

まず、個人AがオンラインでSOLVITに、他の加盟国で生じた問題をその理由とともに提起すると、①母国センターは、個人Aに一週間以内に連絡を取り、必要ならば追加情報を求める。②母国センターは、個人Aの問題はSOLVITが担当する範囲のものかどうかをチェックする。③母国センターは、その事案に関する準備を行い、それを他の加盟国の主導センターに送付する。なお、個人Aは、母国センターから当該事案について定期的に報告を受ける。自分から連絡を取ることも可能である。

次いで、④主導センターは、母国センターから当該事案が届くと、当該事案を受理するかどうかを一週間以内に確定する。⑤主導センターは当該事案の内容とEU法違反を、自国の国内所轄機関に提示する。⑥国内所轄機関は必要に応じて、当該事案について理由を述べ、正当化する。⑦それは、EU法とその適用に照らして、母国センターと主導センターにより審査され、問題点について指摘を受ける。問題解決の目標期限は主導センターが当該事案を受理してから一〇週間である[32]。

以上に関して、図表6を参照されたい。このようにして、トランスガバメンタル・ガバナンスの形で問題が効果的に処理されている[33]。

3　SOLVITの事例

実際の事例としては、SOLVITがフランスでの携帯用プール清浄機の販売を可能にした事案が挙げられる。公共水泳プール用の携帯清浄ポンプを製造するスウェーデンの会社がフランス市場への参入を禁じられた。同社の製品はEU基準（人がプールにいるときには交流最大電圧一二ボルト：max. 12V AC）に適合していたが、フランスの規制では人がプールにいるか否かにかかわりなく、その最大電圧が適用された。SOLVITは、結局、このフランスの規制が固定式の製品のみを対象としていること

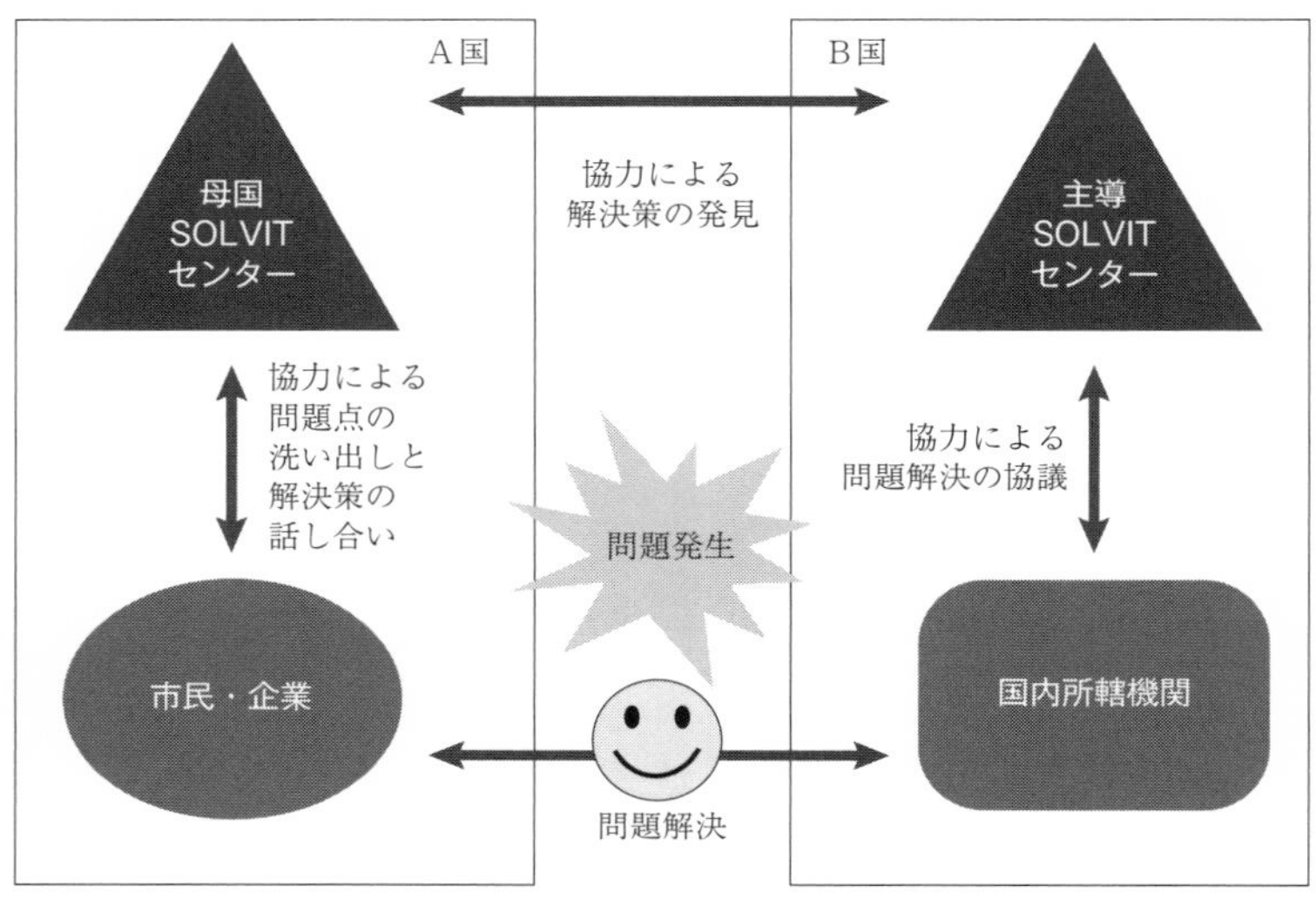

（出典：Building Europe Without Barriers, Ministry of Industry and Trade of the Czech Republic, 2010, p. 31）

図表6　SOLVITの仕組み

とを突きとめた。スウェーデンの会社の製品は携帯用であり、また、人がプールにいる間には使用されないものだったので、同社はフランスで製品を販売することを認められ、一五週間以内に問題が解決された(34)。

また、ＳＯＬＶＩＴによりオーストリアのスポーツ競技にスウェーデン人が参加できるようになった事案もある。オーストリアに住むこのスウェーデン人は大好きなスポーツであるカーリングをすることができなかった。オーストリア・カーリング連盟のルールには、オーストリア人でない者がオーストリア選手権大会に参加できるのは一八カ月以上オーストリアに居住している場合に限ると規定されていた。さらに、各チームに一人の外国人競技者しか認められなかった。ＳＯ

ＬＶＩＴは、これらのルールが差別的であることを指摘するとともに、連盟を説得してルールから外国人数制限の規定を撤廃させ、一八週間以内に問題が解決された[35]。

さらに、ベルギー市民がフランスで専門的外科手術を受けた際に、ＳＯＬＶＩＴの支援により手術費が払い戻された事案もある。ベルギー市民がヘルニア治療のための医療支援を必要としていたところ、ベルギー健康保険からフランスの専門病院で外科手術を受ける許可を得た。しかし、フランス健康保険は病院での支出のいくらかを還付するけれども、外科手術費それ自体は払い戻されないことがわかった。フランス健康保険は外科手術費の還付ができないとみなしていた。ところが、その病院は、一般にフランスではそのような費用が還付されることを認め、また、ＥＵ立法には「適切な治療を受ける目的で他の加盟国へ行くことを自国所轄機関により許可された被保険者は、適用される立法規定に従い、他の加盟国の当該保険に加入しているとみなされ、自国所轄機関に代わって滞在地の機関により提供される現物給付を受ける」と明確に規定されている。ＳＯＬＶＩＴフランスがフランス健康保険と病院に数回連絡を取った後、当該患者の事案は正しく処理されておらず、ＥＵ法の適用に誤りがあると判明した。その状況を是正するため、訂正された料金用紙がベルギー健康保険に送付されて、その市民は外科手術費の還付を受けた結果、八週間以内に問題が解決された[36]。

二〇〇三〜二〇一一年における統計のうち、たとえば二〇一一年の数字を見ると、ＳＯＬＶＩＴで扱われた事件全体のうち問題解決に至った事件数は八六％、期限内に解決された事件数は五三％、期限経過後に解決された事件数は五七％となっている（図表７）[37]。

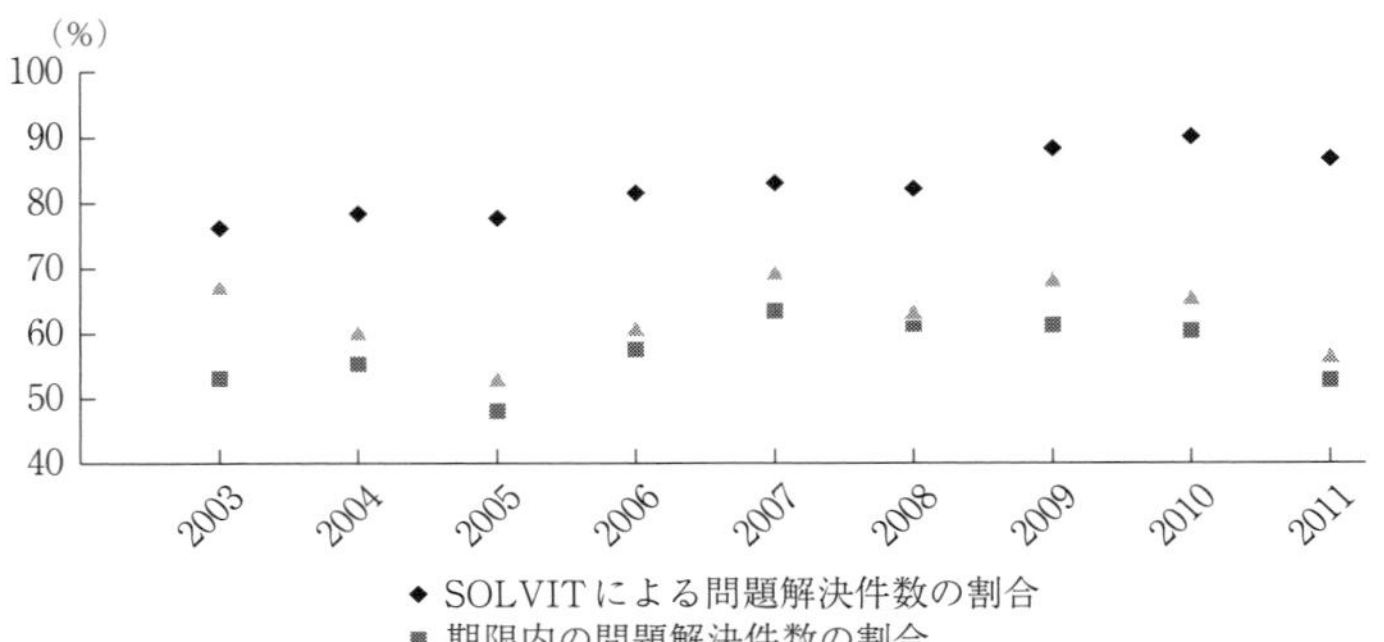

（出典：Mogens Hobolth and Dorte Sindbjerg Martinsen, "Transgovernmental networks in the European Union: improving compliance effectively?", *Journal of European Public Policy*, Vol. 20, No. 10, 2013, p. 1417, Figure 3）

図表7　SOLVITによる問題解決の割合（2003〜2011年）

4　超国家的ガバナンスの要素
――コミッションの介在――

注目すべき点として、トランスガバメンタル・ガバナンスとしてのSOLVITにおける紛争解決プロセスには、コミッションによる超国家的ガバナンスの要素も存在する。各国のSOLVITセンターは問題を処理する過程で頻繁にコミッションに連絡を取る。その理由は、第一に事案管理データベースの日常の使用に関して、コミッションに問い合わせをするためである。第二にEU法の意味内容について、コミッションから説明を受けるためである。第三に、SOLVITセンター間で見解の不一致がある場合に、コミッションから解決の支援を受けるためである。(38)

このように、各国の行政機関であるSOLVITセンターが参加する水平的ネットワークにおいて問題が発生する場合、コミッションは専門的知見に基づく権威を有する立場で対応する。また、コミッションは事案と処理結果を比較参照することができるデータベースを管理している。その結果、コミッションは各国行政機関にとって相互的な判断基準を提供し、各国行政機関の水平的ネットワークに超国家的ガバナンスの要素をもたらしている。(39)

４　「トランス・タスマン相互承認取り決め」における政府間ガバナンス

(1)　トランス・タスマン相互承認取り決め（ＴＴＭＲＡ）

相互承認アプローチは超国家制度を伴うか否かにより二つに類別される。ＥＵ域内市場に見られる相互承認原則は超国家的ガバナンスを伴う「垂直的」相互承認であるのに対し、オーストラリアとニュージーランド間の「トランス・タスマン相互承認取り決め」(Trans-Tasman Mutual Recognition Arrangement: TTMRA)(40)は、ＥＵ域内市場をモデルとしつつも、政府間ガバナンスに基づく「水平的」相互承認を確立した。(41)

オーストラリアは、まず一九九二年に連邦、州および準州(territories)の間で「相互承認協定」(Mutual Recognition Agreement: MRA)(42)を結ぶことにより自国市場に相互承認制度を導入することとした。次いで、そのための連邦法(the Mutual Recognition Act 1992)(43)が制定され、各当事者がそれを採択する立法により相互承認制度を実施した。(44)ＭＲＡは、「オーストラリアの国内市場において物品及びサービス提供者の自由移動を促進するために物及び職業に関わる相互承認原則を実施する制度を確立すること」(Recital A)を目的とする。

他方、ＭＲＡが署名される以前に、オーストラリアとニュージーランドは「経済関係緊密化貿易協定」(the Closer Economic Relations Trade Agreement: CER)により自由貿易地域を創設していた(一九八三年発効)。[45] ＣＥＲの下で両国は、一九九〇年代半ばまでに関税障壁を撤廃し、多くの非関税障壁を削減することに成功するとともに、サービス貿易に関するＣＥＲ議定書[46]により多くのサービス分野で自由貿易を達成していた。[47] しかし、産品基準(product standards)や職業登録(occupational registration)のような規制上の障壁が残存していた。[48] それらの問題に対処するため、オーストラリアの当事者(連邦、州および準州)は、ＭＲＡに署名した際、ニュージーランドの参加の可能性について検討することに合意した。[49] その後、両国間で交渉が重ねられた後、「トランス・タスマン相互承認取り決め」[50]が一九九六年に署名され、一九九八年に発効した。[51]

ＴＴＭＲＡでは相互承認原則の適用が物品と職業登録に限定され、かつ、さまざまな適用除外が設定されている。ＴＴＭＲＡ自体は、オーストラリア連邦政府、州政府および準州政府ならびにニュージーランド政府の間の、国際法上拘束力を有しないとされる「非条約合意」(a non-treaty agreement)[52]であった。そのＴＴＭＲＡを国内実施するため、[53] 両国は各々「一九九七年トランス・タスマン相互承認法」(the Trans-Tasman Mutual Recognition Act 1997)[54]を制定した。

(2) ＴＴＭＲＡのガバナンス

ＴＴＭＲＡに関する政府首脳レベルの政策決定は、連邦政府および各州・準州の首相[55]で構成されるオーストラリア政府間評議会(the Council of Australian Governments)においてなされ、ニュージーランドはTTMRAに関わる事項について対等な資格でそれに参加し、投票権を有する。政策決定方式は、議題に応じて、全会一致または三分の二以上の多数決である。また、閣僚レベルでもニュージーランドは、オーストラリアの連邦政府および各州・準州の閣僚から成る閣僚評議会がTTMRAに関わる事項を扱う場合、対等な参加資格および投票権を有する。閣僚評議会は三分の二以上の多数決で決定を行う。ニュージーランドから見ると、オーストラリア政府間評議会および閣僚評議会が三分の二以上の多数決で決定を行う場合、ニュージーランドは多数決で敗れる可能性が常にある。しかし、通常はコンセンサスで決定がなされると言われている。(56)

(3)　物品貿易の分野における相互承認ガバナンス

物品貿易の分野における相互承認を例に挙げるならば、TTMRAは次のようにして相互承認取り決めを導入している。まず、物品に関する基本原則は、「いずれのオーストラリアの当事者の管轄においても適法に販売されうる物品はニュージーランドで販売されうる。また、ニュージーランドで適法に販売されうる物品はいずれのオーストラリアの当事者の管轄においても販売されうる」ということである(Recital G(1), TTMRA)。これは、EUにおける相互承認原則をそのまま踏襲している。その結果、物品は、それが生産されるかまたは輸入のために通過する管轄において適用される基準、または規則にのみ適合する必要がある。(57)

(58)

両国はEU司法裁判所のような超国家的司法機関を置いていないので、紛争が生じやすい事項につ

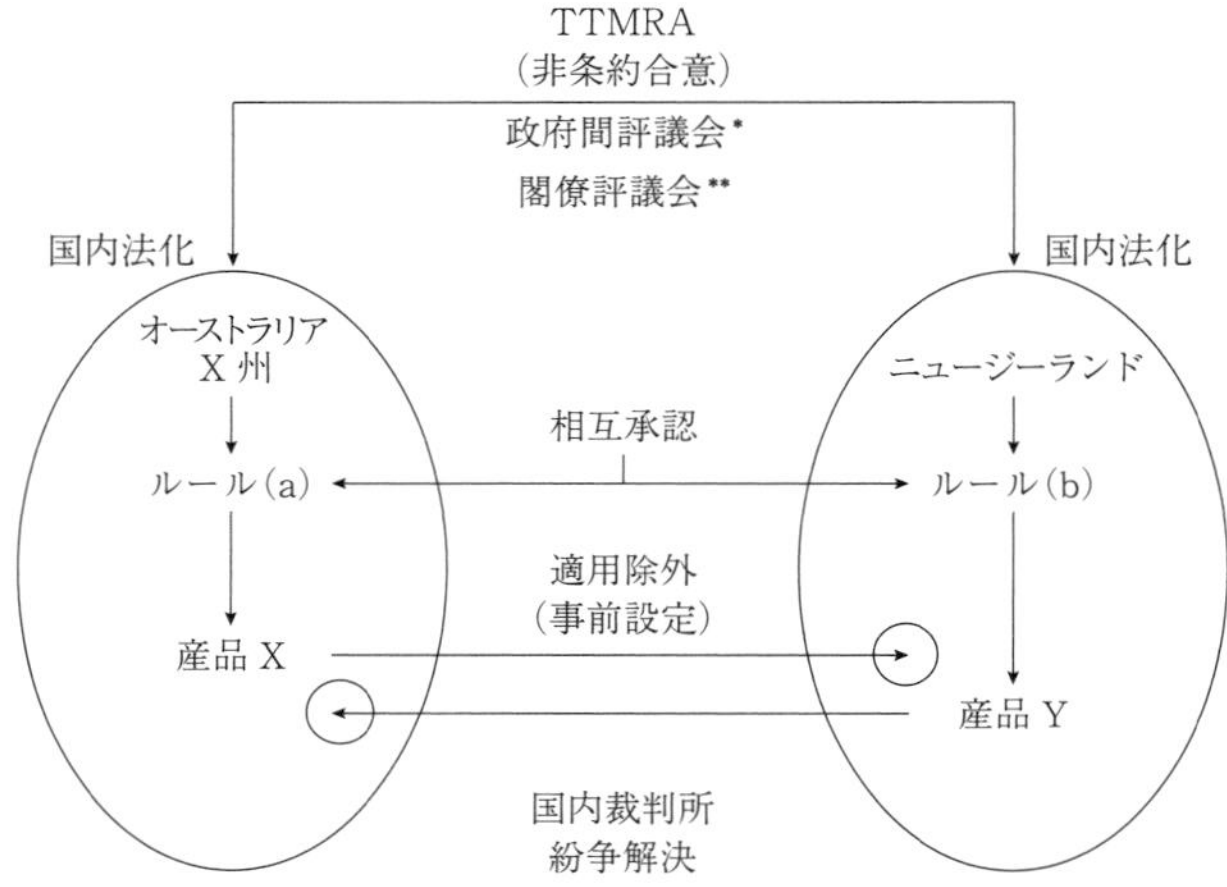

*TTMRAに関する政府首脳レベルの政策決定は，オーストラリア連邦政府および各州・準州の首相で構成される政府間評議会においてなされ，ニュージーランドは対等な資格で参加する．

**閣僚レベルでもニュージーランドは，オーストラリアの連邦政府および各州・準州の閣僚から成る閣僚評議会に対等な資格で参加する．

（筆者作成）

図表8　トランス・タスマン相互承認取り決め(TTMRA)における政府間ガバナンス

いて、あらかじめ基本原則からの明文の適用除外を五種類定めている。なお、個人には、行政当局の決定に対する特定の不服申立手続は存在せず、国内裁判所への通常の訴訟手続が利用可能である。

　五種類の適用除外とは、第一に、そもそもＴＴＭＲＡの範囲外にある「例外」(exceptions)分野として、物品の販売態様、輸送や検査などである。第二に、「除外」(exclusions)分野として、税関審査、知的財産権や税制などがＴＴＭＲＡから除かれる。第三に、「永続的適用除外」(permanent exemptions)という類型が存在する。それは潜在的には相互承認原則の対象に含まれるが、同原則を適用すべきではないと決定されたものである。この類型に含まれる事項は、たとえばニュージーランドの場合、検疫、絶滅危惧種、銃器類、花火、賭博機械、猥褻物などである。第四に、ＴＴＭＲＡの適用開始日から一二カ月間のみ許容される「特別適用除外」(special exemptions)も存在する。その期限が経過した後は、相互承認、調和または永続的適用除外のいずれかに服する。その対象は、有害物質、工業用化学物質および危険品などである。第五に、人の健康・安全ならびに環境保護に基づく「暫定的適用除外」(temporary exemptions)が最長一二カ月間に限定して認められる。

以上の点をまとめると、図表8のとおりとなる。

(4)　TTMRAとEUの比較

超国家的ガバナンスの要素を有するEU域内市場と政府間ガバナンスに基づくＴＴＭＲＡにおけるそれぞれの相互承認原則を比較して、次のような評価がなされている。「オーストラリアとニュージーランドは一九九八年のトランス・タスマン相互承認取り決め(ＴＴＭＲＡ)を実施した際、(ＥＵよりも)カシス・ド・ディジョン判決の遵守を適切に確保した。……一定の物品または規制を相互承認から適用除外する「ネガティヴ・リスト」はそのような適用除外を可視的にするという多大な追加的利点を有しており、それゆえ双方の側にそれらを定期的に審査するよう強い圧力が働いている(59)」。

このように、遵守確保(enforcement)の点で、超国家的ガバナンスの下での「垂直的」相互承認が、主権の委譲を伴わない「水平的」相互承認より必ずしも優れているわけではないことが指摘されている。その理由の一つとして考えられるのは、ＴＴＭＲＡにおける「水平的」相互承認における明文の適用除外が広い範囲で認められているということである。

5　結語――広義のトランスナショナル・ガバナンスとしての相互承認

ＥＵにおける広義のトランスナショナル・ガバナンスは、超国家的ガバナンス、政府間ガバナンス、トランスガバメンタル・ガバナンス、また、時には狭義のトランスナショナル・ガバナンスが混合されたガバナンス・ミックスという形態で行われている。それは、とくに相互承認原則の運用に顕著に示されている。物の自由移動、専門職資格、金融サービスにおける「単一パスポート」など、ＥＵ域内市場における相互承認原則は、超国家的ガバナンスに基づく調和とＥＵ司法裁判所の監督を伴いつつ、トランスガバメンタル・ガバナンスで運営されている。また、遵守確保におけるＥＵ司法裁判所の関与が時間と金銭面でコストを要するため、ＥＵは新たにＳＯＬＶＩＴという低コストのトランスガバメンタル・ガバナンスを導入し、コミッションによる超国家的ガバナンスの要素を部分的に伴いながら、成功を収めている。また、ＥＵの相互承認原則に基づくガバナンスは、刑事司法協力分野や国際私法分野[60]などにも拡張されている。

他方、ＥＵ域内市場における相互承認原則をモデルとして導入されたオーストラリアとニュージーランドのＴＴＭＲＡは、純粋に政府間ガバナンスに基づいて運営され、成功を収めている。その後、両国間での相互承認原則の適用範囲は拡張されている。ＴＴＭＲＡは物品貿易と職業資格に限定されていたが、その後、金融サービス分野において証券公募・売出相互承認協定(Agreement between the

Government of Australia and the Government of New Zealand in relation to Mutual Recognition of Securities Offerings: MRSO)が、二〇〇六年に署名され、二〇〇八年に発効している。[61] また、国際私法分野ではトランス・タスマン裁判所手続・規制遵守確保相互承認協定(Agreement between the Government of Australia and the Government of New Zealand on Trans-Tasman Court Proceedings and Regulatory Enforcement: PRET)が二〇〇八年に署名され、二〇一三年に発効している。[63] このようにして、両国間で相互承認およびそれに関連する協力の範囲が拡大されている。[64]

日EU経済連携協定には本章で述べたような相互承認原則は導入されていないが、今後「日EU経済連携協定バージョン2・0」において、まずは物品貿易の技術的規制分野で相互承認原則を、ノーマティブ・パートナーシップ(a Normative Partnership)を形成するための手段として確立すべきである。相互承認は技術的には非関税障壁を撤廃するための手段であるが、相互承認をプロセスとして捉えるならば、日EUがノーマティブ・パートナーシップを形成する手段としてもっと広範囲な可能性を持つことが明らかになる。すなわち、お互いのルールを相互に承認することを通じてルールの共有がなされ、(部分的であるとしても)日EU間にトランスナショナルなコミュニティが徐々に構築され、グローバルな問題に共同で対処することを追求するためのインフラを提供するからである。[65]

しかし、すでに指摘したとおり、超国家的ガバナンスを背景とするEU型の「垂直的」相互承認を日EU間に「移植」することは不可能である。他方、政府間ガバナンスに基づくトランス・タスマン型の「水平的」相互承認は、日EUにとって適切なモデルとなるだろうか。第一に、日EU間の輸入に見られる貿易構造は、オーストラリアとニュージーランドの間の貿易構造とは異なる。第二に、オーストラリアとニュージーランドは、歴史、文化および言語に共通点があるとともに地理的に近接しており、経済関係も緊密である。他方、日本とＥＵは地理的に遠く隔たっており、また、歴史、文化および言語を共有しているわけではない。しかし、まさにこのような相違があるからこそ、日ＥＵは共通の価値に依拠してノーマティブ・パートナーシップを育むべきであるという考え方も成り立ちうる。相互承認を通じてお互いの利益を融合することにより、日本の消費者とＥＵの生産者および日本の生産者とＥＵの消費者の間にトランスナショナルな連携関係を作り出すことが可能である[66]。

相互承認は、消費者が商品の多様性から恩恵を受ける一方で正しい選択を行うことにかかる情報コストや、輸入国が原産国のルールに対応するコスト、企業が競争に適応するコストなど様々な費用を伴うことも事実である[67]。しかし、そのようなコストを通じて、人々は他国のルールやその背後にある文化に関心を持ち、自国のルールを制定する際に考慮に入れるべきであることを学ぶことができる。そのようにして、原産国の生産者と輸入国の消費者の間にトランスナショナルな連携関係を作り出すことが可能となる。この結果、プロセスとしての相互承認を通じてお互いの利益を融合し、一部の利益団体の特殊利益を反映する国内規制を排除することができるかもしれない[68]。

（1） Stephen Weatherill, "Pre-emption, Harmonisation and the Distribution of Competence" in Catherine Barnard and Joanne Scott (eds.), *The Law of the Single European Market: Unpacking the Premises*, Hart Publishing, 2002, pp. 41–73 at 49, 50.

（2） Miguel P. Maduro, *We The Court: The European Court of Justice and the European Economic Constitution*,

Hart Publishing, 1998, pp. 143–149.

（3）　庄司克宏著『新ＥＵ法　政策篇』岩波書店、二〇一四年、五〇～五四頁。

（4）　Nick Bernard, "Flexibility in the European Single Market" in Catherine Barnard and Joanne Scott (eds.), op. cit. *supra* note 1, pp. 591, 592, 596; Susanne K. Schmidt, "Mutual Recognition as a New Mode of Governance", *Journal of European Public Policy*, Vol. 14, No. 15, 2007, pp. 667–681 at 672.

（5）　Case 120/78 *Rewe-Zentrale AG v. Bundesmonopolverwaltung für Branntwein* (Cassis de Dijon) [1979] ECR 649, ECLI: EU: C: 1979: 42.

（6）　庄司克宏「ＥＵ域内市場――相互承認と規制権限の配分」、田中俊郎・庄司克宏編『ＥＵ統合の軌跡とベクトル――トランスナショナルな政治社会秩序形成への模索』慶應義塾大学出版会、二〇〇六年（一一一～一三七頁）一一一、一一二頁。

（7）　Catherine Barnard, *The Substantive Law of the EU* (6th ed.), Oxford University Press, 2019, pp. 90, 91.

（8）　Susanne K. Schmidt, op. cit. *supra* note 4, p. 672.

（9）　Tanja A. Börzel, "The European Union—A Unique Governance Mix ?" in David Levi-Faur (ed.), *The Oxford Handbook of Governance*, Oxford University Press, 2014, pp. 613–627 at 619, 620.

（10）　*Ibid.*, p. 620.

（11）　Kalypso Nicolaïdis and Gregory Shaffer, "Transnational Mutual Recognition Regimes: Governance without Global Government", *Law and Contemporary Problems*, Vol. 68, 2005, pp. 263–317 at 289, 290.

（12）　Kalypso Nicolaïdis, "Trusting the Poles? Constructing Europe through Mutual Recognition," *Journal of European Public Policy*, Vol.14, No. 5, 2007, pp.682–698 at 685.

（13）　Tanja Börzel, "European Governance: Negotiation and Competition in the Shadow of Hierarchy", *Journal of Common Market Studies*, Vol. 48, No. 2, pp. 191–219 at 203–205.

（14）　Kalypso Nicolaïdis and Gregory Shaffer, op. cit. *supra* note 11, p. 263.

(15) Kenneth A. Armstrong. "Mutual Recognition" in Catherine Barnard and Joanne Scott(eds.), op. cit. *supra* note 1, pp. 225–267 at 234–236.

(16) 庄司克宏「EU域内市場法の仕組み」、庄司克宏編『EU法　実務篇』岩波書店、二〇〇八年(一〜二二頁)一一〜一三頁。

(17) *Framework Decision on the European arrest warrant and the surrender procedures between Member States* [2002] OJ L 190, p. 1. 庄司克宏「「自由・安全・司法領域」とEU市民——欧州逮捕状と相互承認原則」、田中俊郎・庄司克宏編『EUと市民』慶應義塾大学出版会、二〇〇五年(一四三〜一六六頁)。

(18) 通常、欧州逮捕状の執行に関する最終決定が引き渡しを求められている者(被請求者)の逮捕から六〇日以内(被請求者の同意がある場合は、同意があった日から一〇日以内)になされた後、同決定から一〇日以内に引き渡しがなされなければならない(第一七、二三条)。

(19) 洪恵子「国際協力における双方可罰性の現代的意義について(一)」『法経論叢』(三重大学社会科学学会)第一八巻一号、二〇〇〇年(一〜三二頁)、二頁。

(20) 犯罪組織への参加、テロリズム、人身売買、児童に対する性的搾取および児童ポルノ、覚醒剤および向精神薬の違法売買、武器、軍需物資および爆発物の違法取引、贈収賄、詐取(欧州共同体の財政的利益の保護に関する一九九五年七月二六日付協定の意味におけるECの財政的利益に影響を及ぼすものを含む)、犯罪による収入の洗浄、通貨の偽造(ユーロの偽造を含む)、コンピュータ関連犯罪、環境犯罪(絶滅のおそれのある動物種並びに絶滅のおそれのある植物種及び変種の違法取引を含む)、不法入国および不法滞在の助長、殺人・重傷害罪、人体器官および人体組織の違法取引、誘拐・監禁・人質強要、人種差別および外国人排斥、集団または武装強盗、文化財の違法取引(骨董品および芸術作品を含む)、詐欺、恐喝等、物品の偽造および違法コピー、行政文書の偽造および売買、支払手段の偽造、ホルモン物質および他の成長促進物質の違法取引、核物質および放射性物質の違法取引、盗難車両の売買、強姦、放火、国際刑事裁判所の管轄に含まれる犯罪、航空機・船舶のハイジャック、破壊工作。なお、理事会は欧州議会に諮問した後全会一致により項目の追加を行うことができる(第二条三項)。

（21） テロ犯罪等の定義について、ある程度の調和が行われている。庄司克宏「欧州連合（ＥＵ）におけるテロ対策法制」、大沢秀介・小山剛編『市民生活の自由と安全――各国のテロ対策法制』成文堂、二〇〇六年（二〇三～二三七頁）二一八～二二二頁。

（22） 欧州逮捕状の受理国がホスト・ステート・コントロールを及ぼして引き渡しを拒否することができる場合については、庄司克宏「「自由・安全・司法領域」とＥＵ市民――欧州逮捕状と相互承認原則」前掲注17、一五二～一五四頁参照。

（23） 庄司克宏『新ＥＵ法　基礎篇』岩波書店、二〇一三年、一〇二、一〇三頁。

（24） Robert Schütze, “From Rome to Lisbon: ‘Executive Federalism’ in the (New) European Union”, *Common Market Law Review*, Vol. 47, No. 5, 2010, pp. 1385–1427 at 1405, 1419, 1420, 1425, 1426.

（25） Mogens Hobolth and Dorte Sindbjerg Martinsen, “Transgovernmental networks in the European Union: improving compliance effectively?”, *Journal of European Public Policy*, Vol. 20, No. 10, 2013, pp. 1406–1424 at 1406, 1407.

（26） T. A., Börzel, T. Hofmann, D. Panke, and C. Sprungk, “Obstinate and Inefficient: Why Member States Do Not Comply With European Law”, *Comparative Political Studies*, Vol. 43, No. 11, 2010, pp. 1363–1390.

（27） Court of Justice of the European Union, *Annual Report 2019, Judicial Activity*, p. 172, available at 〈https://curia.europa.eu/jcms/jcms/p1_2997769/en/〉, accessed 08/10/2020.

（28） “What is SOLVIT?”, European Commission, available at 〈https://ec.europa.eu/solvit/what-is-solvit/index_en.htm〉, accessed 08/10/2020.

（29） Evaluation of SOLVIT, Final Report, Directorate General for Internal Market and Services, European Commission, November 2011, p. 3, available at 〈https://ec.europa.eu/solvit/_docs/2011/2011_solvit-assesses-relevance_en.pdf〉, accessed 08/10/2020.

（30） Communication - Effective Problem Solving in the Internal Market (“SOLVIT”), COM/2001/702 final: Commission Recommendation of 7 December 2001 on principles for using "SOLVIT" - the Internal Market Problem Solving Network (notified under document number C (2001) 3901) [2001] OJ L 331, p. 79.

(31) Establishment of SOLVIT - Council Conclusions (March 2002) - commitment to SOLVIT network and principles.

(32) "How SOLVIT works", European Commission, available at〈https://ec.europa.eu/solvit/how-solvit-works/index_en.htm〉, accessed 08/10/2020.

(33) Mogens Hobolth and Dorte Sindbjerg Martinsen, op. cit. *supra* note 25, p. 1415.

(34) SOLVIT. Success stories, European Commission, Directorate-General for the Internal Market and Services, 2014, p. 19, available at〈http://ec.europa.eu/solvit/promo/_docs/publications/solvit-success-stories_en.pdf〉, accessed 31/10/2020.

(35) *Ibid*., p. 25.

(36) *Ibid*., p. 33.

(37) Mogens Hobolth and Dorte Sindbjerg Martinsen, op. cit. *supra* note 25, pp. 1417, 1418.

(38) *Ibid*., pp. 1415, 1416.

(39) *Ibid*., p. 1416.

(40) Productivity Commission, *Review of Mutual Recognition Schemes*, Australian Government, January 2009, p. 11.

(41) 庄司克宏「「トランス・タスマン相互承認取り決め」の法的性格」『法学研究』(慶應義塾大学法学部)第八四巻一号、二〇一一年(一二九～一五二頁)。

(42) 正式名称は、Agreement between the Commonwealth of Australia, the State of New South Wales, the State of Victoria, the State of Queensland, the State of Western Australia, the State of South Australia, the State of Tasmania, the Australian Capital Territory and the Northern Territory of Australia relating to Mutual Recogni-

tionである。

(43) *The Mutual Recognition Act 1992*, available at 〈http://www.austlii.edu.au/au/legis/cth/consol_act/mra1992221/〉, accessed 26/05/2010.

(44) Council of Australian Governments(COAG), "Mutual Recognition Agreement," available at 〈http://www.coag.gov.au/mutual_recognition/mutual_recog_agreement.cfm〉, accessed 26/05/ 2010.

(45) Gary P. Sampson, "The Closer Economic Relations Agreement between Australia and New Zealand" in Gary P. Sampson and Stephen Woolcock(eds.), *Regionalism, Multilingualism and Economic Integration: The Recent Experience*, United Nations University Press, Tokyo, 2003, pp. 202–205.

(46) Quentin Hay, "Trans-Tasman Mutual Recognition: New Dimension in Australia-New Zealand Legal Relations," *International Trade Law and Regulation*, Vol. 3, No. 1, 1997, pp. 6–13 at 10; Productivity Commission, op. cit. *supra* note 40, p. 11.

(47) *Protocol on Trade in Services to the Australia-New Zealand Closer Economic Relations -Trade Agreement*, 18 August 1988, available at 〈http://www.dfat.gov.au/geo/new_zealand/anz_cer/anz_cer.html〉, accessed 31/05/2010.

(48) Productivity Commission, op. cit. *supra* note 40, p. 11.

(49) Council of Australian Governments(COAG), "Mutual Recognition Agreement," op. cit. *supra* note 44.

(50) 正式名称はArrangement between the Australian Parties and New Zealand Relating to Trans-Tasman Mutual Recognitionである。これについて，*Users Guide to the Mutual Recognition Agreement and Trans-Tasman Mutual Recognition Arrangement*, 2006がオーストラリア連邦政府より刊行されている(available at 〈http://www.coag.gov.au/mutual_recognition/docs/mutual_recognition_users%27_Guide.pdf〉, accessed 31/05/2010)。

(51) Productivity Commission, op. cit. *supra* note 40, p. 11.

(52) Council of Australian Governments(COAG), "Trans-Tasman Mutual Recognition Arrangement," available at

〈http://www.coag.gov.au/mutual_recognition/tt_mutual_recog_agreement.cfm〉, accessed 31/05/2010. 条約の形式を避けた理由は、第一に柔軟性を最大限確保すること、第二にオーストラリアのＭＲＡに対する不利な影響を最小化すること、第三にオーストラリアの各州・準州が積極的にＴＴＭＲＡに参加できるようにすること、第四にオーストラリア連邦政府が同国憲法の対外的権限を通じて条約の主題領域で権限を拡大するのを防ぐことにあったとされる。Quentin Hay, op. cit. *supra* note 46, p. 11.

(53) Productivity Commission, op. cit. *supra* note 40, pp. 11, 12.

(54) The Trans-Tasman Mutual Recognition Act 1997 (Cwlth) and the Trans-Tasman Mutual Recognition Act 1997 (NZ), available at 〈http://www.austlii.edu.au/au/legis/cth/consol_act/tmra1997350/〉, and, 〈http://www.legislation.govt.nz/act/public/1997/0060/latest/DLM410793.html?search=ts_act_trans-tasman+mutual_resel&sr=1〉, accessed 31/05/2010.

(55) The Prime Minister of Australia, the Premiers of the Australian States and Chief Ministers of the Australian Capital Territory and the Northern Territory.

(56) 二〇一〇年三月九日、オーストラリア連邦政府の首相内閣府におけるＣＯＡＧ課の Ron Perry 氏との面接調査。

(57) 物品とは、「いかなる種類の物品をも意味し、(1)動植物、(2)微生物に由来する物質、(3)物品を包む包装、(4)物品に添付されるラベルを含む」(Part II(a), TTMRA)。

(58) ＴＴＭＲＡは締約当事者の領域からの物の輸出を禁止または制限する国内法令の施行に影響を与えるものではない(4.1.4, TTMRA)。他方、ＥＵ域内市場では(輸入の場合に加えて)輸出に対する数量制限と「同等の効果を有する措置」も禁止される(ＥＵ機能条約第三五条)。

(59) Patrick A. Messerlin, "The European Union single market in goods: between mutual recognition and harmonization", *Australian Journal of International Affairs*, Vol. 65, No. 4, 2011, pp. 410–435 at 427, 429.

(60) 庄司克宏「ＥＵ基本条約の自由移動規定と国際私法」『法学研究』(慶應義塾大学法学部)第八四巻一二号、二〇一一年(六〇一〜六二九頁)六一六、六一七頁。

(61) Available at〈http://www.austlii.edu.au/cgi-bin/sinodisp/au/other/dfat/treaties/ATS/2008/10.html?stem=0&synonyms=0&query=Agreement%20between%20the%20Government%20of%20Australia%20and%20the%20Government%20of%20New%20Zealand%20in%20relation%20to%20Mutual%20Recognition%20of%20Securities%20Offerings〉, accessed 31/10/2020.

(62) Offering financial products in New Zealand and Australia under mutual recognition, Regulatory Guide 190, July 2017, the Australian Securities and Investments Commission (ASIC), available at〈https://www.scoop.co.nz/stories/BU1103/S00551/guide-for-trans-tasman-mutual-recognition-of-securities.htm〉, accessed 31/10/2020.

(63) Available at〈http://www.austlii.edu.au/au/other/dfat/treaties/ATS/2013/32.html〉, accessed 31/10/2020.

(64) Trans-Tasman Proceedings Regime Attorney-General's Department Australian Government, available at〈https://www.ag.gov.au/international-relations/private-international-law/trans-tasman-proceedings-regime〉, accessed 31/10/2020.

(65) Productivity Commission, op. cit. *supra* note 40, pp. 247–253.

(66) 庄司克宏「日EU間FTAと相互承認原則——トランス・タスマン・モデルの可能性」『貿易と関税』第五八巻一〇号、二〇一〇年(二六〜四五頁)三八頁。

(67) Susanne K. Schmidt, op. cit. *supra* note 4, pp. 672, 673.

(68) Miguel P. Maduro, op. cit. *supra* note 2, pp. 169–174.

第2章

トランスナショナル・ガバナンスと気候変動

和達容子

1　はじめに——気候変動と国際社会と多様なアクターたち

人類が地球環境を改変していくという地球史上初めての状況は、「人新世」(アントロポセン：Anthropocene)という新しい時代区分名称を生みだした。それほど大きな変化の中心にある気候変動問題とは、二酸化炭素など温室効果ガスの大気中濃度が上昇し、地球上の平均気温を上昇させ、地球上の気象メカニズムに影響を与え、生態系をも変えるであろう問題である。科学者たちは、気候変動の原因は主に人為的活動に有り、何も対策を取らなければ深刻な事態に陥るであろうと警告を発し続けてきた。しかし、一九八〇年代から動き始めた気候変動レジームの形成・発展は、決して順調なものではなかった。

ある研究者の言葉を借りれば、気候変動問題の国際的ガバナンスは「面倒な問題」(a wicked problem)である。(1) 共有資源をめぐる集合行為の問題、各国間の責任と財政的な貢献をめぐる配分問題、気候変動をめぐる科学の不確定性の問題といった容易に割り切れない複数の要因が、気候変動ガバナンスに結合するからである。あらゆる国家や国民が共有する大気問題の解決にはすべての国家と人々の行動が必要だが、フリーライドは容易である。国際社会のルール作りは国家間の合意が基本となるが、化石燃料を基盤とした産業構造に頼る国家にとって気候変動対策はコスト高となり、発展途上国は経済大国の責任を問い、排出削減量をめぐる思いは一様でない。国家間の経済格差は、さらに国際社会が全会一致に達することを難しくし、対策資金の出資や運用ルールの在り方にも影響を与える。環境政策の基礎となる科学的知見でさえ気候変動の場合は当初から不確定さを内包し、そこにクライメット・ゲート・スキャンダルのような人為的要素が加わって、科学的議論の基盤はときに揺るがされた(2)。気候変動対策に携わる諸機関とその試みは、これらの課題に悩まされ、その存在や政策の正当性には疑義が投げ掛けられてしまう(3)。

一方で、気候変動の影響と思しき海面上昇や異常気象は進行している。現状に危惧の念を抱く多くの組織や人々は、温室効果ガス排出を抑制する緩和策のみならず、地球温暖化が及ぼす悪影響に対応する適応策にも取り組むようになっている。気候変動対策は、あらゆるレベルで、あらゆる分野で、あらゆるアクターが気候変動問題を意識し、様々なアプローチによって追求されるべきものとなっている。気候変動ガバナンスは、当該問題の特徴とも相まって伝統的な政府間主義的ルール作りとその実行に収まらない、トランスナショナル・ガバナンスの典型である。環境ＮＧＯは提言・行動し、ときにビジネス界は投資を呼び込み革新的手法を創出し、非公式のアクターもトランスナショナルな気候変動ガバナンスを構成する重要な一部となっている。トランプ大統領が米国のパリ協定離脱を発表したとき、二酸化炭素排出量世界第二位の大国の離脱は当該レジームの有効性を大きく損なうものと懸念されたが、その一方で「私たちはここにとどまる」(we are still in)という運動が米国国内で起きた。米国の二酸化炭素排出量の推移は、気候変動ガバナンスにおける政府方針だけでなく、各都市や有力企業の影響力、そして一人一人の行動の大きさを知る例となろう。

とはいうものの、気候変動枠組条約のような公式アクターによる政策合意の存在意義は今でも大きい。これが順調に機能すれば、自主的な活動もより効果的になり得る。(4) 気候変動問題において気候変動枠組条約下での政府間交渉に参加する基本単位であり、自身も気候変動政策を持つEUは、二重の意味で気候変動ガバナンスにとって興味深い存在である。EUは、加盟国の能力を活かしながら加盟国を超えて政策目的や目標を共有する、トランスナショナル・ガバナンスを実践している。とりわけ国家主権を超えたEU諸機関の存在や決定手続き、EU法の存在は、公的アクターとして他に類を見ない。同時に、EUは、気候変動枠組条約下の交渉を通じて、トランスナショナルな気候変動ガバナンスの在り様に積極的に関与してきた。

本章においては、世界の気候変動ガバナンスへのEUの影響力行使と、その基盤になっているEU域内ガバナンスという二点から、EU気候変動政策の特徴を考察する。

2　気候変動レジームの発展とEUリーダーシップ

EUは、世界の気候変動ガバナンスにどのような役割を果たしてきたのだろうか。気候変動レジーム形成におけるリーダーシップという観点は、それを理解する一助となろう。[5]

一九九二年の気候変動枠組条約採択から一九九七年の気候変動枠組条約第三回締約国会議(COP3)での京都議定書採択に至る交渉において、EUは小島嶼国連合(AOSIS)とともに規制推進勢力と位置付けられた。[6] COP3の温室効果ガス排出削減目標値をめぐる交渉では、当時世界最大の二酸化炭素排出国であった米国は途上国に先行する排出削減に消極的であったのに対し、EUは一九九〇年比で一五％削減を提示し、より厳格な削減目標値を採択するよう議論を牽引する側にあった。結果として、EU八％、米国七％、日本六％といった数字に落ち着いたが、先進国を対象に法的拘束力ある排出規制を実現したという点で京都議定書は環境ガバナンス史上記念碑的な一歩を踏み出し、EUも会議の結果に一定の評価を与えることができた。

しかし、この時点でEU域内が一枚岩で強固な気候変動政策を持っていたかというと、必ずしもそうではない。COP3前に決めた一五％という数字は実行の見通しのないまま国際会議に持ち込まれていたように、国際会議をリードする戦略と域内政策は発展途上であった。[7] EUが練られたリーダーシップを発揮していたのではなく、米国の消極性のおかげで国際交渉のリーダーの地位を得ていたと言ってよいかもしれない。

それでもCOP6(二〇〇〇年)後から京都議定書発効(二〇〇五年)に掛けての時期は、EUこそがレジーム存続を支えていたと言ってよいだろう。二〇〇一年のブッシュ大統領による米国京都議定書離脱の発表後、残された国々で京都議定書を発効させようとする外交努力、とりわけ附属書I国で排出量の多い日本とロシアの批准を促す政治的意思は明白であった。京都議定書は米国抜きで発効し、米国が導入を主張した排出量取引制度は議定書の中で生き残った。

ここで、環境国際交渉で行使されるリーダーシップの類型を使って、上記の動向を説明してみよう。パーカーとカールソン（Parker and Karlsson）によれば、概ね四種類のリーダーシップに類型化される(8)。第一に、他者の行動を変更させるために行動し、また他者を動かすかもしれない動機、費用、利益を生み出すパワーリソースを使用するという能力に依拠する、構造的リーダーシップ（Structural leadership）。第二に、問題のネーミング、フレーミング、アジェンダ・セッティング、および問題の共同解決を発見し提案することによって特徴づけられる、アイディアを基礎にしたリーダーシップ（Idea-based leadership）。第三に、実践例によって先導し、また特定の方策の実現可能性、価値、優越性を示すことを意味する、指針的リーダーシップ（Directive leadership）。第四に、連立形成を促進する、交渉問題を解決する、取引をまとめるのに必要な橋を掛けるといった能力である、手段的リーダーシップ（Instrumental leadership）である。

レジーム発足当初、政治的・経済的優位にあったＥＵは一定の構造的リーダーシップを発揮していたと見なせる。排出削減に消極的な米国に対抗して政策の重要性を説き、途上国への排出規制猶予や資金的支援を支持することによって合意を促したこともまた、ＥＵのパワーが有効であったことの証であろう。

ＥＵは同時に、目標の高さや政策モデルの提示という指針的リーダーシップの重要性を認識し、対策を他地域より先行させることに熱心であった。ＥＵには当初より、気候変動交渉、とりわけレジーム形成の節目の会議に臨む際、ＥＵとしての野心的な政策や目標を事前に確立しておこうとする傾向があった。ＥＵは後にこうした自らのリーダーシップを「手本によるリーダーシップ」(leadership by example)と表現した。[9] ＣＯＰ15(二〇〇九年)前にはそうしたリーダーシップが自覚的に実践されるようになり、ＥＵは会議二年前から、一九九〇年比で温室効果ガス排出量を少なくとも二〇％削減する、再生可能エネルギーをエネルギー消費の二〇％に増やす、エネルギー効率を二〇％改善するという二〇二〇年に向けた「二〇・二〇・二〇目標」を内外にアピールすることとなった。この頃のＥＵは、気候変動枠組条約や京都議定書の時よりも体系的かつ具体的な対策を準備するようになっていたと言える。

ところが、そのＣＯＰ15でＥＵの国際社会における相対的優位は崩壊する。パーカー等による表現を借りれば、ＣＯＰ15は、多くの国の支持を得るリーダーは存在せず「分裂した状況」にあった。[10] 最終日になっても、ＥＵが追求していた法的拘束力ある文書の採択は叶わず、京都議定書へ上乗せする全体的な削減目標も合意できなかった。

この頃、ブラジル、南アフリカ、インド、中国など経済成長著しい新興国は、経済発展に伴い国際社会における発言力を強め、それと同時に、温室効果ガスの排出量を増やしていた。環境条約を効果的なものにするためには問題物質排出量の大きな国の参加が必要であり、そうした国々の主張はそれゆえに無視することが出来ない。ＥＵの温室効果ガス排出量は、逆に世界の中で一割ほどに低下していた。[11] そのような状況の中で、削減義務を負いたくないＢＡＳＩＣ諸国、とりわけ中国と、国内に対策消極派を抱える米国が数値目標を伴う削減義務を回避することで一致し、ＥＵの野心的な案は退けられた。[12]

ＣＯＰ15で厳しい現実を突きつけられたＥＵであったが、その後も気候変動交渉にリーダーシップをとることは諦めなかった。[13] ＥＵは他国の行動を変えさせることの難しさを改めて認識し、[14] 単に理想論を主張するにとどまるのではなく他国の事情を汲み取り配慮しながら全体を動かしていくこと、また交渉で主張を同じくする戦略的パートナーを増やすことによって交渉を進める力とした。[15] 二〇一一年のＣＯＰ17では「強化された行動のためのダーバン・プラットフォーム特別作業部会」の設立とそのスケジュールについて合意に至り、ＥＵはＣＯＰ13（二〇〇七年）同様アジェンダ・セッティングに貢献した。[16] また途上国とともに京都議定書第二約束期間に参加することとした。ラテン・アメリカ諸国やアフリカ諸国等と構成したカルタヘナ対話グループおよびＣＯＰ21（二〇一五年）前に結成した野心連合（ambitious coalition）は、域外パートナーとの協働の象徴である。このようなＥＵの変化をある研究者は「リーダーから〝レディエーター〟（leadiator）へ」という表現を使って説明した。[17] レディエーターとは、「リーダー兼仲介者」（leader-cum-mediator）を意味する造語である。手段的リーダーシップやアイディアを基礎にしたリーダーシップの強化となろう。

ＣＯＰ21で採択されたパリ協定は、国際社会として産業革命以前から二度以内の気温上昇に抑えるという長期的な目標を掲げ、先進国と途上国の区別なく全ての国が温室効果ガスの排出削減義務を負うことに合意した。会議開催国であるフランスの努力に加え、ＥＵは二〇三〇年目標と新たな政策枠組を事前に採択し、域外の仲間を増やすことでイニシアティブをとろうと会議に臨んでいた。ＥＵ内外の関係者たちは、このようなＥＵのリーダーシップをどのように認識していたのだろうか。

この点に関連して、非常に興味深い調査がある。ＣＯＰ14（二〇〇八年）からＣＯＰ21において、当

表　リーダーシップの認識2008～2015年　主要アクターについての傾向(%)

	COP14	COP15	COP16	COP17	COP18	COP19	COP20	COP21	Trend
	2008	2009	2010	2011	2012	2013	2014	2015	2008-2015
リーダーとしてのEU	62	46	45	50	51	48	48	41	－21
リーダーとしての中国	47	48	52	50	48	42	48	54	＋7
リーダーとしてのG-77	27	22	19	33	24	25	22	27	±0
リーダーとしての米国	27	53	50	42	39	42	52	59	＋32

＊注・全回答者数3557
(出典：Charles F. Parker, Christer Karlsson and Mattias Hjerpe, "Assessing the European Union's global climate change leadership: from Copenhagen to the Paris agreement", *Journal of European Integration*, 39(2), 2017, p.245)

該締約国会議に参加した政府代表・政府関係出席者およびオブザーバー(NGO、国際機関、研究者およびメディア関係者)たちを対象に「どの国、グループ、機関が気候変動交渉において先導的な役割を担っていたか」を問うたアンケート調査が実施されていた。[18] 複数回答を可能とし、回答者たちは概ねEU、中国、米国、G-77の四アクターにリーダーシップを見出していた[19](表)。

EUはCOP14において六二％の回答者によってリーダーとして選ばれ、中国や米国よりもリーダーとして認識されていた。しかし、COP15では米国や中国のリーダーシップを下回った。COP17では数字は幾分上がり、COP19までEU・中国・G-77・米国の四者のうちで最高値を与えられたが、COP21では米国の五九％、中国の五四％を下回り、四一％となった。

本調査を取り上げた論文では「EUがリーダーであった時期から、卓越したリーダーが不在の時期へ」気候変動交渉が移行したという捉え方をしていたが、EUが失敗と称したCOP15でも外交的に成果があったとするCOP21でも、EUのリーダーシップは米国および中国ほどに認識されていなかった。回答者がリーダーシップという言葉に抱いたイメージと、ＥＵがリーダーシップをとると言う時に込めている意味に違いがないとは言い切れないが、良くも悪くも会議の趨勢を決めたのは米国であり中国であると多くの人が認識していたということである。その間もその後もＥＵは構造的リーダーシップが依拠するパワーを相対的に減じているのだろう。しかしながら、ＥＵは指針的リーダーシップや手段的リーダーシップなどを通じて、世界の気候変動ガバナンスに影響力を及ぼそうとし続けていた。

3　ＥＵ気候変動政策

（1）手本によるリーダーシップの含意

環境レジームに関する政府間交渉の質は、科学的知見を政治がいかに結論へ取り込めるかにかかっているのではないか。アクターが規範的であるといった場合、それは科学的知見や専門家からの提言に忠実であることと解釈してよかろう。規範パワーであるということは、科学的知見に基づき環境にとって適切な政策を主張することと換言できる。近年ＥＵは気候変動交渉で規範パワーと見なされているが[20]、科学的知見をより強く反映させた政策や主張が行われているという評価であろう。ＥＵとりわけ欧州委員会は、ＩＰＣＣ報告書や二〇〇六年に報告された『スターン・レヴュー』の影響を受けて、ＣＯＰ15前の時期、気候変動対策を早期に進めていくことが将来の対策費用を低減させ、経済的にも望ましいのだという立場に大きくシフトしていった[21]。ＥＵが規範パワーとして認知されるのは、域内の先述の指針的リーダーシップの発揮によるところが大きい。ＥＵの指針的リーダーシップは、域内の先進的な政策に支えられている。

しかしながら、気候変動交渉と指針的リーダーシップは必ずしも相性が良いわけではない。気候変動交渉では、温室効果ガスを規制することは経済活動を規制することであり、対策は高コストであり、先行し過ぎる対策は経済競争において不利を生じさせる、という考えが交渉当初より一般的で、交渉を進める上で大きな障害となった。度々出現するカーボンリーケージの議論も同様に他者との比較の視点がある。ＥＵも二〇二〇年温室効果ガス排出削減目標を決めた際に条件を付して「先進国が同等の排出削減に合意し、途上国がその責任や能力に応じて適切な貢献を行う場合、三〇％にする」としていた。

しかし、現在の気候変動政策は、単なる温室効果ガス排出削減のための手段にとどまらない。気候変動対策不作為のコストを語り、脱炭素経済・社会の必要性を語りながら、同時に、様々な経済活動のルールや規格を先導して先行者利得を得ようとする経済的利益にもＥＵ自ら言及する(22)。そのためにＥＵは、脱炭素経済・社会を形成する施策を先んじて制定する。脱炭素の新事業立ち上げが雇用を創出し、再生可能エネルギーを増産することが域外に対するエネルギー依存度を下げるのだとも説明する。規範だけでなく、利益という観点からもＥＵ気候変動政策は正当化されていった。

気候変動政策は、いまや経済活動を含む広範な政策領域をカバーしている。ＥＵは、域内でどのような気候変動対策をとっているのだろうか。手本によるリーダーシップを支えるのは、どのような対策なのであろうか。

(2) 主要なEU気候変動対策

EUでは既に幾つかの立法が採択・実行されており、パリ協定採択前後には新たな目標に合わせて強化が図られた。第一に、EU排出量取引制度(EU-ETS)。いまやEU内排出量の四〇%をカバーしている。二〇〇五年から発足したこの制度には域外国も参加し、修正を重ね、航空業界など新分野も対象に加えて、二〇二一年からは第四フェーズとなる。二〇三〇年までに一九九〇年比四〇%排出削減というEU全体の目標のため、EU-ETSでは二〇〇五年基準で四三%の排出削減を目指すとした。

第二に、国別排出削減目標。二〇一八年にはエフォート・シェアリング規則(Regulation (EU) 2018/842)が採択され、EU-ETS外の運輸、建築、農業などを対象に二〇三〇年までに二〇〇五年基準で三〇%の排出削減をEU全体で目指すこととなった。

第三に、森林・土地利用。森林や農業の在り方次第で二酸化炭素の大気への放出よりも隔離を増加させることが可能であり、森林所有者や農業従事者の行動が問われる。EUでは二〇一八年に採択されたLULUCF規則(Regulation (EU) 2018/841)によって、森林・土地利用による温室効果ガス排出はその炭素隔離等によって埋め合わされることとなり、この分野での炭素隔離の成果が二〇三〇年までの排出削減に算入される。

第四に、運輸部門からの排出削減。自動車からの二酸化炭素排出規制(例えばRegulation (EU) 2019/631)など移動手段からの排出規制、燃料品質規制だけでなく、効率的な交通システムへの転換を促す二〇一六年の『低排出モビリティのための欧州戦略』など取り組みの枠組を示した。

第五に、エネルギー分野の取り組み。再生可能エネルギーを二〇三〇年までに三二％増加させる再生可能エネルギー指令（Directive（EU）2018/2001）、エネルギー効率を二〇三〇年までに少なくとも三二・五％改善させるエネルギー効率指令（Directive（EU）2018/2002）によって旧指令を改正し、改めて取るべき措置を示した。当指令を補完する建物のエネルギー性能指令なども改正され、製品のエネルギー表示やエコデザインの要件もＥＵレベルで定められている。

第六に、オゾン層破壊物質、Ｆ－ガス類の規制。オゾン層保護のために一九八七年に採択されたモントリオール議定書ではクロロフルオロカーボン（ＣＦＣｓ）等の生産・消費を規制し、ＥＵでも規制する法律を採択した。これらオゾン層破壊物質の多くは温室効果を持っており、当該ＥＵ法は気候変動対策にも貢献した。また代替物質として使用されたＦ－ガス類にはオゾン層破壊効果はないが、非常に大きな温室効果を有しているということでモントリオール議定書のキガリ改正でハイドロフルオロカーボン（ＨＦＣｓ）が規制されることになった。ＥＵはこうしたＦ－ガス類の規制も行っている。

その他には、革新的低炭素技術開発促進のためＥＵ－ＥＴＳオークション収入によるイノベーション・ファンドが設けられ、二〇二〇～二〇三〇年で一〇〇億ユーロが提供される予定である。気候変動対策資金としては、環境基金 LIFE climate action による気候変動対応プログラムからの資金提供などがある。二〇一三年の『ＥＵ適応戦略』は加盟国へ包括的な適応戦略の採択を促すなど一層の取り組みを求め、評価作業を経て、二〇二一年『新ＥＵ適応戦略』へと続いている。(23) 以上の法律や戦略は、より広範で長期的なＥＵエネルギー同盟戦略(24)や経済戦略における構成要素となっており、脱炭素経済・社会の構築に環境ファクターが編み込まれているのを確認できる。それらにさらに新しい枠組を与えたのが、「欧州グリーンディール」(European Green Deal)である。

(3) 欧州グリーンディール

二〇一九年一二月に発足したフォンデアライエン委員長率いる新欧州委員会は、六つの優先的政策課題を掲げ、第一に欧州グリーンディールを挙げた。ヨーロッパを二〇五〇年までに世界初の気候中立大陸にするとし、委員会発足からほどなくその具体的な構想が明らかにされた(25)。気候変動や環境劣化は世界共通の重要課題であるが、欧州グリーンディールはその解決に貢献するEUの新しい成長戦略となる。目的は、温室効果ガス排出を削減し雇用を増やし、人々の福祉を向上させ次世代のための地球を守り、脱炭素社会へ移行すること。クリーンで循環型の経済に移行することによって資源を効率的に利用し、また環境改善も図るという野心的な企てである。

政策の柱は、第一に、二〇五〇年までに温室効果ガス排出実質ゼロを達成することである。第二に、汚染をなくし人間・動植物を守ること。第三に、持続可能な生産と技術で企業が世界のリーダーとなれるよう支援すること。第四に、公正で包摂的な脱炭素社会への移行を実現すること、である。それらをカバーする政策は、エネルギー、循環型経済・技術改革・イノベーション促進など持続可能な産業、よりクリーンな建設とリノベーション、持続可能な交通、生物多様性、持続可能で人々の健康を守る農業、汚染削減と多岐に渡る。

ここで注目すべきは、温室効果ガス排出削減目標到達のための主要措置五〇ほどを提案時期付きで明らかにしたことである。そのうちの一つである欧州気候法(European Climate Law)案は二〇二〇年三月に提出され、審議に入った。これによって二〇五〇年までに温室効果ガス排出を実質ゼロにするという目標が法的拘束力を持つようになる。また、二〇五〇年目標を達成するには今までの「二〇三〇年までに四〇％削減」では足りず、その目標を五〇～五五％に引き上げること、実現するための施策を見直すことも明記した。二〇二〇年一二月の欧州理事会では「少なくとも五五％削減」に合意している。

また、これらを実行していくためには莫大な資金が必要になる。二〇三〇年目標に到達するには毎年二六〇〇億ユーロの追加投資が必要で、これは二〇一八年のＥＵ全体のＧＤＰの一・五％に当たるほどの額となる。ＥＵ長期予算の二五％が気候変動に当てられるべきともいう。これほどの額を調達するには官民上げての努力が求められ、二〇二〇年に「持続可能な欧州投資計画」、民間の移行のための「グリーン資金調達戦略」を提示することが明らかにされた。欧州投資銀行(ＥＩＢ)も気候変動対応の投資を二〇二五年までに二五％から五〇％に増やす目標を立てている。

脱炭素社会への移行という点でさらに興味深いのは、「持続可能な欧州投資計画」の一部として、「公正な移行メカニズム」(Just Transition Mechanism)及び「公正な移行基金」の創設が考えられていることである。脱炭素社会への移行過程で影響を受ける産業・地域があるという認識の下に、それらの影響を受ける脆弱な立場の人々に新分野における再訓練や雇用機会を提供する制度となる。

持続可能な投資を増やしていく仕掛けは、さらに強化される。すでに検討に入っていたタクソノミー(taxonomy)は、経済活動を持続可能な発展の視点から分類するものである(26)。金融・経済活動に環境規範を持ち込むことによって、企業活動ひいては投資をグリーンへ誘導することが期待される。タクソノミーが確立すれば、融資の際の条件など様々なベンチマークに使用されていく可能性があり、域外への影響も見逃せない[27]。

対外的インパクトを持つ施策として注目すべきもう一つは、炭素境界調整メカニズム(carbon border adjustment mechanism)である。域外国がEUと同様の野心を持って気候変動政策に取り組まない状態が続くのであれば、域内企業と同様の規制をしていない特定領域の外国企業製品の輸入に課税するというもので、カーボンリーケージを防止する目的を持つ。国ごとの規制の違いを調整するこうした案は以前から一部で主張されていたが、今回公式提案が実現・採択となれば、気候変動対策においてさらなる一歩を踏み出すことになる。

4　考察——EU気候変動ガバナンス

国際社会においては、温室効果ガス排出削減目標を各国に割り当てる京都議定書方式が限界を見せ、パリ協定では、各国が自らの温室効果ガス排出削減目標を設定する方式が採用された。EUではEU全体の数値目標について合意し、エフォート・シェアリング規則などには国別目標がありつつ、EU全体として目標を達成しようとする形が存続している。

COP3に臨むにあたって議論されたEU削減目標値を算出する方法の基礎になったのは、トリプティック・アプローチ(Triptych Approach)であった。EU加盟国をそれぞれ国内セクター、エネルギー集約産業セクター、電力セクターの三つに分割し、そのセクターごとに排出量を計算して各国の二酸化炭素排出削減分担値を決定するものであった。オランダ・ユトレヒト大学研究グループを中心に案が作成され、ＥＵ内でその考え方が受け入れられたのである。[28]京都議定書採択後には、八％削減目標達成のためのバーデン・シェアリング合意(Decision 2002/358/EC)へと繋がっていく。同様に国別目標値をまとめたものに、二〇二〇年目標のための非ＥＵ-ＥＴＳ分野の削減目標を規定したエフォート・シェアリング決定(Decision 406/2009/EC)がある。その削減値は一人当たりのＧＤＰを基本に検討された。国際社会に比較すれば国数も少なく同質性の高い集団であるとはいえ、ＥＵは科学的知見や研究成果を一定程度反映した数値目標に合意し、各国事情に配慮する柔軟性を持ちながら各国ごとの数値目標にも合意できている。首脳間や政策担当者間でそうした数字を受け入れるだけの共通認識が醸成されていることが、ＥＵの共同行動を支えている。それと同時に、より多くの人たちがそうした政策を受け入れ行動を起こしている。国際社会にはなかなか見られない国を越えたこのような協力的状況は、何故可能なのだろうか。

ＥＵ内の政策の多くは、ＥＵ法の採択によって実行へ移される。ＥＵ公式アクターによる立法過程とその法的拘束力は、ＥＵガバナンスの第一の特徴と言える。

欧州統合が一段と進んだ一九九〇年代から、ＥＵが果たして民主的に正統性があるのかについて議論が活発になっていた。その際の有力な評価基準の一つに、シャルプフ(Fritz W. Scharpf)の説がある。[29]彼は、民主的正統性をＥＵの政策結果の効果という点から判断する「アウトプットの正統性」(Output legitimacy)と、人々の参加の結果として示された市民の関心にＥＵがどれほど対応しているのかという点から判断する「インプットの正統性」(Input legitimacy)に分類した。これらの概念を使えば、欧州統合は当初より平和や市場統合の経済的利益というアウトプットの正統性ゆえに加盟国および人々に広く受け入れられてきたと言えるが、ＥＵ政策の加盟国への影響力が増大するに連れ、ＥＵは国家と比較され、ＥＵにおける民主主義の欠如が指摘されるようになった。それに対するＥＵの対応は、第一に、欧州議会の権限強化などＥＵレベルにおける超国家的決定手続きの検討であった。国家と同様の代議制民主主義をＥＵレベルで整備し、インプットの正統性を高めようとしたと考えられる。しかし、欧州議会は必ずしも国内議会と同質の信頼を得るまでには至らず、むしろ加盟国やより人々に近い政治体の意義が見直された。第二に、ＥＵ権限が限定的に解釈される補完性原則や比例性原則が強調されるようになった。

このアウトプットとインプットの正統性にもう一つの基準を追加したのが、例えばシュミット(Vivien A. Schmidt)の言う「スループットの正統性」(Throughput legitimacy)である[30]。人々とのガバナンス・プロセスを効率(efficacy)、説明責任(accountability)、透明性(transparency)、包摂性(inclusiveness)、公開性(openness)の点から判断する。スループットの強化は、二〇〇一年『ＥＵガバナンス白書』[31]から欧州委員会が取り組んできたことと重複する。シュミットは、スループットの正統性がインプットの正統性欠如や問題のある結果を埋め合わせられると考えることに懐疑的な見方を示したが、環境事項においてその決定プロセスが民主的であるべきことは、すでに多くのＥＵ法の中に組み込まれている要素である。環境情報アクセス指令(Directive 2003/35/EC)、一九九八年に採択されたオーフス条約をＥＵレベルで実行したオーフス規則(Regulation (EC) 1367/2006)等は、環境事項に関する市民の情報アクセス・政策過程への参加・司法アクセスそのものを規定している。

先述の『欧州グリーンディール』においては、気候変動や環境に関する市民の行動を促す「欧州気候協約」(the European Climate Pact)の項目が設けられていた。欧州委員会は自らを、市民やコミュニティと対話し、情報を共有し、草の根運動を推進し、優良事例を示し、また共に行動していく立場にあるとする。このように市民が目標を達成するための具体的な行動について協議し参加していく方法は、例えば「エネルギー同盟と気候行動のガバナンスに関する規則」(Regulation (EU) 2018/1999)にも示されていた。

当規則は二〇三〇年エネルギー・気候行動目標をＥＵと加盟国がいかに協力し達成していくかを規定したものであり、「ヨーロッパ人のためのクリーンエネルギー・パッケージ」の一部ともなり、そのガバナンス・メカニズムは加盟国ごとの国家エネルギー気候計画(ＮＥＣＰｓ)の策定・実行・報告と欧州委員会の評価を基本とする。加盟国とＥＵ諸機関、とくに欧州委員会との間に制度化されたやり取りを繰り返すだけでなく、加盟国はＮＥＣＰｓをより良く発展させ実行していくために、計画の立案及び決定過程において公的諮問の機会を持たなければならない。地方当局、市民社会、ビジネス界、投資家やその他の関係ステークホルダーとマルチレベルの対話を行い、目的を共有していく状態を作り上げていく。さらに加盟国間では、政策を効果的に実行するために、地域協力を考慮しながら互いに協力し合わなければならない。当規則は、ＥＵと気候行動の「信頼できる、包摂的、費用効率的、透明で予見可能性のあるガバナンス」のために必要な法的基礎を設けているのである(32)。

気候変動対策は、長期間の継続的な取り組みが求められる。あらゆるレベルで、あらゆる分野で、あらゆるアクターが議論を重ね、行動し、評価して取り組みを更新していくことで目標達成を追求している。これはEUに限らず、世界で少なからず採用されているアプローチである。その中でEUが前述の域内政策と合わせて実績を上げ、脱炭素経済・社会モデルを構築できるのであれば、国際社会に対し気候変動対策の「手本」となるリーダーシップを示すことになるであろう。

5　結語——EUからの示唆

EUは現在概ね高い目標に合意できている。その原因は、経済的に比較的恵まれていることに加え、科学・研究と政治との相互作用が上手く機能していることなのか、欧州統合によって可能になる他分野での協力が妥協・融通を容易にしていることなのか、EU市民の支持なのか。少なくとも科学的知見に沿った問題認識と重視すべき価値を共有できていれば、根本を問うような困難な交渉や対立は回避しやすくなる。数字をめぐる政府間取引ではなく、いかにして目標を達成しやすくするかについての議論により多くの労力を割くことができるのではないか。排出削減のクレジットが分野を超えて使用できるような柔軟な制度を考案したり、排出量取引をより自動的に機能するものに作り変えるなど、制度作りはその要となる。この国を越えた政策力はEUの魅力である。

また、EUには日常的に使用されている国境を越えた民主的立法手続きが存在し、それにスループット、すなわち政策過程の正統性付与も制度的に保障されている。国際社会と国家の間に全体を見渡せる組織を備え、EU内アクターは気候変動に関してより多くの協議と点検と学習の経験を積んでいると考えられる。一方で、国際社会にも新しい動きはあった。気候変動枠組条約下で実施が決まった「タラノア対話」は、世界のあらゆる主体が現状を把握し、今後目指すべき将来像とその達成に向けた行動を確認すべく二〇一八年に実施された。ここで気候変動ガバナンスに求められたのは、ひとつに、立場を違えるステークホルダーが共に気候変動を論じ考えること、すなわち既存の枠組に囚われない気候変動対策への正統性付与の場であったと捉えられないだろうか。新たな対話には、さらに政府の立場を変える力を生み、気候変動交渉の雰囲気をも変えることが期待されていたのではなかろうか。

気候変動という新しい課題に対応する脱炭素経済・社会の構築には、社会的変革とも呼べるような大きな変化が伴うこととなるだろう。挑戦的取り組みを重ねる中でそれを模索しているのは、ＥＵも日本も同じである。最後に付言するならば、あらゆるアクターの行動を求める気候変動対策であるが、依然として公式アクターの果たす役割は大きく、気候変動交渉においても政策内容においても日本政府の行動変容の余地はあると思われる。

（1）　Louise van Schaik, "Transnational Governance and Democratic Legitimacy: The Case of Climate Change", in *Special Report on Transnational Governance and Democratic Legitimacy*, the Hague Institute for Global Justice, 2014, p. 23.

（2）　例えば、次のような書籍が出版されている。マイケル・Ｅ・マン（藤倉良・桂井太郎訳）『地球温暖化論争——標的にされたホッケースティック曲線』化学同人、二〇一四年。

（3） Louise van Schaik, *op.cit.*, p. 23.

（4） *Ibid.*, p. 44.

（5） 本節は、和達容子「EUの気候変動政策と環境リーダーシップの行方――COP15からCOP21へ」『長崎大学総合環境研究』一九(一)、二〇一六年の一部を修正・加筆したものである。

（6） Rüdiger K.W. Wurzel and James Connelly, “Introduction: European Union political leadership in international climate change politics”, in Rüdiger K.W. Wurzel and James Connelly (eds.), *The European Union as a Leader in International Climate Change Politics*, Routledge, 2011, p. 3.

（7） Jørgen Wettestad, “The complicated development of EU climate policy”, Joyeeta Gupta and Michael Grubb (eds.), *Climate Change and European Leadership: A Sustainable Role for Europe?*, Kluwer Academic Publishers, 2000.

（8） Charles F. Parker and Christer Karlsson, “Leadership and International Cooperation”, in R. A. W. Rhodes and Paul 't Hart (eds.), *The Oxford Handbook of Political Leadership*, Oxford University Press, 2014.

（9） European Commission, “The 2015 international climate change agreement: shaping international climate change policy beyond 2020”, *COM* (2013) 167final, p. 10.

（10） Charles F. Parker, Christer Karlsson, Mattias Hjerpe and Björn-Ola Linnér, “Fragmented climate change leadership: making sense of the ambiguous outcome of COP15”, *Environmental Politics*, 21 (2), 2012.

（11） 世界のエネルギー起源CO2排出量(二〇〇九年)の内訳は、中国二三・七%、米国一七・九%、EU(旧一五カ国)一〇・一%、インド五・五%、ロシア五・三%、日本三・八%であった。〈http://www.env.go.jp/earth/ondanka/stop2012/stop2012_ch4.pdf〉二〇一二年三月一〇日閲覧。

（12） Peter Christoff, “Cold climate in Copenhagen: China and the United States at COP15”, *Environmental Politics*, 19 (4), 2010.

（13） European Commission, “International Climate Policy Post-Copenhagen: Acting Now to Reinvigorate Global

Action on Climate Change", *COM*(2010)86final.

(14) Council of European Union, "Outcome of the Council Meeting: Environment", 12166/15, 18. 09. 2015.

(15) Joseph Curtin, *The Copenhagen Conference: How Should the EU Respond?*, Institute of International and European Affairs, 2010, p. 11. European Commission, "EU and 79 African, Caribbean and Pacific countries join forces for ambitious global climate deal", 8/12/2015.

(16) Jeff Tolleffson, "Durban maps path to climate treaty", *Nature*, vol. 480, 15.12.2011, p. 300. Carolina B. Pavese and Diarmuid Torney, "The contribution of the European Union to global climate change governance: explaining the conditions for EU actorness", *Revista Brasileira de Politica International*, 55, 2012, p. 139.

(17) Karin Bäckstrand and Ole Elgström, "The EU's role in climate change negotiations: from leader to leadiator", *Journal of European Public Policy*, 20(10), 2013, p. 1380.

(18) Charles F. Parker, Christer Karlsson and Mattias Hjerpe, "Assessing the European Union's global climate change leadership: from Copenhagen to the Paris agreement", *Journal of European Integration*, 39(2), 2017, p. 243.

(19) *Ibid.*, p. 245.

(20) Louise van Schaik and Simon Schunz, "Explaining EU Activism and Impact in Global Climate Politics: Is the Union a Norm- or Interest-Driven Actor?", *Journal of Common Market Studies*, 50(1), 2012.

(21) Pavese and Torney, *op.cit.*, p. 136.

(22) European Commission, "A Strategic Vision for European standards: Moving forward to Enhance and Accelerate the Sustainable Growth of the European Economy by 2020", *COM*(2011)final, pp. 2–3.

(23) European Commission, "Forging a climate-resilient Europe- the new EU Strategy on Adaptation to Climate Change", *COM*(2021)82final.

(24) European Commission, "The Strategy of European Energy Union", *COM*(2015)80final.

（25） European Commission, "The European Green Deal", *COM*(2019)640final.
（26） *Ibid.*, p. 17.
（27） 『日経産業新聞』二〇二〇年五月一日。『日本経済新聞』二〇二〇年六月一一日。Regulation(EU)2020/852, *Official Journal*, L198, 22.6.2020.
（28） 蟹江憲史『地球環境外交と国内政策――京都議定書をめぐるオランダの外交と政策』慶應義塾大学出版会、二〇〇一年、二〇七～二二五頁。
（29） Fritz W. Scharpf, *Governing in Europe: Effective and Democratic?*, Oxford University Press, 1999.
（30） Vivien A. Schmidt, "Democracy and Legitimacy in the European Union Revisited: Input, Output and 'Throughput'", *Political Studies*, 61, 2013.
（31） European Commission, "European Governance- A White paper", *COM*(2001)428final.
（32） *Official Journal of the European Union*, L 328, 21.12.2018, p. 1.

第3章 トランスナショナル・ガバナンスと企業
――コーポレート・ガバナンス――

佐藤真紀

1 はじめに

金融市場におけるグローバル化の進展は、サプライチェーンの大半が国内である上場企業に対しても国際的なルールを否応なく適用することになった。

特にコーポレート・ガバナンスに関するルールは、世界的な不祥事が起こる度に国家の枠組を越えて、強化され続けてきた。さらに、安定的で持続可能な金融システム構築のために、国連環境計画・金融イニシアティブ(UNEP FI)および国連グローバル・コンパクト(UNGC)とのパートナーシップによる投資家イニシアティブ「責任投資原則」(PRI: Principles for Responsible Investment)[1]が打ち出され、そこでは環境(Environment)、社会(Social)、ガバナンス(Governance)の課題(以下、「ESG要因」という)を投資判断や株主としての行動に組み込むことが提唱され、これに署名する機関は二〇二〇年時点でおよそ三〇〇〇に達している。[2] これらは、ESG要因に関する強い危機感のもと、お金を出す側（投資家）の行動を変えることで、お金を使う側（企業）の行動を持続可能な方向に推し進めようとするものである。つまり、企業が、持続可能な成長のために、考慮しなければならないステークホルダー（利害関係人）の利益が広範になるにつれて、コーポレート・ガバナンスとして求められる行動は、拡大し続けているのである。

また、私たちが今、世界的に取り組むべき課題は、持続可能な開発目標（Sustainable Development Goal: SDGs）[3]に代表されるように多岐に渡り、これを達成するために、その重要な担い手である企業を統制するしくみであるコーポレート・ガバナンスは、この根幹を支えるものと認識されている。

このように企業およびサプライチェーンと金融市場のグローバル化や持続可能な社会を実現するための多様な要請等、そのいずれもが、一国の法的枠組みでは収まるものではないことから、必然的にコーポレート・ガバナンスのルールは国境を越えたトランスナショナル・ガバナンスにより策定されているのである。

本章では、コーポレート・ガバナンスのルールメイキングにおいて、今後も中心的な役割を果たすだろう、ＯＥＣＤ（経済協力機構）やＩＣＧＮ（国際コーポレート・ガバナンス・ネットワーク）[4]そしてＥＵが、何を議論して、どのように行動し相互にどう影響を及ぼしているのかを検討する。そこから、持続可能な社会に向けコーポレート・ガバナンス改革の焦点となるものはなにかを、また、日本におけるさらなるコーポレート・ガバナンス改革に向けた現状の課題を明らかにすることとしたい。

2　トランスナショナル・ガバナンスとコーポレート・ガバナンス

多くの国で、コーポレート・ガバナンスは上場企業を対象に、各国の会社法制度と証券取引所の上場規則等で規制されている。前者は、国家が主に機関設計等会社組織を定める法的拘束力を持つ法令であり、後者は、民間機関等が主に企業の行動を定める、法的拘束力を持たない規範（ソフトロー）である。

まずは、規制の経緯をたどりながら、なぜ規範が中心的に用いられたのか、コーポレート・ガバナンスの目的とともにその手法についてみていくこととしたい。

つぎに、金融市場がグローバル化する中で、国際機関や国際ネットワークがどのようなルールを策定し、これを通じて、各国のコーポレート・ガバナンスの規制にどう影響を与えているのかを検討する。また、各コーポレート・ガバナンス原則がどのように強化されたのかを通じて、コーポレート・ガバナンスの共通課題を確認する。

（1）　規範としてのコーポレート・ガバナンス

1　コーポレート・ガバナンスの目的は何か

コーポレート・ガバナンスとは、端的には「会社が指揮され、かつ統制されるしくみ(5)」とされる。

企業の目的を効率的に達成するために、株主は主として取締役等の任命を通じて統治を行い、取締役会は業務執行を指揮し統制する責任を負う。取締役会は、目的や目標を設定することで企業の方向付けを行い(Direct)、業務執行を監督し(Monitor)、また評価し(Evaluate)、結果を次年度の目標設定に反映するとともに、ステークホルダーに対し報告・開示する(Report)、ＤＭＥＲサイクルを実施しなければならない。

英米では、相次ぐ不祥事からコーポレート・ガバナンスが強化された経緯から、コーポレート・ガバナンスにおいて、会社の「所有者」である株主がその価値を最大化するために会社経営を監視・監督することを重視している(シェアホルダー・ガバナンス)。これに対し、英国を除く欧州では、企業を出資者の意思のみで統制される組織としてではなく、社会的な目的を達成するために法的に作られた構成体として、すべてのステークホルダーの利害が働くしくみと捉えており、コーポレート・ガバナンスにおいても、株主以外のステークホルダーが会社の意思決定にどのようにして影響を与えられるかを重視する(ステークホルダー・ガバナンス)。ＥＵは、シェアホルダー・ガバナンスに対して、株主の利益のみを最優先することで短期的な利益追求(短期主義)に陥り、これを優遇したことが金融危機の遠因となったと見ており、極めて批判的である。

このような二つの考え方を踏まえ、ＯＥＣＤは、ＯＥＣＤコーポレート・ガバナンス原則において、「コーポレート・ガバナンスは、会社経営陣、取締役会、株主およびステークホルダー間の一連の関係に関わるものである。コーポレート・ガバナンスは、会社の目標を設定し、その目標を達成するための手段や会社業績を監視するための手段を決定するしくみを提供するものである」とした。この定義は、現行の「G20／OECDコーポレート・ガバナンス原則」[(6)]においても変更はない。

各国の経済的課題や文化的側面等によりコーポレート・ガバナンスに関する規制は異なるものの、その目的は、不祥事の防止と企業価値の向上（ステークホルダーの利益拡大）だと整理できる。後者については、SDGs等世界的な課題に直面し、企業がより広範な社会的役割を期待される今日において、考慮すべきステークホルダーの範囲は広がり、その目的実現の重要性は増す一方である。実際、EUでは、欧州市民イニシアチブ（European Citizen's Initiative）[(7)]として、持続可能なコーポレート・ガバナンスと題し、企業が短期的利益ではなく、長期的利益として、環境（気候変動や生物多様性等）、社会、人への影響に配慮した意思決定を推進するように、欧州グリーンディール（COM（2019）640 final）[(8)]に従った温室効果ガス削減等への取り組みを非財務情報として開示することを企業に義務づける等の提案が出されている。

また、二〇一七年に改正された欧州株主権利指令（Directive2017/828/EC）[(9)]では、長期的利益の観点から、長期保有株主を優遇する制度が導入されている。この指令には、EU加盟国の上場企業が、当該上場企業が発行する株式の一定割合（〇・五％以下）を越えて保有する株主の特定に関する情報を取得する権利を有することが定められている。これは、企業が株主に関する情報を得られるようにすることで、短期的利益のみを追求する株主や濫用的買収者への対応措置をとる機会を作り出すことが目的である。あわせて、機関投資家、アセットマネジメント会社、議決権行使助言会社に対する透明性確保を目的とした規制も導入されている。当初の指令案では、一定期間以上保有した株主に対し、複数議決権制度や報酬を与えるロイヤリティ配当等、より踏み込んだ長期保有株主の優遇策も検討されていた。このような背景となっているEUにおける短期主義への懸念については、次節で触れる。

企業の意思決定に、環境や社会からみた長期的利益を組み込むというステークホルダー・ガバナンスの流れは、グローバルで進んできており、米国でさえ、もはやシェアホルダー・ガバナンスのみでは社会の理解は得られず、このことは機関投資家の行動規範であるスチュワードシップ・コードのESG要件にも明確に表れている。

2 コーポレート・ガバナンスはどのように規制されているのか

一九八〇年代後半から一九九〇年代初頭にイギリスで相次いだ上場企業の不祥事を契機として、企業の開示する財務情報への信頼が大きく揺らぎ、これが証券市場自体の信頼低下につながることが懸念された。企業の不祥事防止策として、コーポレート・ガバナンスの重要性が認識される中で、欧米では、これを金融規制改革の要と位置付けるようになった。

一九九二年一二月公表の「コーポレート・ガバナンスの財務的側面に関する委員会報告書」(キャドバリー報告書)[10]では、不祥事を防止するとの観点から、取締役会および会計監査人の説明責任の強化、取締役会構成の改革、社外取締役による監視機能強化、機関投資家の関与等、主に外部統制を取り入れた会社機関のあり方が示された。また、企業の経営の自由度を確保しつつ、行動規範を遵守させる手法として、後に「コーポレートガバナンス・コード」のコンセプトとなるComply or Explain原則(原則を実施するか、そうでなければ、その理由を説明せよ)も提示されている。

その後もコーポレート・ガバナンスの改革として、役員報酬の透明性や内部統制の強化、また二〇〇八年の金融危機以降は、不祥事の防止に加え、ステークホルダー・ガバナンスに基づく企業価値の向上の観点から、格付会社のガバナンスや会計監査人に対する規制強化、機関投資家の責任（スチュワードシップ・コード）等、企業を評価する外部組織の統制も視野に入れられるようになった。

これらの改革により、各国の会社法やその他金融規制に関する法令も改正されたが、その具体的な企業が取るべき行動は、企業がより自由度が高い経営ができるように、Comply or Explain 原則をとるコーポレートガバナンス・コードを中心とした規範により定められ、企業がこれを自己の判断でコミットメントする方式が取られている。

たとえば、イギリスのコーポレートガバナンス・コード（二〇一八年改定）[11]は「原則」（principle）とこれに紐づく「各則」（Code provision）で構成され、企業に対し「原則」を遵守することと、その遵守状況について株主に報告することを義務づけている。コーポレートガバナンス・コードの核となるのは「原則」であり、企業は取締役会において、「原則」をどのように実践するのかを決める。もし、「各則」によらずガバナンス向上が達成されるのであれば、これを実践せず、代替手段を行うことも認められている。ただし、その場合、当該代替手段につき、「原則」との整合性、ガバナンスの向上にどのように貢献するのか、また事業目的の達成にいかに貢献するのかを明確に説明しなければならない。仮に代替手段により、何らかの付加的なリスクが生じるのであれば、当該行動をとる合理的な根拠を示し、「原則」を維持するための軽減措置を講じなければならない。また、「各則」から一時的に逸脱する場合には、その理由といつから遵守する予定なのかを示すことが求められる。

日本のコーポレートガバナンス・コードも「基本原則」「原則」「補助原則」に分かれているが、ほぼ同じ構成を取っている。ただし、「基本原則」であっても、企業の個別の事情に照らして実践することが適切でない場合は、実践しない理由を十分に説明することにより、実施しないことも想定されている。

ドイツのコーポレートガバナンス・コード(二〇一九年改定)[12]は、「原則」ではなく、「~ものとする」と記載された「勧告」と「~すべきである」と記載された「提案」に分かれており、「勧告」にあたる部分であっても、企業の個別の事情に照らして実践しないことが認められるが、その場合、毎年その旨を開示するとともに、正当な理由を十分に説明しなければならない。ただし、「提案」については説明も要しない。

(2) OECDコーポレート・ガバナンス原則

1 OECDコーポレート・ガバナンス原則は、各国の規制にどのような影響を与えたのか

主要経済先進国が加盟し、貿易に関して協議を重ねルールを作るという役割を持つOECDが、コーポレート・ガバナンスについての原則を策定した意味は非常に大きい。なぜならば、当該原則が直ちに主要な国際的ルールになることを意味し、現にOECDコーポレート・ガバナンス原則(以下、「OECD原則」という)は、世界標準のコーポレート・ガバナンスのルールとなっている。

OECD原則が、「G20/OECDコーポレート・ガバナンス原則」(以下、「現行OECD原則」という)として二〇一五年に改正されるにあたっては、日本の金融庁もOECDコーポレート・ガバナンス委員会に副議長として参画している。そのため、二〇一五年六月に金融庁と東京証券取引所が公表

した「コーポレートガバナンス・コード」は、現行ＯＥＣＤ原則が前提となっている。特に、日本のコーポレートガバナンス・コード[13]では、現行ＯＥＣＤ原則のうち、コーポレート・ガバナンスが企業の持続可能な成長と金融の安定に貢献する取り組みを促すという点を強調し、「持続的企業価値向上のための自律的な対応を促すことを通じ、企業、投資家、ひいては経済全体にも寄与するもの」として、日本企業の「稼ぐ力」を取り戻すためにグローバル水準の自己資本利益率（ＲＯＥ）を目指し、「攻めのガバナンス」の実現が明記されている。そのうえで、コーポレート・ガバナンスを「会社が、株主をはじめ顧客・従業員・地域社会等の立場を踏まえた上で、透明・公正かつ迅速・果断な意思決定を行うための仕組み」と定義している。

現行ＯＥＣＤ原則の策定にあたり、Ｇ20（金融世界経済に関する首脳会議）との合作としてより明確に国家が関与したのは、世界の政府や証券取引所を直接的に巻き込み、速やかに自国のルールに組み込ませる意図があったと思われる。それだけ、世界的にコーポレート・ガバナンスが重視されていることの示唆である。実際に現行ＯＥＣＤ原則は日本と同様に多くの国で取り入れられ、各国で異なる法的、文化的、経済的背景を考慮し、拘束力を持たない Comply or Explain 原則とともに浸透している。

2　G20／OECDコーポレート・ガバナンス原則で強化された点はどこか

現行ＯＥＣＤ原則は、シェアホルダー・ガバナンスおよびステークホルダー・ガバナンスの双方を考慮し、以下のとおり構成されている。

①有効なコーポレート・ガバナンスの枠組みの基礎の確保

・コーポレート・ガバナンスの枠組みは、透明で公正な市場と資源の効率的な分配を促進し、法の原則と整合的で実効的監督と執行を支えるものでなければならない。

②株主の権利および必要な持分機能

・コーポレート・ガバナンスの枠組みは、株主の権利を保護し、また、その行使を促進し、少数株主、外国株主を含むすべての株主の公平な取り扱いを確保すべきである。すべての株主は、権利侵害に対して、有効な救済手段を得る機会を有しなければならない。

③機関投資家、株式市場その他の仲介者

・コーポレート・ガバナンスの枠組みは、インベストメントチェーンの全体を通して、健全なインセンティブをもたらし、良いコーポレート・ガバナンスに貢献するように株式市場が機能することを支援するものでなければならない。

④コーポレート・ガバナンスにおけるステークホルダーの役割

・コーポレート・ガバナンスの枠組みは、法律または相互の合意により確立されたステークホルダーの権利を認識するべきであり、会社とステークホルダーの積極的な協力関係を促進し、豊かさを生み出し、雇用を創出し、財務的に健全な会社の持続可能性を高めるべきである。

⑤開示および透明性

・コーポレート・ガバナンスの枠組みにより、会社の財務状況、経営成績、株主構成、ガバナンスを含めた、会社に関するすべての重要事項について、適時かつ正確な開示がなされることが確保されるべきである。

⑥取締役会の責任

・コーポレート・ガバナンスの枠組みにより、会社の戦略的方向付け、取締役会による経営陣の有効な監視、取締役会の会社および株主に対する説明責任が確保されるべきである。

このようにして構成される現行ＯＥＣＤ原則は、主に三つの観点で二〇一四年ＯＥＣＤ原則から強化されている。

まず、機関投資家の運用資金が大幅に増加したことや資本市場構造の複雑化を踏まえ、機関投資家による議決権行使の実績開示や議決権行使助言会社等による利益相反の管理が定められたこと。次に、二〇〇八年の金融危機の教訓から、取締役会によるリスク管理の役割拡充と役員報酬の決定における株主の関与を強化したこと。そして、株式市場のグローバル化を受け、クロスボーダー上場企業に対する規制や非財務情報の開示、関連当事者間取引の適切な管理等が定められたことである。

また、ステークホルダー・ガバナンスの観点から特に従業員を意識し、法令や相互の合意により確立されたステークホルダーの権利を認識し、企業とステークホルダーとの積極的な協力を促進すること。ステークホルダーがその責務を果たせるように情報への適時かつ定期的なアクセスができるようにすること。仮に権利が侵害された場合には救済できる仕組みを推奨している。

（３）国際コーポレート・ガバナンス・ネットワーク（ＩＣＧＮ）

１　ＩＣＧＮはどのようにしてコーポレート・ガバナンスの実効性を向上させているのか

ＩＣＧＮ(International Corporate Governance Network)は、一九九五年に英米の機関投資家を中心に

設立されたネットワークで本部はロンドンにある。ICGNには、世界四五カ国を超える国の公的年金基金、資産運用会社、上場企業等が参加しており、メンバーの運用資産額の合計は五四兆ドルを超える規模である。日本からは、年金積立金管理運用独立行政法人(GPIF)が参加しているほか、資産運用会社として、三井住友トラスト・アセットマネジメント、アセットマネジメントOne、野村アセットマネジメント等主要なアセットマネジメント、信託銀行や生命保険会社などが参加している。

ICGNの目的は、「効率的なグローバル市場と持続可能な経済の促進に向けた、実効的なコーポレート・ガバナンスの構築と投資家のスチュワードシップの醸成」である。

その行動指針として、ICGNは「ICGNグローバル・ガバナンス原則[14]」と「ICGNグローバル・スチュワードシップ(資産受託責任)原則[15]」を策定し、メンバーがこれを実践することで、各国の政策立案に影響を与え、かつ、資本市場の関係者に対しベストプラクティスの実践を勧奨している。

より具体的には、次のとおり活動している。

・信頼できる情報源として、ガバナンスとスチュワードシップの投資家意見を提供することで政策に影響を与える。

・長期的な価値創出に関する企業と投資家の対話を促進するために、グローバルなイベントの参加者をつなぐ。

・ガバナンスとスチュワードシップの実践における専門性を高めるための教育を通じて、対話に向けた情報を提供する。

二〇一八年からは、「ICGNグローバル・スチュワードシップ・ディスクロジャー・アワード」

を創設しスチュワードシップの真意に沿った実践や開示へのアプローチが他の模範となるような優れた取り組みを行っている投資家を表彰している。これにより、ベストプラクティスの実践を推進している。

またＩＣＧＮは、各国の経済団体やガバナンスに関連する国際ネットワークや機関とも連携を強化し、その影響力を行使している。

二〇一九年六月には、日本経済団体連合（経団連）と日本におけるコーポレート・ガバナンス強化や建設的対話の促進に向けた協力・連携に関する「覚書」[16]を締結している。覚書では、経営者と海外投資家との関係とナレッジを構築することを目的に次の活動を行うことを定めている。

・ナレッジの構築と促進のための合同シンポジウムの開催
・ＩＣＧＮと経団連の双方の代表団の相互訪問等による交流
・相手方がシンポジウムやセミナーを開催する際の協力
・企業、投資家、その他幅広いステークホルダーに対する情報発信
・覚書の目的を達成するために最善を尽くすこと

さらには、国際統合報告評議会（International Integrated Reporting Council: IIRC）[17]とも共同で国際コンファレンスを定期的に実施しており、そこでは、ステークホルダー・ガバナンスの観点から、長期的な価値創出を促進するために、コーポレート・ガバナンスと企業報告の将来ビジョンや取り組み、課題について、企業、投資家、公認会計士、証券取引所、政府等の間で議論がなされている。

ＩＩＲＣは、「国際統合報告フレームワーク」[18]を改正し二〇二一年一月一九日から施行している。

そもそも国際統合報告フレームワークは、組織ガバナンス・フレームワーク（リスク管理、コンプライアンス遵守）と社会やステークホルダーとのコミュニケーションを含むもので、企業の価値創出と他者に対する価値創出は相互に関係しており、企業自身の価値創出能力は、その活動、関係性、相互作用を通じて、他者に対する価値創出とつながっているとの基本概念に立つ。そのうえで、統合報告書では、企業にとっての外部環境を踏まえたリスクと機会の認識、それに対応するための戦略・資源配分とその結果としての実績と今後の見通しまでつながる、経営目線で将来を見据えた場合の価値創出に至るプロセスの開示が求められる。

国際統合報告フレームワークにおいて、統合報告書は他のコミュニケーション（財務諸表、サスティナビリティ報告書、アナリストコール、企業ウェブサイト）の要約に留まらないものとして意図されており、企業が長期的価値をどのように創造していくかを伝えるために情報の結合性を明確にするものとする。

さらに今回の改正は、フレームワークをよりシンプルかつ明確にすることと統合報告書の質を向上させることを目的としている。前者としては、アウトプットとアウトカムの例示を加えたこと等や、企業の実態に即して、取締役だけでなく執行役員もガバナンス責任者とできる旨を加えたこと、さらには、統合報告書の責任表明の削除等のガバナンス責任者の負担軽減である。後者としては、企業活動が資本価値にネガティブな影響を与える場合の記載や、企業が報告書に含めるべき事項をどう決定し、またどのように定量化または定性化して評価しているのかという記載を追加したことである。

2 「ICGNグローバル・ガバナンス原則」と

「ICGNグローバル・スチュワードシップ原則」はどのような関係にあるのか

ICGNは、企業と投資家が、共に長期的な企業価値を維持・向上させ、それによって持続可能な資本市場と社会の繁栄に貢献する責任を相互に共有しているとの認識から、「ICGNグローバル・ガバナンス原則」と「ICGNグローバル・スチュワードシップ原則」の両方を策定し公表している。「ICGNグローバル・ガバナンス原則」はComply or Explain原則が用いられているが、これは、「ICGNグローバル・スチュワードシップ原則」により補完される関係にある。すなわち、「ICGNグローバル・ガバナンス原則」を実践しない場合の企業の説明責任が十分に果たされているかは、企業と投資家の対話を通じて判断され、投資家が積極的にこれをモニタリングする。投資家は、仮に企業の説明が不適切な場合には、所有権を行使し、企業と対峙する役割をもつ。

「ICGNグローバル・スチュワードシップ原則」は、「ICGNグローバル・ガバナンス原則」の実践に関し、企業に説明責任を果たすように促すための資本市場を活用したシステムの提供という意味でも重要な役割を果たしている。

①「ICGNグローバル・ガバナンス原則」

「ICGNグローバル・ガバナンス原則」には、企業が持続可能性（サスティナビリティ）を実現するためには、事業活動と財務運営の両面において、ESG要因を実効的に管理するとともに、投下資本のコストを意識し、投下した資本以上のリターンを生み出すことにも努めなければならないとする。そして、この両立は、経済的なリターンや経営戦略に、従業員、サプライヤー、顧客、地域社会、環境全般といったステークホルダーとの関係を実効的に統合することで初めて実現するとしている。すなわち、「ＩＣＧＮグローバル・ガバナンス原則」は、シェアホルダー・ガバナンスとして投資家の利益を維持しつつ、ステークホルダー・ガバナンスの観点から株主以外のステークホルダーにとっての持続可能な価値創出をいかにして行うかについて、ガバナンスの担い手である取締役会の期待するところを示している。

「ＩＣＧＮグローバル・ガバナンス原則」も地域の規制や文化的規範が異なるとの前提の下、各国の法体系や上場基準を超えて活用されることを目指して制定された、Comply or Explain 原則によるグローバルなガイドラインである。個々の企業や株主、資本市場の特有の事情が考慮されるべきとしながらも、本原則から乖離する場合には説明が推奨されるとしている。

具体的には、「ＩＣＧＮグローバル・ガバナンス原則」として次の八つの原則が定められている。

原則一：取締役会の役割と責務

取締役会は、十分な情報に基づき行動するとともに、誠実かつ適切な注意の下、債権者を含む関係ステークホルダーに配慮しつつ、会社の長期的利益、株主の利益のために行動すべきである。

原則二：リーダーシップと独立性

取締役会のリーダーシップには、取締役会独自の役割と執行の役割の明確化とバランス、少数株主の利益を保護し、会社全体の成功を導く高潔なプロセス(integrity of process)が必要とされる。

原則三：取締役会の構成と指名

取締役会には、効果的な牽制や議論、客観的な意思決定を行うことが可能な関係分野の知識、独立性、能力、業界経験など十分な多様性を備えた取締役が配置されるべきである。

原則四：企業文化

取締役会は高水準の企業倫理を採用し、会社のビジョン、ミッション、目標の健全性を確保し、それらが会社の価値観を示すようにすべきである。倫理規程は効果的に周知徹底されるとともに、リスク管理システムと報酬体系を含む企業の戦略と事業運営に統合されるべきである。

原則五：リスクの監督

取締役会は、定期的に、または、重要な事業上の変更がある度に、リスク管理の手法を積極的に監督、検証および承認し、当該手法が効果的に機能していることを確認すべきである。

原則六：報酬

役員報酬は、会社の長期的な業績と持続可能な価値創出の促進のため、最高経営責任者（ＣＥＯ）・執行役員の利益と会社・株主の利益が整合的となるように設計されるべきである。また、取締役会は、報酬総額の決定において、株主への配当金支払額、将来の投資に向けた資本確保との適切なバランスがとれるようにすべきである。

原則七：報告と監査

取締役会は、財務諸表、戦略・事業成績、コーポレート・ガバナンス、重要な環境・社会要因に関する投資家やその他のステークホルダーへの開示が、適時かつ高品質の水準で行われるよう監督すべきである。堅牢な監査の実践は必要とされる質の高い開示水準の維持にとって不可欠である。

原則八：株主の権利

すべての株主の権利は平等に取り扱われるべきである。このことは、株主議決権が株主の経済的持分に緊密に結びついていること、および、少数株主が会社内における自らの利益に影響を与える重要な決定や取引について議決権を有することを意味する。

上記、八つの原則を定めたうえで、それぞれに取締役会として望ましい行動が指針として示されている。

②「ＩＣＧＮグローバル・スチュワードシップ原則」

「ＩＣＧＮグローバル・スチュワードシップ原則」において、企業にとってのスチュワードシップは、持続的な価値創出につながる高水準のコーポレート・ガバナンスの推進であり、投資家や受益者、顧客の長期的なリスク調整後のリターンを向上させるとしている。また投資家にとってのスチュワードシップとは、責任投資のアプローチとしての長期的価値を維持・増加させることであり、受託者責任の中核的な構成要素としてより広範な倫理・環境・社会的要因を考慮することでもあるとした。そして、スチュワードシップは金融市場の安定性と成長促進につながるとしている。

「ＩＣＧＮグローバル・スチュワードシップ原則」は、投資家のスチュワードシップ責任・方針・プロセスにおけるベストプラクティスを示したものである。そこで示される諸原則は、受益者・顧客に対し、投資家としての受益者責任を果たす際に必要となるスチュワードシップ活動を実践する枠組みを提供している。すべての投資スタイルとアプローチに適用することを意図しており、

ＩＣＧＮメンバーとその関係者に各々の状況に応じて準拠するように勧奨する意欲的な基準であるとする。一方で、その遵守状況のモニタリングは、資産保有者のガバナンス組織が行うべきとする。また、「ＩＣＧＮグローバル・スチュワードシップ・コード」はスチュワードシップ原則のない国や複数の市場に投資を行う場合、国際的なポートフォリオを運用する機関投資家に対してもグローバルなスタンダードとして機能する。また機関投資家自身が公表するスチュワードシップ責任を果たすための方針の定期的見直しや改正の際に有用なベンチマークにもなる。

二〇二〇年六月に改正された「ＩＣＧＮグローバル・スチュワードシップ原則」として次の七つの原則が定められており、特に、この改正では、長期的な価値創出の促進とＥＳＧ要因を投資の意思決定に統合することに重点が置かれている。

一　内部のガバナンス：実効的なスチュワードシップ基盤

原則一：投資家は国が要求する目標やＩＣＧＮグローバル・スチュワードシップ原則との整合性が確保できるように、自らのガバナンスの実務に対するレビューと受益者・顧客に対し受託者としての役割を果たす能力があるか否かについてのレビューを継続的に行うべきである。

二　スチュワードシップ方針の策定・実施

原則二：投資家は、責任ある投資の範囲を特定するスチュワードシップ方針を策定・実施することについてコミットすべきである。

三　投資先企業のモニタリング及び評価

原則三：投資家は投資ポートフォリオに含まれる企業のモニタリングと新規の投資対象企業の評価

に努めるべきである。

四　企業へのエンゲージメントと投資家の協働

原則四：投資家は受益者・顧客のために、投資先企業へのエンゲージメントを実施し、価値の維持・向上に努めるべきである。また、懸念のある分野について意見交換を行えるよう、他の投資家と協働する準備も行うべきである。

五　議決権の行使

原則五：議決権を有する投資家は受益者・顧客の利益のため、ポートフォリオ全体において、適切な注意と判断の下、十分な情報に基づき、独立した議決権行使の意思決定に努めるべきである。

六　長期的な価値創出の促進とＥＳＧ要因の統合

原則六：投資家は企業の長期的な業績と持続的な成功の促進に努め、ＥＳＧの要因をスチュワードシップ活動に統合すべきである。

七　透明性、開示、報告の強化

原則七：投資家は自らの責任の実効的な履行について十分な説明責任を果たすため、スチュワードシップ方針・活動を公表するとともに、どのように履行されたかについて受益者・顧客にも報告を行うべきである。

上記、七つの原則を定めたうえで、それぞれにベストプラクティスがガイダンスとして示されている。

このように、ＩＣＧＮは、「ＩＣＧＮグローバル・ガバナンス原則」と「ＩＣＧＮグローバル・スチュワードシップ原則」を組み合わせることで、企業の意思決定に長期的利益を組み込むことを目指しているといえる。このような取り組みは、日本を含む多くの国で取り入れられている。一方で、企業が株主の利益を最大化しつつ、その他の広範なステークホルダーの利益確保のために長期的利益を目指すことは、極めて困難である。なぜならば、株主の利益の最大化とは端的には株主還元であり、例えば脱炭素社会の実現に向けた投資とは、相反する側面を持つからである。事実、二〇一六年に「ＩＣＧＮグローバル・スチュワードシップ原則」が公表されて以降も短期主義に批判的なＥＵ域内企業でさえ、長期的利益のための投資よりも、株主還元を維持する傾向が見られる。これらを両立するためには、企業の長期的な価値創出が必須となる。

3　ＥＵにおけるコーポレート・ガバナンスの展開

ＥＵは、超国家的法体系をもち、またイギリスが二〇二〇年に離脱した後も二七カ国が加盟している。温室効果ガス削減等に対しても先述の欧州グリーンディールを掲げる等、特に人権や環境といった課題に対し、世界的なリーダーを自負しており、グローバルでのルールメイキングに常に大きな影響を与える。

コーポレート・ガバナンスにおいては、先に述べたとおり、ステークホルダー・ガバナンスの立場であり、その意見やルールはＯＥＣＤやＩＣＧＮと同様に各国の規制に影響を与える。

ＥＵのコーポレート・ガバナンスも法的拘束力を持つ会社法制度と規範であるコンプライアンス・

コードで規制されていることに違いはない。特徴的なことは、加盟国の会社法制度はＥＵ法により調和が図られていることと、共通化された会社法制度にステークホルダーである従業員を経営に参加させることが組み込まれている点である。

ここでは、コーポレート・ガバナンスの規制におけるＥＵレベルでの統合と各加盟国による実効性向上の取り組みを見ていく。また、短期主義の弊害についても新たな分析が公表されており、そこから今後のコーポレート・ガバナンスにおける課題についても検討することとしたい。

（1）ＥＵレベルでのコーポレート・ガバナンス

1　ＥＵ加盟国のコーポレート・ガバナンスはどのように統合されてきたのか

ＥＵ域内企業は、二〇〇一年まで各加盟国の会社法によってのみ設立することができた。会社法制度自体が経済的課題や文化的側面等から加盟国ごとに異なっており、これに基づく会社機関もさまざまであった。たとえば、ドイツでは、伝統的に会社を会社に関わるすべてのステークホルダーの利害が働く多元的な社会構成体として捉え、監督機関と執行機関を置く二層制方式の下、古くから従業員の経営参加制度を整えている[19]。

ＥＵが域内市場を実現するためには、取締役会の役割、開示基準、株主の権利・責任等、加盟国の会社法の構造が同一でないにしても、同等であることが必要とされた。また同時に多くのＥＵ市民が、企業には社会的義務があると考えているため、これらの義務をＥＵ域内企業、特に公共投資を提供する企業のガバナンスに反映させたいとの意向があった[20]。

繰り返し、指令による加盟国の会社法制度の調和が図られた後、二〇〇一年になってようやく、欧州会社(Societas Europaea: SE)法と関連指令が成立し[21]、会社法制度の一定の共通化と加盟国の法人が発起会社となることで、EU法に基づく法人(SE)が設立できることとなった。SEは、株主総会の設置が必須であり、それ以外の機関については、二層制方式か、監督と執行の機能を兼ねた経営機関のみを置く一層制方式(一元制方式)のいずれかを定款で定めることにより選択することができる[22]。また、SEは、従業員を経営に参加させなければならない。その場合、従業員側への情報提供および従業員側との協議を行う情報参加方式と監督機関への経営参加方式がある。

SE法制定以降、これまで加盟国内で規制されていたコーポレート・ガバナンスは、EUレベルで議論されるようになった。二〇〇三年にOECD原則が制定されたこともあり、これを参考として同年、欧州委員会は行動計画を策定し、課題と解決のための計画を公表した。以後、さまざまな調査を実施し、適宜、計画を更新して、EUレベルでのコーポレート・ガバナンスの議論を深めていった[23]。

そのような中、欧州議会は、その構成の多様性もあり、コーポレート・ガバナンスの議論において、シェアホルダー・ガバナンスに対抗し、明確にステークホルダーとしての意見を確立してきた。企業に対し、影響を及ぼす社会的、倫理的、環境的問題を考慮すること、ステークホルダーや市民社会全体への影響をコーポレート・ガバナンスにどのように反映するべきかという広範な問題を提起した[24]。

また、二〇〇八年の金融危機において、既存のコーポレート・ガバナンスが機能していなかったことが露見したこともあり、欧州委員会は、コーポレート・ガバナンスを企業の事業種類別に分類すべきと唱え、二〇一〇年には、金融機関のコーポレート・ガバナンスに関するグリーンペーパー(COM

(2010)284)[25]を公表している。

そして、翌年にはEUのコーポレート・ガバナンスの枠組みに関するグリーンペーパー(COM(2011)164)[26]を公表した。これは三つの視点で構成されており、一つ目は、取締役会の多様性の確保と監督機能の強化、二つ目は、少数株主に対する取締役会への異議申し立ての権利付与であり、この背景として大多数の株主は短期的な利益を求めており、短期主義が長期的投資家の投資戦略を妨害することにも触れている。三つ目は、Comply or Explain 原則である。これについては、実際に企業の報告書が不十分な内容が多かったため、その実効性につき懐疑的な見方も強かった。

EUレベルでのコーポレート・ガバナンスの実効性については、欧州議会が二〇一二年三月二九日に採択された決議で見解を表明している[27]。そこでは、企業の経営の自由度を確保しつつ、投資家や社会全体に対して透明性をより高めること、株主が関連当事者取引や報酬政策等の監督により深く関与すること、さらにはコーポレート・ガバナンス報告書を質の面でより充実させること等、コーポレート・ガバナンスの実効性を向上させるための方向性が示された。

これ以降も指令や各種報告等により、EUレベルでのコーポレート・ガバナンスの強化が図られている。

2　各国のコーポレートガバナンス・コードを通じた改善

EUレベルでのコーポレート・ガバナンスが議論されるかなり以前から、イギリスとともにフランスではコーポレートガバナンス・コードが導入されていた。それ以外のいくつかの加盟国でも会社法制度の一定の共通化が図られる前にすでにコーポレートガバナンス・コードがあったこともあり、現在もコンプライアンス・コードの策定は各加盟国に任されている。

イギリス、ドイツ、フランス、イタリア、オランダの五カ国については、二〇一五年から各国のコーポレートガバナンス・コードを監督する機関の代表が集まり、ＩＣＧＮのコーポレート・ガバナンス原則等グローバルな状況も踏まえ、各国のコーポレートガバナンス・コードにつき議論をしてきた。ＥＵ加盟国（当時）でも影響力が大きい五カ国が議論することで、ＥＵ域内のコーポレートガバナンス・コードの標準化を図る非公式な対話型フォーラムとして機能してきたといえる。

これら五カ国の代表は、二〇一七年に長期的な価値創出のためのコーポレート・ガバナンスのベストプラクティスを推進する旨の共同声明を出している[28]。

そこではまず、比例性原則に基づき、市場構造やビジネスの多様性を考慮したうえで、ＥＵ域内企業が競争力を強化するために、法令、規則、コードが相互に補完的に作用すべきであること、長期的な価値創出の視点から、欧州株主権利指令[29]の改正により株主の権利の保護が強化されることを推奨する旨が示された。また、大規模なファミリー企業等、非上場企業にとっても、コーポレートガバナンス・コードを企業の成長のためのツールとしてステークホルダーとの健全な関係のために用いることで、コーポレート・ガバナンスの実践において質の向上を図ることができるとした。企業と機関投資家の双方にとって、コーポレートガバナンス・コードが示すベストプラクティスが積極的な役割を果たすと指摘している。

(2) 短期主義の弊害に対するＥＵレベルでの対応

ＥＵがその背景から、コーポレート・ガバナンスにおいて株主以外のステークホルダーの利害を重視していることはすでに述べた。現在もＥＵにおける短期主義への懸念は根強く、その観点からＥＵレベルでのより踏み込んだ介入が必要か否かが議論されている。直近では「取締役の職務と持続可能なコーポレート・ガバナンスに関する研究」[30](以下、「研究レポート」という)が公表され、短期主義が長期的な価値創出を損なう問題を示した上で、ＥＵレベルでの介入の必要性を提唱している。

研究レポートは、企業がその意思決定において、企業の長期的利益よりも短期的な株主価値の最大化を重視することは、ＥＵ域内企業の長期的な経済的、環境的、社会的持続性を低下させるとの認識の下、短期主義の根本的な原因を評価し、その原因と現在の市場慣行および規制の枠組みとの関係について、一九九二年から二〇一八年のＥＵ全加盟国(二七カ国＋英国)のデータおよび米国、カナダ、オーストラリアのデータを対比し検討している。また、株主還元である株主配当と自社株買いを企業のペイアウト(payout)としたうえで、純利益に占めるペイアウトの割合と長期的な価値創出に対する投資(設備投資、人材開発投資、研究開発投資、持続可能性への投資)額を比較し、短期主義への傾向を測っている。ペイアウトの増加は、研究開発や人的資本、その他資本的支出(ＣＡＰＥＸ)に投資するために利用可能な資源を減少させ、企業の長期的な収益力を低下させるばかりか、イノベーションを阻害し、将来の生産性と成長を危うくする。

対象期間において、特に、二〇〇八年の金融危機以降はＥＵ域内上場企業において、純利益に占めるCAPEXの割合が四五％ポイント減少する一方で、ペイアウトの割合が一七ポイント増加している。(31) 特に研究開発投資については、CAPEX全体の減少率よりもさらに大きく減少していることがデータで示されている。また、ペイアウトの内、配当性向の増加よりも自社株買いの増加が大きく、米国においてその傾向はより顕著である。これらの指標の推移は、EU域内上場企業における短期主義的行動の存在を示唆しているとする。

企業は、短期主義により長期的な価値創出に対する投資ではなく、ペイアウトのために資金の借り入れを行っており、このことは、金融危機に対する政策が雇用と経済生産の増加にほとんど効果を示さなかったことを説明するとした。

すなわち、スチュワードシップ・コードが示されて以降もシェアホルダー・ガバナンスが社会規範として根強く、また短期的利益を求める機関投資家等からの圧力が依然として存在していることを示しているとした。そのため、EU域内上場企業はその意思決定において、市場評価を優先し、短期的な財務実績に焦点を当てるように強い圧力を与えられており、長期的な収益の向上に必要な人的資本や設備投資の強化を犠牲にして、全てのコストを低下させるよう働いているとした。

より具体的には、EU域内上場企業には次のような問題点が認められ、短期主義の要因となっていると分析している。

①取締役の職務と会社の利益は、狭義に解釈され、株主価値の短期的最大化を支持する傾向がある。
②短期的な見通しを持つ投資家からの圧力の高まりは、取締役会が長期的な価値創出を犠牲にして、

株主に対する短期的な財務的リターンに焦点を当てさせている。

③持続可能性に関する戦略的視点を欠いており、現在の慣行では関連する持続可能性リスクと影響を効果的に特定し、管理することができない。

④取締役会の報酬体系は、企業の長期的な価値創出よりも短期的な株主価値を重視する動機付けとなっている。

⑤現在の取締役会構成は、持続可能性への移行を十分にサポートしていない。

⑥現在のコーポレート・ガバナンスの枠組みと慣行は、ステークホルダーの長期的な利益を十分に反映していない。

⑦会社の長期的利益のために行動する取締役の義務の執行は限定的である。

結論として、今後もシェアホルダー・ガバナンスと金融市場からの短期的利益への圧力は企業の意思決定に影響を与え続けることが想定される中で、EUレベルでの政策的介入は、企業の意思決定の時間軸を伸ばし、持続可能性に貢献するコーポレート・ガバナンスを促進するために必要であるとする。

実際に長期的なリスクと影響を十分に把握できないという持続可能性の欠如は、長期的な価値創出のために必要な投資（設備投資、人材開発投資、研究開発投資、持続可能性への投資）等を犠牲にするだけでなく、すべてのステークホルダーとＥＳＧ要因に多大な影響を及ぼす可能性がある。そのため、より持続可能なコーポレート・ガバナンスを促進し、企業の長期的な価値創出に対する説明責任の強化に貢献すべきであるとする。ただし、EUレベルでの介入は、各加盟国の異なる規制枠組みを考慮した上で企業の経営の自由度と取締役に対する短期的な圧力を軽減し、企業の意思決定への持続可能性の統合を促進する必要性との間でバランスをとるように努めるべきとした。また、将来に向けてもコーポレート・ガバナンスに関するEUの介入は次の目的を追求すべきであることも示している。

①長期的利益を追求する上での取締役の役割の強化

・企業の目的と取締役の義務に関する現在の誤りを是正させる。

②持続可能性を企業の意思決定に組み込むための取締役の説明責任の向上

・取締役が自らの事業活動の持続可能性についてより説明責任を負うようにすることで、長期的な価値創出に対してより高いレベルの責任をもたらす。

③企業の持続可能性に貢献するコーポレート・ガバナンスの実践の促進

・短期主義を支持し、持続可能性を企業の意思決定に組み込むことを妨げるコーポレート・ガバナンスの慣行に対処すべき（たとえば、企業報告、役員報酬、役員構成、利害関係者の関与の分野）。

また、研究レポートでは、ESG要因に関して、短期主義が、気候変動への不十分な対応につながることに加え、社会的観点から、不平等を悪化させるとも指摘している。それがもっとも顕著な米国において、二〇一五年のルーズベルト研究所のレポートによれば(32)、最も裕福な四％の世帯（年収二五万ドル以上）が米国株式市場の全株式の過半数を所有している一方で、大多数のアメリカ人が株式をまったく所有していないため、株価の上昇や配当からの恩恵をまったく受けていない。このことからも、短期主義により株価の上昇と配当の支払い増加のみを実現することは、ごく少数の富裕層を優先していることをも意味し、既存の社会経済的な溝を深めることにつながると指摘する。また、このような格差の拡大は、株式報酬に重点を置いた役員報酬制度の結果でもあるとする。米国の公開企業データによる最高経営責任者(CEO)対従業員報酬の比率は一九六五年に二〇対一だったものが、二〇一八年には二七〇対一にまで上昇している。一九七八年以降、CEOの報酬は九四〇%上昇しているのに対し、一般的な労働者の報酬は一二%しか上昇していない。EUにおいても、フランスではCEO対従業員報酬の比率が一一三対一となっている[33]。これらは、従業員報酬の改善を犠牲にして、短期主義を優先してきたことを示しているとする。また、短期的な利益の最大化や役員報酬が、グローバル・サプライチェーンとバリュー・チェーンにおける労働その他の人権への重大な侵害に影響を与えているとする複数の文献にも触れている。

企業の長期的な収益性と革新性が低下することは、企業の持続可能性だけではなく、地域経済や世界経済全体にも悪影響を与える恐れがあり、加えて、気候変動等地球環境の悪化や格差の拡大の影響はさらに状況を悪くする可能性があるとして、短期主義の弊害を示した。

この研究レポートに対しては、既に米国の研究者から、短期主義に関する実証的研究として適切な文献が参照されていないこと、そもそも短期主義はコーポレート・ガバナンスとして取り組むべき多くの問題のうちの一つに過ぎないこと、またデータと結論の結びつきについて、詳細な反論がなされており[34]、欧米間でコーポレート・ガバナンスと短期主義の関係や弊害について、活発に議論されている。

4　結語——トランスナショナル・ガバナンスによるコーポレート・ガバナンス改革

（1）コーポレート・ガバナンス改革の行方

コーポレート・ガバナンスは、その目的に変更はないものの、企業の根幹となるしくみである以上、これまでもこれからも企業が関わるあらゆる側面で重視される。

ここまで見てきたとおり今、焦点となっているのは、企業自らが、株主以外のステークホルダーの利害を取り込んで持続可能な価値を創出し、長期的な利益として経営戦略に組み込んでいくことである。そのうえで、企業がこの経営戦略を実行することで、社会課題に貢献し持続可能な成長を実現するという循環を生みだすことが期待されている。

もっとも難しいのは、コーポレート・ガバナンスとして、持続可能な価値創出とこれが経営戦略に組み込まれるしくみを構築することである。ステークホルダーが直接または間接的にどう関与すれば、それが実現できるのか。先に挙げたEUの研究レポートからは、スチュワードシップ・コードに基づく機関投資家とのコミュニケーションのみで実現することには限界があることが示された。既に言われていることだが、企業内からの変革として、ステークホルダーの利害を代弁し、これを事業につなげ新たな価値を創出するために社外取締役に期待されるところは非常に大きく、今後も取締役会において社外取締役の権限を強化する法令やルールが制定されていくことになるだろう。

今日、上場企業が考慮すべきステークホルダーの利害とは、もはやSDGs等世界的な課題とイコールといってよい。だが、企業がそれぞれに事業目的を持つ中で、すべての課題に貢献することは非現実的であろう。企業が社会から信頼を得るための活動であるCSR（Corporate Social Responsibility：企業の社会的責任）では限界がある。そこで、社会課題から事業機会を生み出し、自社の強み（経営資源や専門性）でこれを解決することで、企業の持続的な成長につなげるというCSV（Creating Shared Value：共通価値）[35]が、企業の間で広がりを見せている。これは、企業の差別化戦略であり、その背景には、市場が成熟する中で、市場開拓を行うには、社会課題と向き合わざるを得ないと企業が考えるようになったということがある。CSVが競争優位につながるのであれば、企業は自ずとSDGsから自社の強みを生かせる課題を抽出し、この解決につながる製品や事業を創出し経営戦略に組み込むことになるだろう。これをさらに促進するためには、適正な環境規制は、規制を実施しないよりも企業の効率化や技術革新を促すというポーター仮説[36]に則り、企業に対し適切な規制を実施すればよいということになる。ただし、実際のところ新たな価値創出にまでつなげるには、そのような社会課題が何故生じているのかという深い理解と関連する課題との関係性についても考慮が必要であり、人材の育成を含め、非常に時間とコストがかかるものである。また、人権といった直接事業と結びつけることが難しい課題については、CSVのみでは経営戦略に取り込むことはできない。

したがって、コーポレート・ガバナンス改革として、持続可能な価値を創出し、これを経営戦略に組み込むためには、インベストメントチェーンとの対話、社外取締役の強化に加え、企業がCSVやCSRの必要性を理解し、純利益の一部を使い継続的に実践していく必要がある。そして、これを促進するためには、投資家等がそのような投資への具体的な目標数値・割合を示すことが必要になるかもしれない。中国企業において、急激に環境に関するイノベーションが進んでいる理由の一つに当局の設定する具体的な目標や特区の活用、規制があるのではないだろうか。そして、中国企業はこれら環境技術を自社の国際競争力に変換している。

もちろん、様々な経済・文化的背景がある中で企業の競争力を確保するために企業の経営の自由度を損なうものであってはならない。そのため、トランスナショナル・ガバナンスによるルールメイキングを通じ、コーポレート・ガバナンスとして取り組むべき方向性が示されていくべきであろう。一方で、短期主義の弊害の議論を通じて、どこまで拘束力を伴うルールとするのか、今後も検討されるべきであると考える。

近時、金融機関において、オペレーショナル・レジリエンス（以下、「オペ・レジリエンス」という）が議論され、ここでもコーポレート・ガバナンスが重視されている。オペ・レジリエンスとは、銀行等金融機関が、テロやサイバー攻撃、パンデミック、自然災害等の事象が発生しても重要な業務を継続することができる能力をいう。二〇二〇年八月には、バーゼル銀行監督委員会（ＢＩＳ）により「オペレーショナルリスク管理諸原則[37]」「オペレーショナルリスク・レジリエンス諸原則[38]」が公表され一一月までパブリックコメントに付されていた。

オペレーショナルリスク・レジリエンス諸原則において、オペ・レジリエンスは、コーポレート・ガバナンス、リスクアペタイト・フレームワーク、事業継続計画（ＢＣＰ）、サードパーティリスク管理体制、再建計画・破綻処理計画（ＲＲＰ）の枠組みと整合的な形で体制を整備する必要があると述べられている。

また、オペレーショナルリスク管理諸原則には、コーポレート・ガバナンスについて次のことが求められている。

①ガバナンス体制の確立

・経営陣は、主要なオペレーショナルリスクおよび統制環境を監督し、オペレーショナルリスク管理の有効な実施体制を確保すること。

②リスク選好度の承認と定期的な見直し

・経営陣は、自行のオペレーショナルリスクの選好度および許容度を承認し、定期的に見直すこと。

③確立したガバナンス体制の実施

・経営陣は、明確、実効的かつ頑健なガバナンス体制を確立し、オペレーショナルリスク管理に関する組織の方針や業務プロセス、システムに整合的に落とし込むこと。

金融機関については、その業種の特質上、これまでもコーポレート・ガバナンスが厳しく規制されてきた。オペ・レジリエンスに関するコーポレート・ガバナンスの対応も当然に求められることとなるだろう。規制をより実効的にするためには、求められる行動を詳細に定め一定の拘束力を持たせるルールにするしかない。今後、金融機関のみならず、事業継続が社会的に求められる企業に対しては、オペ・レジリエンスが求められることになる一方で、コロナ禍において見られたように事業休止を求められる業種も出てくるだろう。そのような中で、コーポレートガバナンス・コードを通じて具体的に実践すべき行動は、規模別や業種別に分化させていくべきではないだろうか。ますます予測不可能で複雑化する社会において、コーポレート・ガバナンスを実効的に機能させるためには、ルールメイキングにおけるトランスナショナル・ガバナンスを通じた多様性と柔軟性が重要になってくるであろう。

(2)　日本におけるコーポレート・ガバナンス改革の現状と課題

日本においても、昨今ではＳＤＧｓへの関心は高く、上場企業の開示においてＥＳＧ要因についての取り組みはもはや必須といってもよいだろう。

特に差し迫った課題である気候変動について、金融安定理事会(Financial Stability Board: FSB)が設立したＴＣＦＤ(Task Force on Climate-related Financial Disclosures：気候関連財務情報開示タスクフォース)による、気候変動がもたらす「リスク」および「機会」の財務的影響を企業自らが把握し、開示することを狙いとした提言[39]を推進するために、日本で設立されたＴＣＦＤコンソーシアム[40]には、多くの金融機関および上場企業が賛同し、気候変動に伴うリスクを適切に管理するとともに、積極的にイノベーションに取り組み、その内容を開示している。

しかしながら、多くの日本企業のコーポレート・ガバナンス改革は、テクニカルな非財務情報の開示およびインベストメントチェーンとの対話のみに特化している。日本企業は、社会課題をリスクマネージメントとしてのみ捉える傾向が根強く、そのため格付会社の評価基準に沿った一律の対応に終始しており、これを事業機会として捉え、イノベーションに取り組み主たる経営戦略に組み込んでいる企業はまだほんの一握りの企業のみではないだろうか。

このような背景には、少なくとも二つのことがあるように思われる。まず、SDGsに掲げられている課題について、日本全体で近い将来に差し迫った身近な脅威として、各分野において成熟した議論が足りておらず、政府が、二〇二〇年一〇月末に「二〇五〇年カーボンニュートラル、脱炭素社会の実現を目指す」と宣言したことから、気候変動への取り組みを具体的に検討し始めたところである。企業においても環境問題以外の社会問題、例えば貧困、飢餓、格差といった問題については、まだまだCSR的な位置づけで自分たちの存続を左右する課題とまで捉えていないことがある。先に述べたとおり、日本ではコーポレート・ガバナンス改革により、グローバル水準の自己資本利益率(ROE)を目指すとしているが、短期主義への懸念からは自社株買いに留意すべきにもかかわらず、ほとんど議論されていない。ましてや、取締役に対する株式報酬の検討において、格差社会に与える影響についてまで取締役会で議論しているという企業はまずないだろう。このような日本の議論状況下で、広い見識を社外取締役にだけ求めることは酷だといわざるをえない。

次に、日本企業は一般的に社会の要請を先んじて捉え、自主的にコミットメントを行い、他社との差別化を図るよりも、共通の規制枠組みの中で創意工夫を行い、イノベーションを起こすことが得意なように思われる。そのため、拘束力を持たないコーポレート・ガバナンスのルールに基づき、企業がこれを自己の判断でコミットメントする方式において、日本企業が持続可能な価値創出を行うというのは極めて困難なことだろう。その意味では、世界的な環境規制の強化は日本企業に有利に働くかもしれない。

現時点において、日本は世界的にコーポレート・ガバナンス改革を牽引する立場ではない。多くの日本企業には、いきなり持続可能な価値創出を目指すのではなく、遠回りでもコーポレート・ガバナンスとして、リスク範囲の見直しから行うことを勧めたい。具体的には、自らの事業が影響を与える範囲をサプライチェーンも含め従前よりも広く捉えて見直すことと、事業に影響を与えうるＳＤＧｓの課題について、掘り下げて多方面から正しく情報を収集することである。これにより自社と社会課題の接点を正しく把握し、社会の要請への感度を高めることができれば、自ずと事業機会と捉える見方もできてくるのではないだろうか。既に、その段階を終えている企業は、トランスナショナル・ガバナンスによるルールメイキングに名を連ねるだけではなく、積極的に参画し議論すべきである。ＴＣＦＤコンソーシアムなどは非常によい取り組みだと思われる。

今後も国際的なルールの動向を踏まえ、日本のコーポレートガバナンス・コードとスチュワードシップ・コードも見直され、強化されていくだろう。実質的な議論の丁寧な積み重ねを通じて、どうしても国際的なルールの後追いで形式的になりがちな日本のコーポレート・ガバナンス改革が実質的なものになることを期待したい。

（1）　An investor initiative in partnership with UNEP Finance Initiative and the UN Global Compact, April 2006.

（2）　ＰＲＩデータポータルより抽出〈https://www.unpri.org/signatory-resources/pri-data-portal-explore-signatoriesreporting-data/391.article〉, accessed 30/12/2020.

（3） 二〇一五年に国連が合意した、二〇三〇年までの持続可能な開発目標。途上国・先進国を問わず取り組む目標であり、その達成には、政府だけでなく、企業や民間資金の役割が期待されている。

（4） 序章2（3）参照。

（5） *Report of the Committee on the Financial Aspects of Corporate Governance*（Cadbury Report）,1992. “Corporate governance is the system by which companies are directed and controlled”.

（6） *Report to G20 on the implementation of the G20/OECD Principles of Corporate Governance*, 8–9 June, 2019 〈https://www.oecd.org/daf/ca/G20-Report-Implementation-Corporate-Governance-Principles-2019.pdf〉, accessed 30/11/2020.

（7） ＥＵが権限を持つ政策分野について、加盟国七カ国から計一〇〇万人以上の署名を集めれば、コミッションに対して立法を提案することができる制度をいう。

（8） COM 2019/ 640〈https://ec.europa.eu/info/sites/info/files/european-green-deal-communication_en.pdf〉, accessed 30/11/2020.

（9） Directive 2017/828[2017]OJ L132/1.

（10） Report of the Committee on the Financial Aspects of Corporate Governance（Cadbury Report）, 1992,〈http://www.ecgi.org/codes/documents/cadbury.pdf〉, accessed 30/11/2020.

（11） Financial Reporting, *Council, The UK Corporate Governance Code* on July 2018〈https://www.frc.org.uk/directors/corporate-governance-and-stewardship/uk-corporate-governance-code〉, accessed 30/11/2020.

（12） Regerungs Kommision, *German Corporate Governance Code* on 16 Dezember 2019, convenience translation 〈https://www.dcgk.de//files/dcgk/usercontent/en/download/code/191216_German_Corporate_Governance_Code.pdf〉, accessed 30/11/2020.

（13） 東京証券取引所「コーポレートガバナンス・コード」（二〇一八年六月一日改定）〈https://www.jpx.co.jp/

news/1020/nlsgeu000000xbfx-att/nlsgeu000034qt1.pdf〉, accessed 30/11/2020.

（14）序章注28参照。

（15）序章注29参照。

（16）Memorandum of Understanding Between International Corporate Governance Network And Keidanren 〈https://www.keidanren.or.jp/announce/2019/0621_MoU.pdf〉, accessed 30/11/2020.

（17）政府、企業、投資家、標準化団体、会計専門家、学会、その他ＮＧＯにより構成される国際ネットワーク。統合報告等の価値創造に関するコミュニケーションを推進することを目的とする。

（18）International Integrated Reporting Council, International〈IR〉Framework on January 2021〈https://integratedreporting.org/wp-content/uploads/2021/01/InternationalIntegratedReportingFramework.pdf〉, accessed 1/3/2021.

（19）海道ノブチカ「ドイツ型ガバナンスの基調」『関西学院大学　商学論究』第六〇巻第一号、二〇一二年。

（20）Doyle, David P, "The EU Corporate Governance Legislative Environment" Mark Cardale (ed.), *A Practical Guide to Corporate Governance*, 5th, Sweet & Maxwell, London, 2014.

（21）上田廣美「ＥＵ会社法」、庄司克宏編『ＥＵ法　実務篇』岩波書店、二〇〇八年所収（第三章）九七、九八頁。

（22）上田・前掲論文の九八頁注一五。

（23）明山健師『ＥＵにおけるコーポレート・ガバナンス――欧州株式会社制度の体系化と企業の実践』税務経理協会、二〇一三年、第五章第Ⅱ部八一頁。

（24）Corporate Governance Policy in the EUROPEAN UNION; CFA Institute, 2016, p 9. available at〈https://www.cfainstitute.org/en/advocacy/policy-positions/corporate-governance-policy-in-the-european-union〉, accessed 30/11/2020.

（25）COM2010/284〈https://eur-lex.europa.eu/LexUriServ/LexUriServ.do?uri=COM:2010:0284:FIN:EN:PDF〉, accessed 30/12/2020.

（26）COM2011/164〈https://eur-lex.europa.eu/LexUriServ/LexUriServ.do?uri=COM:2011:0164:FIN:EN:PDF〉, accessed 30/12/2020.

(27) Texts adopted - A corporate governance framework for European companies - Thursday, 29 March 2012 (europa.eu).

(28) 〈https://www.borsaitaliana.it/comitato-corporate-governance/news/dichiarazionecongiuntag5.en.pdf〉, accessed 30/11/2020.

(29) 本章注9参照。

(30) *Study on directors' duties and sustainable corporate governance*: Final report, Directorate-General for Justice and Consumers, European Commission, 2020, available at〈https://op.europa.eu/it/publication-detail/-/publication/e47928a2-d20b-11ea-adf7-01aa75ed71a1/language-en/format-PDF〉, accessed 30/11/2020.

(31) 本章注30´ Figure 6 - Evolution of business investment | Absolute values at current prices and as % of revenues.

(32) Mason, J. W., "Understanding Short-Termism. Question and Consequences", Roosevelt Institute, 6 November 2015, pp. 6–28.

(33) 本章注30´ Box 3 - Share ownership concentration among richest households in the US.

(34) Roe, Mark J. and Spamann, Holger and Fried, Jesse M. and Wang, Charles C. Y., The European Commission's Sustainable Corporate Governance Report: A Critique (October 14, 2020). European Corporate Governance Institute - Law Working Paper 553/2020, Harvard Public Law Working Paper No. 20–30.

(35) Porter M.E. and Kramer M.R., *Creating Shared Value*. In: Lenssen G., Smith N. (eds.), *Managing Sustainable Business*, Springer, Dordrecht, 2019. 〈https://doi.org/10.1007/978-94-024-1144-7_16〉, accessed 30/12/2020.

(36) Porter, M. E., "America's Green Strategy", *Scientific American*, April 1991, p. 168.

(37) Revisions to the principles for the sound management of operational risk;〈https://www.bis.org/bcbs/publ/d508.pdf〉, accessed 30/12/2020.

（38）　Principles for operational resilience,〈https://www.bis.org/bcbs/publ/d509.pdf〉, accessed 30/12/2020.

（39）　Recommendations of the Task Force on Climate-related Financial Disclosures, June 2017,〈https://assets.bbhub.io/company/sites/60/2020/10/FINAL-2017-TCFD-Report-11052018.pdf〉, accessed 30/12/2020.

（40）　一橋大学大学院・伊藤邦雄特任教授をはじめとする計五名が発起人となり、企業の効果的な情報開示や開示された情報を金融機関等の適切な投資判断につなげるための取組について議論する場として二〇一九年五月に設立された。〈https://tcfd-consortium.jp/〉, accessed 30/12/2020.

第4章　トランスナショナル・ガバナンスと移民・難民[1]
――フランスにおけるムスリム女性の宗教的自由の制限――

浪岡新太郎

1　はじめに

欧州においてヒジャブ(スカーフ)やブルカ(顔や全身を隠すもの)などムスリム(イスラーム教徒)女性の宗教的標章の着用を禁止する法律は珍しくない。[2] 現在、欧州には約二六〇〇万人のイスラーム諸国からの移民の第一世代や第二世代以降の人々(本章では「ムスリム系移民出身者」と呼ぶ)が定住している。そして、難民の受け入れや家族呼び寄せによってその急激な増加が想定されている。[3] 国によって異なるが、国民平均と比較して、かれらの失業率は約二倍から八倍、貧困率は約六倍に達する。また、約三割が差別を経験している。[4] かれらは欧州の国籍の有無や、実際の信仰状態とは無関係に、ムスリムとみなされることで、国民にふさわしくない存在と考えられ、「移民」や「外国人」と呼ばれ続けている。そして、教育や雇用、滞在資格をはじめ、行政との関係において深刻な排除を経験している。ムスリムのイスラームへの帰属意識(本章では「ムスリム・アイデンティティ」と呼ぶ)は、人権と民主主義を前提とする欧州諸国への帰属意識（本章では「市民アイデンティティ」と呼ぶ）と対立すると考えられている。この対立を理由として、欧州諸国は市民アイデンティティに適応するようにムスリム・アイデンティティを修正しようとする。ムスリム女性の宗教的標章の着用禁止は修正のためによく使われる手段の一つである。しかし、欧州人権条約や欧州法は宗教的中立性、反差別を原則とし、「個人の宗教的自由」を保障する。特定の宗教宗派を否定的に意味づけすることは宗教的中立性に反しないのだろうか。特定の宗教宗派の宗教的標章の着用禁止は反差別の原則や「個人の宗教的自由の保障」に反しないのだろうか。

欧州連合は、人権保障の強化のために、欧州人権条約や欧州法の遵守を加盟国に求めている。さらに欧州人権裁判所と欧州司法裁判所を通じて、各国の法解釈の違いなどを調整している。この法解釈をめぐる調整過程は、それが欧州レベルの裁判所と各国の裁判所、政府、議会、市民社会との相互作用に基づくという点でトランスナショナル・ガバナンスと見なすことができる(5)。このガバナンスの中で、ムスリムに対する差別との闘いは重要な政策課題となっている(6)。しかし、このガバナンスを通じて各国ムスリムに対する差別が正当化される場合もある。

欧州人権条約や欧州法は、トップダウン式に各国の裁判所や政府、議会、市民社会に押し付けられるのではない。各国の法的構造によってその具体的形態は影響を受ける。たとえば、ムスリムの宗教的自由を保障するためにオランダではイスラームに基づく初等・中等学校の設立が可能だが、フランスでは不可能である。さらに、反差別や宗教的自由を保障する欧州人権条約、欧州法や関連する国内法の解釈は、法律家の間でも異なる。そして、ガバナンスの下で、政治家や企業、ＮＰＯなど複数のアクターはそれぞれに法を解釈し、その正当性を法律家と争うことになる。

本章では、欧州人権条約、欧州法、国内法における「個人の宗教的自由」の保障の規定が、宗教的標章の着用に関して、どのようにムスリム女性に対する差別を正当化することになるのかを検討する。その際、①ムスリム・アイデンティティの市民社会における社会問題化[7]、②社会問題が政治問題化した場合の、政府の対応と解決策としての議会による立法化、③法律問題化した場合の、欧州・国内裁判所によるその適法性の判断、以上三つの問題化における相互作用の中で、特に②と③に注目して、立法における法解釈の過程を検討する。具体的には、フランスで二〇一六年八月八日に成立したいわゆるエル・コムリ法の事例を扱う。この法律によって私企業でのムスリムの宗教的標章の着用が制限された。

エル・コムリ法の事例は、三つの理由から、欧州におけるムスリム女性に対する差別を考える際に一定の代表性をもつ。まず、フランスには西欧最多数のムスリム系移民出身者が定住しているという人数の代表性である。次に、その国家の宗教的中立性を定めるライシテは、国家が特定の宗教アイデンティティを差別することを認めない法原則であり、欧州連合の「個人の宗教的自由」の保障の解釈に沿っているという原則の代表性である[8]。第三に、それにもかかわらず、西欧で最も早くから市民アイデンティティとムスリム・アイデンティティとの対立が政治問題化し、宗教的標章の着用禁止の立法が進んでいるという対立の代表性である。二〇〇四年にはスカーフ禁止法と呼ばれる、公立学校でのヒジャブ着用を禁止する法律が成立し、二〇一〇年にはブルカ禁止法と呼ばれる、公道でブルカ着用を禁止する法律が成立した。そして、ついには二〇一六年にはエル・コムリ法が成立したのである。

まず右派のＵＭＰ(国民運動連合)政権の下で、ライシテがスカーフ禁止法、ブルカ禁止法成立の根拠となる過程を確認する。次に、社会党政権の成立により、ライシテを根拠に、私企業におけるムスリム女性の宗教的標章の着用を禁止するための立法が失敗した過程を検討する。最後に、なぜこの試みが、社会党政権の下で、結局エル・コムリ法として成立することになったのかを明らかにする。

2 トランスナショナル・ガバナンスによる宗教的自由の保障から否定へ

ライシテによるムスリムの宗教的自由の保障枠組みの成立

一九八九年九月のいわゆる「スカーフ事件」をきっかけとして、ムスリム・アイデンティティと市民アイデンティティとの対立が全国レベルで社会問題化する。これは、パリ郊外の公立中学校でムスリム系移民出身者の三人の女子生徒がヒジャブを着用して登校したことを、教員がライシテ違反とみなし、生徒に登校を禁じた事件である。哲学者のアラン・フィンケルクロートら左派系の知識人たちは、メディアを通じて、この事件をフランスを二分するような論争に発展させた。かれらによれば、この事件は公立学校という国家の領域にヒジャブという宗教的標章を持ち込むことで、国家と宗教の分離を命じるライシテを侵そうとする中学生と、それに対抗する教師たちとの闘いだった。

宗教的標章を禁じる根拠とされたライシテとはなんだろうか。第五共和制憲法第一条によれば、「フランスは不可分の、ライシテ(laïcité)に基づく民主的かつ社会的な共和国である。フランスは出生、人種、または宗教による差別なしに、すべての市民に対して法の下の平等を保障する。フランスはいかなる信条をも尊重する」。つまり、ライシテは、市民の宗教的属性への国家による平等な対応を保障する法原則である。その具体化として、しばしば「教会と国家の分離に関する一九〇五年一二月九日の法律」が参照される。この法律は、第一条で「自由な宗教儀式の実践を保障する」と述べ、市民個人の信仰の自由と宗教儀式の実践が宗教宗派の違いを問わず平等に行えるように保障する。そして、第二条で「いかなる宗教儀式の実践も公認せず、給与を支払わず、補助金を交付しない」と定め、国家は市民の宗教的属性のあり方を定義しないし介入しない。

つまり、ライシテには①宗教的多元主義を前提に「個人の宗教的自由」(信仰の自由と表現の自由)を保障する側面と、②国家の非宗教性を主張する側面がある。そして、法律的にはライシテが要求されるのは公役務の提供者であって、利用者ではないとされてきた[9](本章では「ライシテA」と呼ぶ)。しかし、アラン・フィンケルクロートらは、「個人の宗教的自由」を制限的に考え、「国家の非宗教性」は公役務の提供者(教師)だけではなく、利用者(生徒)にも及ぶと考えたのである。こうして、ライシテをめぐって、法律的解釈と市民社会の解釈の間でずれが生じていた。

社会党政権のリオネル・ジョスパン首相は、政治問題化することを避けるために、この社会問題を法律問題化する。彼は、最高行政裁判所である国務院に諮問するのだ[10]。一九八九年一一月二七日の国務院の意見はライシテAを踏襲する。すなわち、ライシテが求められるのは教員であり、生徒ではない。ただし、宗教的帰属の説明や表示は、公教育(教科教育や出席義務)の実施に支障を与えるもの(たとえば「宣教的」など「誇示的なもの」)であってはならない。「国家の非宗教性」を理由として、どのような宗教的標章が宣教的であるかの判断を国務院は行わない[11]。

国務院の意見によって、アラン・フィンケルクロートらの社会問題化したライシテ解釈は否定される。社会問題のフレームによれば[12]、ヒジャブ着用を禁止されるムスリムの女子生徒は「個人の宗教的自由」を濫用して公立学校の存在を危うくする〈加害者〉であり、禁止する者(教員)は濫用を禁止する女子生徒の〈保護者〉[13]である。しかし、国務院はライシテAのフレームを援用する。すなわち、着用を禁止される女子生徒は「個人の宗教的自由」を違法に制限される〈被害者〉に、禁止する者は〈加害者〉になる。さらに、著名な行政法研究者のジャン・リベロは、宗教的自由を保障する欧州人権条約第九条を援用してこの立場を強化する。彼によれば、「学校から排除された女子生徒が欧州司法裁判所に訴えれば、裁判所は排除を批判せざるを得ない[14]」。

ライシテAのフレームを社会党政権は維持する。社会党政権は、党内部でも立場が分かれ、また極右が重要視するアイデンティティの対立をめぐる社会問題を政治問題化し、議会で論じることで社会党が分裂し、極右を利することを恐れたのである。そのために国務院に判断を委ねた。その際、国内法と欧州人権条約はムスリム女性の権利を擁護するものとして理解され、援用された。しかし、このような社会問題の法律問題化は、社会問題が政治問題化されないという不満を市民社会で膨らませる。

ライシテによるスカーフ禁止法の成立

一九九〇年代後半から、反差別の仕組みはより強化される。欧州連合の一般雇用均等枠組み指令「2000/78/CE」が雇用における差別を禁じるのに加え、社会保障、教育、経済、文化などの領域でも人種民族均等指令「2000/43/CE」が採択され、フランスの国内法に具体化されていく。

反差別への取り組みは二〇〇二年五月の大統領選で変化する。UMP候補ジャック・シラクと決選投票を争うとみられていた社会党候補のリオネル・ジョスパンが、第一回投票で極右の国民戦線の党首ジャン＝マリー・ルペンに敗れた。決選投票ではシラクが勝利した。とはいえ、社会党候補の敗北は、市民アイデンティティとムスリム・アイデンティティの対立を主要な政治的争点としてきた極右の勢力の大きさを右派左派双方に意識させることになる。二〇〇三年には貧困者集住地区でのムスリム系移民出身の女性が同じムスリム系の男性から深刻な性的暴力を受けていることが大きく社会問題化する。(15)その中で、ヒジャブ着用が男尊女卑の象徴として注目され、その着用を禁止する立法が求められる。二〇〇四年三月の地方選挙を念頭に、シラク大統領は立法の必要性に言及する。

ジャック・シラク大統領は二〇〇三年七月にオンブズマンのベルナール・スタジを代表とするスタジ委員会（正式には「共和国におけるライシテ原則の適用に関する検討委員会」）を立ち上げることで、社会問題を政治問題化する。委員会は二〇〇三年一二月一一日いわゆる『スタジ報告書』を提出する。スタジ委員会は、男尊女卑の象徴であるヒジャブ着用をムスリム男性がムスリムの女子生徒に強制しているという、市民社会でのムスリム・アイデンティティの否定的イメージを重視して、ライシテAのフレームを変更する。このフレームによれば、教員によってヒジャブ着用を禁止される女子生徒は「個人の宗教的自由」を違法に制限される〈被害者〉に、教員は〈加害者〉になる。スタジ委員会のフレームによれば、ライシテで重要視すべきは「個人の宗教的自由」ではなく、「男女平等」であり、女子生徒はムスリム男性による抑圧の〈被害者〉、教員は被害者をムスリム男性という〈加害者〉から救い出す〈保護者〉へと変化する。そのために男尊女卑の意味を持つヒジャブ着用を禁止する必要がある[16]。また、国務院がヒジャブというムスリム・アイデンティティの意味内容を定義しなかったことが批判される[17]。

二〇〇四年の地方選挙を前に、社会党も禁止法を支持する。ただし、欧州人権条約、国内法に照らして適法性を担保する必要がある。特定の宗教宗派の宗教的標章の着用を禁止することは差別に該当するように見える。そこで、議会は適法性を確保するために、法案では「誇示的に宗教的帰属を示すもの」を禁止すると表現し、ヒジャブを特定しない。ヒジャブは法律ではなく通達で特定される。法律問題化に際して、欧州人権裁判所の判事であり、のちに長官を務めるジャン＝ポール・コスタが適法性を担保する。彼によれば、加盟国が「個人の宗教的自由」を制限したとしても、事前の明確な立法があり、特定の宗教を対象としなければ、欧州人権条約第九条違反とは必ずしも解釈されない[18]。

こうして二〇〇四年三月一五日に、スカーフ禁止法、正式には「ライシテ原則適用の下での公立小・中・高等学校における宗教的標章を身につけることに関する法律」が成立した。この法律は「公立の小・中・高等学校において、それによって生徒が誇示的に宗教的帰属を示す標章や服装の着用は禁じられる」（第一四一の五の第一条）と述べる。スカーフ禁止法によって、ライシテAと比べて、ライシテの①「個人の宗教的自由」は「男女平等」の保障に置き換わり、②「国家の非宗教性」の範囲は公役務の提供者のみならず、利用者（公立学校の生徒）にまで及ぶ（本章では「ライシテB」と呼ぶ）。

ライシテによるブルカ禁止法の成立

ジャック・シラク大統領の跡を継いだのは、UMPのニコラ・サルコジである。サルコジ大統領政権では、ブルカ着用が社会問題化し、その禁止法の立法が求められる。二〇〇八年六月二七日、モロッコ人女性の帰化申請が国務院によって却下される。[19] この事件では、ブルカ着用が男尊女卑を象徴していると国務院に解釈されたことが帰化申請拒否理由とみなされた。この事件をきっかけに、ブルカの公道での着用が社会問題化し、禁止のための立法の必要性がサルコジ大統領によって言及される。

二〇〇九年六月、両院議員長会議によって、ブルカの着用をめぐる社会問題を政治問題化するために、共産党のアンドレ・ジェラン議員とUMPのエリック・ラウル議員が責任者を務める委員会が設置される。二〇一〇年一月二六日に提出された『共和国の拒否』報告書は、[20]「ブルカが女性の抑圧の道具であること、従って共和国の価値、ライシテの、特に男女平等原則に反すること」を主張し、立法を提案する。報告書は、男尊女卑の象徴であるブルカ着用をムスリム男性がムスリム女性に強制することで、彼女たちが社会生活から排除されているという、市民社会に広がるムスリム・アイデンティティの否定的イメージを重視してスタジ報告書同様、擁護されるべき権利を「個人の宗教的自由」から「男女平等」へと変化させる。ライシテAのフレームによれば、ブルカ着用を禁止されるムスリム女性は「個人の宗教的自由」を違法に制限される〈被害者〉に、取り締まる警察官は〈加害者〉になる。しかし、『共和国の拒否』報告書のフレームによれば、着用者はムスリム男性による抑圧の〈被害者〉であり、警察官は女性の〈保護者〉へと変化する。[21]

しかし、社会党は立法を批判する。立法は、憲法院および欧州人権裁判所での適法性を確保できないと考えたのである。ライシテは公道を対象としていないし、「個人の宗教的自由」の制限は欧州人権条約第九条の観点から問題があるように見える。議会は「個人の宗教的自由」を制限するとみなされないように、法案では立法の根拠としてライシテに言及せず、「公共の秩序」を援用し、ブルカ着用ではなく「顔を隠すこと」を禁止対象とした。ただし、着用を〔特定の場合ではなく〕一般に禁止するべき、公道での「具体的な」公共の秩序を侵す要因は見つけられなかった。そこで、「公共の秩序」を「社会における生活の相互的な必要性と本質的保障の最小限の基礎」[(22)]と抽象的に定義し、「顔を出して識別しあうこと」を公共の秩序と理解することによって、「顔を隠すこと」を禁じる。

法律問題化に際して、欧州人権裁判所の判例からは立法の適法性が認められると思われた。トルコで大学生が大学におけるヒジャブ着用の自由を求めて訴え、認められなかったレイラ・シャヒン事件など、複数の判例で、欧州人権裁判所は政教関係における広範な「国家による裁量余地」を認めていた。さらにイスラームについて民主主義擁護の観点から否定的な判断を下していたからである[(23)]。

ただし、「公共の秩序」の抽象性が適法性の観点から問題となる。二〇一〇年三月二五日に国務院はUMPのフランソワ・フィヨン首相に提出した『全身を覆うスカーフ着用禁止の法的可能性についての研究』の中で、「公共の秩序」の抽象性を批判する[(24)]。報告書によれば、国内法はもちろん、欧州人権裁判所も欧州司法裁判所も、「個人の宗教的自由」を制限する「公共の秩序」には安全や公衆衛生などの具体性を要求していた。そこで法的根拠の弱さを補うために議会は、社会党を含むほぼ全会一致で「共和国の諸価値を損なうような過激な実践〔ブルカ着用のこと〕の展開に直面する共和国の諸価値の尊重についての愛着決議」を二〇一〇年五月一一日に可決した。議会は、決議の意義を法案審議においても強調することで、合憲性を審査する憲法院には国民代表としての議会の優位性を要求し、欧州人権裁判所にはフランスの固有性を強調した(25)。

こうして二〇一〇年九月一四日に、ブルカ禁止法、正式には「公共空間において顔を隠すことを禁止する法律」が成立した。この法律は、第一条で「何人も公共空間においては顔を隠すための衣服を着用することはできない」、第二条第一項で「公共空間とは公道ならびに公衆に開かれた場所または公的サービスのために使用される場所をいう」と定める。こうして、ブルカの着用をその具体的な適用条件を明示することなく、一般的に禁止する。ブルカ禁止法の根拠として、市民社会ではライシテが援用された。議会は、そのライシテのフレームを引き継ぎながらも、法律問題化した際には、このフレームでは適法性が確保されないと考えた。そこで、ライシテには言及せずに「公共の秩序」を根拠とした。つまり、スカーフ禁止法の際とは異なって、議会で社会問題化、政治問題化する際のライシテのフレームと法律問題化する際のフレームを使い分けたのである。ブルカ禁止法によって、ライシテAと比べて、ライシテの①「個人の宗教的自由」は「男女平等」の保障に置き換わり、②「国家の非宗教性」の範囲は公道にまで拡大した(本章ではライシテCと呼ぶ)。ライシテBと比べると①は同じで②はより拡大している。また、ライシテBと異なって、ライシテCの趣旨は実現したものの、法律問題化の際にはライシテとしての適法性を否定された。

社会問題化、政治問題化、法律問題化の相互作用の観点からは次のように言える。UMP政権には、「ライシテを根拠とした公立学校や公道におけるムスリム女性の宗教的標章の着用の禁止」という社会問題に応じる意思がある。そこで、「宗教的標章の着用を禁止されるムスリム女性は「個人の宗教的自由」を違法に制限される〈被害者〉」というライシテAのフレームの変更を諮問委員会が提案して政治問題化する。議会はこの提案を支持し、提案の趣旨に応じた立法のために文言を調整する。法律問題化の際に、欧州や国内裁判所は調整の文言を正当化する。こうして、ライシテをめぐってA、B、Cの三つのフレームが存在することになる。

3　トランスナショナル・ガバナンスによる宗教的自由の否定から保障へ

ライシテによる私企業における宗教的自由の保障

二〇一二年に成立する社会党政権はムスリム女性の宗教的自由を制限する立法に否定的である。フランソワ・オランド大統領はこれまでのムスリム系移民出身者への政策を転換することを宣言した。ライシテについては、立法を前提に市民社会のムスリム・アイデンティティへの否定的イメージを重視する諮問委員会ではなく、法律問題化を重視した、法律家や官僚を中心とした首相の常設諮問機関としてライシテ研究所を新たに機能させる[26]。ライシテ研究所の重視は、政治問題化を避けるために、社会問題を法律問題化することを目的としていた。

社会党政権においては、私企業における宗教的標章の着用が社会問題化し、着用を禁止する立法が求められる。きっかけは「バビー・ルー」(赤ちゃん狼保育園)事件である。パリ郊外の貧困者集住地区の私立保育園バビー・ルーにおいて、産休後に復帰した保育士のムスリム系移民出身者ファティマ・

アフィフが、産休中に加えられた「職員各自の良心および宗教的自由の原則は、ライシテおよび中立性の原則の尊重に反してはならない」という就業規則を無視した。彼女は、ヒジャブ着用のまま勤務を続けたので、停職処分を受け、さらにその処分に従わないことをめぐって同僚と口論になったことを理由として二〇〇八年一二月一九日に解雇された。彼女は解雇を信仰を理由とした差別であると主張し、解雇取り消しと損害賠償を求めた。

次の三点をめぐって、裁判所の判断は分かれた(27)。第一に、ライシテは私企業に適用されうるのか。第二に、「個人の宗教的自由」の制限は労働法L.1121-1, L.1321-3の「遂行すべき職務の性質によって正当化」され、「達成される目的に比例していること」、L.1133-1「真性で決定的な職業要件」によって正当化されるのか。第三に、正当化されない場合、解雇はL.1132-1が禁止する差別に該当するのか。判断の際には、欧州人権条約第九条や一般雇用均等枠組み指令「2000/78/CE」も言及された。

二〇一〇年一二月一三日、第一審のマント=ラ=ジョリ労働審判所は、ライシテを理由として解雇することを適法とした。二〇一一年一〇月二七日、控訴を受けたヴェルサイユ控訴院は、ライシテには言及せずに、幼児が影響を受けやすい年齢であることを考慮して「宗教的帰属に関するこれ見よがしの表現の制限を妥当」と判断し、解雇を適法とした。判決の破棄申し立てを受けた破棄院社会部は(28)、二〇一三年三月一九日、欧州人権条約第九条やL.1132-1に依拠して「解雇は宗教的信条を理由とした差別であり、無効」とした。ライシテについては「公役務に携わらない私法上の雇用者に雇われた者には適用されない」とした。

ところが、破棄院社会部から事件を移送されたパリ控訴院は、二〇一三年一一月二七日、バビー・

ルーが職員に対して中立性を要求できる「信条のある企業」(entreprise de conviction)であるということから宗教的自由の制限を可能とし、規則は「明確で」「一般的な禁止ではない」ことを理由としてその適法性を認めた。再び破棄申し立てを受けて、二〇一四年六月一六日、破棄院大法廷は、バビー・ルーを「信条のある企業」とは認めず、事件にライシテの適用を拒否した。この判決は、ライシテによって宗教的自由が制限されるのは公役務の提供者のみ(ライシテA)であり、私企業には適用されないことを確認した。つまり、ライシテBやCによって拡大されたライシテの適用範囲を制限したと言える。ただし、判決では、バビー・ルーの規模が小さいことや対象者が幼児という影響を受けやすい存在であるという特殊性に鑑みて、就業規則による「個人の宗教的自由」の制限の適法性を認め、アフィフの制限の拒否や継続的かつ明確な不服従により解雇を認めた。

バビー・ルー事件の破棄院大法廷判決では二つの争点が残った。まず、バビー・ルーの特殊性が考慮されて「個人の宗教的自由」の制限が正当化されたものの、一般的な私企業におけるライシテによる「個人の宗教的自由」の制限の可否は直接扱われなかった(29)。また、「個人の宗教的自由」の制限の妥当性については論じられたが、解雇が差別であるかどうかについては論じられなかった。私企業一般における「個人の宗教的自由」についての議論は、労働法改正を目指す立法運動と、バビー・ルー事件と同時期に生じていたマイクロポール事件に引き継がれる。

私企業における宗教的自由の制限の失敗

二〇一三年三月一九日の「ライシテは私企業には適用されない」という破棄院社会部判決は、社会問題化する。私企業にライシテを適用すべきという声が、UMPのみならず社会党議員からも高まる。同日にマニュエル・バルス内務大臣は「この決定を残念に思う」と下院で述べる。三月二二日に左派系の週刊誌『マリアンヌ』が掲載した『バビー・ルー保育園―共和国の意識を持つすべての人への訴え』と題する文書への署名運動は、二一〇〇〇を超える署名を一月足らずの間に集めた。この文書は、ライシテが私企業に適用されないという破棄院社会部の判断を踏まえて、ライシテには言及しない。そのかわりに、私企業が内規で、ライシテの代替として「宗教的中立性」を被雇用者に要求することができるようにするための労働法改正を求めた。署名者の中には「SOSラシズム」の元代表ハーレム・デジールをはじめ、社会党幹部の反差別活動家らも多数いた。しかし、オランド大統領は宗教的標章の制限には肯定的であるが、立法には否定的だった。彼は社会問題を政治問題化することを避け、法律問題として処理しようとする。彼は立法の可否を問う諮問委員会を設置せず、ライシテについてはライシテ研究所に諮問した。

二〇一三年四月二四日、UMP議員のエリック・シオッティ、元首相フランソワ・フィヨン、UMP総裁ジャン＝フランソワ・コッペらは、私企業及びNPOが被雇用者に宗教的中立性を課することができるようにする法案を下院で提案する。(30) 下院でのかれらの主張によれば、この法案は二〇〇三年のスタジ報告書の延長上にある。つまり、ムスリム女性はムスリム男性による抑圧の〈被害者〉であり、私企業やNPOは宗教的標章の着用を禁止することで、被害者をムスリム男性という〈加害者〉から救い出す〈保護者〉になる。その際に欧州人権条約、欧州法における適法性が焦点となる。法案提案者は「欧州人権条約第九条は〈労働の場においても自分の宗教を表明する自由〉を含む宗教的自由を保障する」と述べる。ただし、この自由は「公的安全、秩序の維持、健康や公道徳あるいは他人の諸権利や諸自由の保護に必要な場合には」制限できる。その際に、以下の判決を前提に、労働の場での「個人の宗教的自由」の制限は一定の条件下で可能であると主張する。二〇一三年一月一五日の欧州人権裁判所のEweida判決で、英国の航空会社のチェックイン業務担当者が小さな十字架の着用を理由に解雇されたことが「個人の宗教的自由」の侵害とみなされた事例と、同日のChaplin判決で看護師として十字架を着用したことが医療の場における健康や安全の観点から制限されたことは「個人の宗教的自由」の制限とはみなされないとされた事例である。提案者によれば、この法案による制限は「顧客との接触において必要とされる中立性によって正当化される」。もしくは「企業の良好な運営に必要な」かつ「その目的に比例した」必要がある。

社会党政権は法律問題化することで立法を阻止する。法案の制限の基準は「あまりにも一般的すぎる」[31]がゆえに憲法や欧州人権条約第九条に反する可能性がある。法案提案者と同じEweida判決を引用しながら、弁護士の社会党議員コレット・カプドゥヴィエイユは、欧州人権裁判所では十字架の着用は私企業のイメージを傷つけるとはいえないと判断されたこと、さらに、ブルカ禁止法についての欧州人権裁判所の判断を待っていることを理由として、法案を批判する。[32]また「議論を深めるためにも」ライシテ研究所の意見を待つべきとした。その際に、極左のＭＲ（急進・社会とリベラル運動）議員フランソワーズ・ラボルドらの立法推進派もライシテ研究所のメンバーであり、立法推進派の意見も含んだ見解が出るであろうことも理由とされた。結局、二〇一三年六月六日に社会党を中心とした反対により下院で法案は否決される。

二〇一三年九月二六日、法律問題化に際して、ライシテ研究所は、人権についての政府機関である「全国人権諮問委員会」(CNCDH)に諮問し、『基本的自由と反差別原則を尊重する、ライシテ原則の良好な適用のための方法と手段』を意見として出す。[33]立法を欧州人権裁判所が欧州人権条約第九条に基づいて違法と判断する可能性に言及する。加えて、報告書は、国内法においても以下の理由から立法は適法性を欠くと主張する。まずライシテは私企業には適用されない。そして、労働法には「公役務の提供者の中立性」に対応する規定が存在しない。さらに、個別の判例についてそれぞれ立法で解決することは法律の安定性、一般性を脅かすからである。ライシテ研究所はライシテAのフレームを踏襲する。つまり、ライシテAに沿って、宗教的標章の着用を禁止されるムスリム女性は「個人の宗教的自由」を違法に制限される〈被害者〉に、禁止する私企業は〈加害者〉になる。

欧州司法裁判所による私企業における「個人の宗教的自由」の保障

破棄院社会部も、法律問題化に際して、欧州人権条約、欧州法を援用することで、ライシテAに沿って「宗教的標章の着用を禁止されるムスリム女性は「個人の宗教的自由」を違法に制限される〈被害者〉」というフレームを維持する。破棄院社会部は、私企業における「個人の宗教的自由」の制限について、バビー・ルー事件のすぐ後、マイクロポール事件でその考えを示す。[34]この事件は、二〇〇九年六月二二日、情報企業マイクロポール社に雇用されたムスリム系移民出身者のアスマ・ブニャウィが職場でヒジャブを着用することに対して、顧客からの苦情を理由に会社が着用を禁止したにもかかわらず、彼女が着用を継続したために解雇された事件である。彼女は、解雇が差別に該当すると主張し会社を訴えた。

二〇一一年五月四日、第一審のパリ労働審判所では、L.1133-1の「真性で決定的な職業要件」によって解雇は正当化されると判断され、差別とは認められなかった。二〇一三年四月一八日、上告を受けたパリ控訴院の判決も、労働審判所の判決を踏襲した。二〇一五年四月九日、ブニャウィの破棄申し立てを受けた破棄院社会部は労働法の反差別規定がそもそも、一般雇用均等枠組み指令「2000/78/CE」を国内法化したものであることを考慮して、「当該論争を熱狂的に、かつ一国の枠組みで論じることを避けるために」(35)、欧州司法裁判所に先決判決を求めることになる。先決判決とは欧州法の解釈について疑義がある際に、欧州司法裁判所にその解釈について見解を求めることができるという仕組みである(36)。

労働法研究者のシリル・ウォルマークによれば(37)、この事件には法律上の疑義はなかったのだから先決判決を求める必要性はない。意図して特定の宗教的属性に不利益を負わせるという意味での「直接差別」は顧客の要求や私企業の戦略によって正当化されない、と破棄院社会部はすでに判断してきているからである。そして、この判断は、たとえばEweida判決など、欧州司法裁判所のこれまでの判例と一致する。したがって、解雇は差別で違法であるという判決が出るのは明白であるように思われた(38)。つまり、先決判決を求めたのは法律上の疑義への回答を求めるというよりは、破棄院大法廷のバビー・ルー判決を批判すること、すなわち、解雇が差別に該当することを国内裁判所で示すことが目的であったと考えられる。

社会問題化、政治問題化、法律問題化の相互作用の観点からは次のように言える。社会党政権には、

「ライシテを根拠とした私企業におけるムスリム女性の宗教的標章の着用の禁止」という社会問題に応える意思はない。そこで社会問題の政治問題化を避けるために、ライシテ研究所により法律問題化する。つまり、ライシテAの「宗教的標章の着用を禁止されるムスリム女性は「個人の宗教的自由」を違法に制限される〈被害者〉」というフレームを維持することで立法を拒否する。UMPは抵抗するが、下院で社会党が与党であるために、この法律問題化が議会で支持される。立法の拒否は、破棄院社会部の決定によって、さらに正当化される。

4　再びトランスナショナル・ガバナンスによる宗教的自由の否定へ

私企業における宗教的自由を制限するエル・コムリ法の成立

シリア難民危機を背景に二〇一五年のシャルリー・エブド事件、パリ連続テロ事件を経て、治安当局はもちろん、市民社会、特に私企業の人事課や人事コンサルタントなどのムスリム・アイデンティティへの警戒はさらに深刻化する。[39] これまでは男尊女卑などのムスリム・アイデンティティと市民アイデンティティとの対立が社会問題化したが、今度は、非常事態宣言下、テロ対策の観点からも対立が社会問題化する。[40] つまり、宗教的標章の着用は、男尊女卑だけではなく、テロを支持する象徴ともなる。ムスリム女性はムスリム男性による抑圧の〈被害者〉であるばかりでなく、テロに参加することで〈加害者〉にもなりうるので、私企業やNPOは着用を禁止することで、彼女たちを〈被害者〉にも

〈加害者〉にもしないための〈保護者〉になる。私企業の中には、リサイクル会社パプレックのように、すでに就業規則にライシテを憲章として導入しているものもあった。

二〇一五年、フランソワ・オランド大統領は労働法の改正を図る。この改正は、産業レベルよりも企業レベルの労使合意を優先させることを通じて、雇用条件の柔軟化など私企業による雇用の自由を保障することを主たる目的とする。その際、雇用の観点から被雇用者の宗教的自由の条件も検討される。私企業における雇用の問題をめぐる労働法の改正について、マニュエル・バルス首相(元内務大臣)は社会党の元上院議員で憲法院院長かつ法務大臣経験者の法律家ロベール・バダンテールに労働法改正のポイントを整理するように求めた。こうして、二〇一五年一一月に諮問委員会、バダンテール委員会が設置される。社会党は、私企業におけるムスリムの宗教的自由の問題を法律問題化することで政治問題化を避けようとした。

ロベール・バダンテールは、二〇一六年一月二五日に六一からなる労働法改正の提言をマニュエル・バルス首相に提出する。(41) この中の提言六は「個人の宗教的自由」について次のように述べる。「被雇用者が、宗教的なものも含む自分の信条を表明する自由は、次のような場合にのみ制限を受けうる。制限が他者の自由や基本的権利の行使によって、あるいは企業の良好な運営の必要性によって正当化される場合で、かつ、その制限が目的に比例した場合である」。

提言六は、すでにある労働法の内容を確認したものに過ぎない。しかし、国民戦線のマリーヌ・ル・ペンとUMPのジャン＝フランソワ・コッペは提言六を批判する。コッペは反対のための署名を募る中で、提言六について、「企業が被雇用者の宗教的要求に譲歩することを余儀なくさせる。……

ライシテについて、企業における宗教的中立性について後退しないようにしよう！」と呼びかける[42]。

社会党政権にとって、提言六は他の提言と比べて優先的に維持するものではなかった。しかし、提言を盛り込まないとしても、社会党が第一党として過半数を占める下院でさえ否決の可能性があった。雇用条件において企業レベルの労使合意を強化するエル・コムリ法案については、社会党内部でも反対する議員が多かったからである。そこで、五月一〇日、マニュエル・バルス首相は憲法第四九条第三項に依拠して下院での投票なしの採択を決定する[43]。

議会と社会党政権が対立する状況で、社会問題は政治問題化する。私企業での宗教的自由の制限が修正案として立法化されていく。六月一四日、上院の議論[44]の中で、フランソワーズ・ラボルドは、「企業の内規は、企業の合意によって、中立性の原則を命じる規定を含むことができる」という文言を加える修正案を提案する。この前日六月一三日に、イスラーム国のメンバーを名乗るムスリムが、警察官を殺害する事件があった。事件を念頭に、UMPのブリュノ・ルタイユは「我々は戦争状態にあるのだ。…法律の大理石に堤防の原則を刻み込もう」と述べ、非常事態であること、すなわち通常よりも厳しい対応が必要なことを主張し、修正案を支持する。

フランソワーズ・ラボルドによれば、「企業とは、中立的な空間である。そしてその中立性は雇用者のその被雇用者がもつ宗教的信条への無関心によって実現する。この修正条項は、有効ではあるが法律的には根拠の脆弱なライシテの憲章を導入していた企業の選択の根拠を強化する」のだ。つまり「ライシテは私企業には適用できない」という二〇一三年三月一九日破棄院社会部判決を前提に、ムスリムの宗教的標章の着用を禁止するという、自分たちのライシテ解釈に、ライシテとしての適法性が認められないことを理解している。そこで、「中立性」という文言で自分たちのライシテ解釈の趣旨、すなわち着用の禁止を実現しようとする。また、「無関心」という文言にあるように、ライシテの「個人の宗教的自由」の側面は無視される。

社会党政権は立法に否定的であったが、上院に憲法第四九条第三項を適用することはできず、投票なしの採択はできない。そのために、立法推進派の右派が過半数を占める中で、立法のための提案を受け入れざるを得ない。修正案は共産党を除いて左派右派一致で可決された。エル・コムリ法案はその後、下院に戻されるが、再びマニュエル・バルス首相は第四九条第三項によって投票なしで七月二〇日に可決する。法律は憲法院による審査を受け、八月八日に「労働、労使間対話の近代化・職業経歴保障に関する法律二〇一八-一〇八八法第二条」(L.1321-2-1)として成立し、「〔企業の〕内規は中立性を定め、被雇用者の信条の表明を制限する規定を含むことができる」と定めた。この労働法改正によって、ライシテAと比べて、ライシテの①「個人の宗教的自由」は「男女平等」や「治安」の保障に置き換わり、②「国家の非宗教性」の範囲は私企業の判断で労働者側の同意なく私企業にまで拡大できる(本章ではライシテDと呼ぶ)。ただし、ライシテCと同様にその趣旨は立法化され、実現したが、ライシテとしては適法性を否定された。

とはいえ、適法性の問題が残る。このような「個人の宗教的自由」を私企業が制限できるとする立法は、憲法院、欧州人権条約、欧州法で適法性が否定される可能性がある。ミリアム・エル・コムリ労働大臣は「中立性原則を当然のこととすることは憲法や欧州の諸条約や法律に反するだろう」と述べた(45)。法律問題化に際してライシテ研究所は、全国人権諮問委員会とともにこの立法の適法性を否定していた。研究所は、「宗教的標章の着用を禁止されるムスリム女性は「個人の宗教的自由」を違法に制限される〈被害者〉」というライシテAのフレームを維持し、七月一九日に修正案の撤回を要求していた。ライシテ研究所によれば[46]、「この条文は一般的な禁止の可能性、そのため、被雇用者に対する客観的に正当な理由なしの、絶対的な禁止の危険を含んでいる」、「したがって、憲法、欧州人権条約および欧州法と矛盾する」。

しかし、この研究所の意見は二〇一三年とは異なり、以下の理由から影響力を持たない。まず、そのメンバーであったフランソワーズ・ラボルドら中立性原則によって宗教的自由の制限を目指す立法を望んだ議員たちは、ライシテ研究所の見解を強く批判しており、その判断が立法推進派の立場をも含んだものではない、偏ったものであるとみなされた[47]。また、研究所はこの件について諮問されているわけではなかった。さらに、二〇一四年にブルカ禁止法が欧州人権裁判所で適法とされ、宗教的自由の制限について「国家の裁量の余地」が認められていた[48]。公道での宗教的標章の着用の一般的禁止について、ブルカを受容するか否かは社会の選択の問題であると判断されたのだ。

社会問題化、政治問題化、法律問題化の相互作用の観点からは次のように言える。社会党政権には、「ライシテを根拠とした私企業におけるムスリム女性の宗教的標章の着用の禁止」という社会問題に応える意思はない。そこで社会問題の政治問題化を避けようとした。しかし、社会党政権は議会と対立関係にあるために、社会問題は政治問題化し、立法化を拒否できない。ライシテ研究所は法律問題化し、立法を批判したが、議会の支持は得られない。ライシテAの「宗教的標章の着用を禁止されるムスリム女性は違法に「個人の宗教的自由」を制限される〈被害者〉」というフレームを維持するために、社会党政権やライシテ研究所は欧州司法裁判所による法律問題化に望みを託すことになる。

先決判決によるエル・コムリ法の正当化

欧州司法裁判所は社会党政権やライシテ研究所の「個人の宗教的自由」の法律問題化をむしろ否定した。先決判決を通じて、欧州人権条約や欧州法の下でのエル・コムリ法の適法性を保障したのだ。二〇一七年三月一四日、欧州司法裁判所は私企業における宗教的自由の範囲について、以下のように初の先決判決を下した(49)。裁判所は、ヒジャブ着用についての顧客の不満を理由として解雇したことが差別になるかどうかが争われたマイクロポール事件について、解雇を差別と認定した。その際に、事前に思想や信条を特定しないで宗教的標章の着用を禁止する一般的規定の就業規則が存在しないことを理由に、この解雇を、「直接差別」と認定し、その上で、顧客の要望をもとに解雇したことからこの差別は正当なものとは認められないと認定した。

ただし、同時に、欧州司法裁判所は同じように私企業における「個人の宗教的自由」の制限が争点となっていたベルギーのG4S社事件については異なった判断を下した。この事件は、警備会社G4Sで、ムスリム系移民出身者のサミラ・アクビタが、就労中のヒジャブ着用を続け、会社の「職場において政治的、思想的、あるいは宗教的な信条を示すものを表明してはならない」という就業規則に従って解雇された事件である。欧州司法裁判所は解雇を、外形的には中立的な規則が実際には特定の宗教的属性に不利益を負わせるという意味での「間接差別」と認定した。その上で、①事前に私企業の中立性を明示した就業規則が存在していたこと、②この中立性が特定の宗教宗派、政治的信条などを明示しない一般的規定であったことを主たる理由として差別および解雇を適法とした。[50]

二〇一七年一一月二二日、破棄院社会部は先決判決を踏まえて、マイクロポール事件について会社の差別および解雇を違法とした。しかし、「個人の宗教的自由」の保障がこの先決判決によって強化されたわけではない。二つの先決判決を通じて、欧州司法裁判所は、欧州基本憲章第一六条の「営業の自由」を根拠に私企業が「事前に」「一般的規定として」思想信条の表現を禁止する「中立性」を就業規則に導入して「個人の宗教的自由」を制限する場合には違法ではないことを認めたのである。この意味で、エル・コムリ法の「中立性」による「個人の宗教的自由」の制限を正当化したといえる。[51]その際、「中立性」の内容は具体的に規定されない。したがって私企業が実際には特定の宗教宗派を、つまり市民社会で否定的にイメージされるムスリム・アイデンティティを、「中立性」を理由として排除することができる。結果的に、先決判決は、これまでの欧州人権裁判所のムスリム・アイデンティティに否定的な理解を補強し、「個人の宗教的自由」の制限における「国家の裁量の余地」を認めることになった。

破棄院社会部、社会党政権、ライシテ研究所は社会問題の政治問題化、すなわち議会での「個人の宗教的自由」を制限する立法を批判するために、法律問題化に際して欧州司法裁判所に依拠した。しかし実際にはそのことにより制限が欧州レベルで正当化されることになった。

5 結語

トランスナショナル・ガバナンスの進展の中で、欧州人権裁判所や欧州司法裁判所は国内法の人権規定を強化してきた。しかし、このことは実際によりよく人権が保障されることを必ずしも意味しない。フランスにおいてムスリム女性の宗教的自由、特に宗教的標章の着用は社会問題化し、ライシテを根拠として制限されるべきであると言われている。そしてこの制限は政治問題化すると、国内や欧州の人権規定の下で、適法性確保のための議会での立法作業における文言の調整を通じて正当化される。欧州や国内の裁判所による法律問題化は、この正当化に寄与する。

たしかに、一九八九年のスカーフ事件において、ライシテはムスリム女性の宗教的自由を保障するものとして機能した。ライシテは、国務院によって①「個人の宗教的自由」を保障し、②「国家〈公役務の提供者〉の非宗教性」を確保するものとして解釈され、欧州人権条約第九条は、文言通りに、「個人の宗教的自由」の保障を正当化するものとして解釈された。つまり、ヒジャブ着用を禁止されるムスリムの女子生徒は「個人の宗教的自由」を違法に制限される〈被害者〉、禁止する教員は〈加害者〉というライシテAのフレームが成立した。

しかし、UMP政権下で適法性を欠いたライシテ解釈が社会問題化すると、議会はこの解釈を根拠とした立法を実現するために文言を調整する。この解釈にライシテとしての適法性が認められない場合には、「ムスリム女性の宗教的自由を制限する」という、その趣旨を実現するために適切な代替概念を選択し、ライシテの解釈を市民社会と議会、裁判所でそれぞれ使い分ける。こうして法律問題化した際に、欧州や国内裁判所に立法の適法性を否定されないようにする。二〇〇四年スカーフ禁止法、二〇一〇年ブルカ禁止法立法過程において、宗教的標章の着用は、「着用により抑圧されているムスリム女性という〈被害者〉を国家という〈保護者〉がライシテを根拠として解放するべき」社会問題としてフレームされ、立法の可否を諮問された委員会は立法の必要性を答申する。議会は国内、欧州での適法性を確保するためにヒジャブを「誇示的な標章」に置き換える。法律上の不備を正当化するために「議会の司法への優位」を強調することもある。結局、社会問題化する中でライシテAの①「個人の宗教的自由」は「男女平等」の保障に置き換わり、②「国家の非宗教性」の範囲は、公役務の提供者から利用者である生徒（ライシテB）に、さらには公道にまで拡大する（ライシテC）。

社会党政権は立法に否定的で、立法の可否についての諮問委員会を設置しない。実際、二〇一三年、適法性を欠いたライシテ解釈が社会問題化した際には、この解釈を政治問題化せず、立法もしなかった。しかし、二〇一六年、一連のテロ事件および議会での社会党政権の脆弱な立場を背景に、宗教的標章の着用は「着用により抑圧され、過激化しやすいムスリム女性という〈被害者／加害者〉を私企業という〈保護者〉がライシテを根拠として解放するべき」社会問題としてフレームされ、議会はエル・コムリ法修正案を立法する。ただし、ライシテには言及せず「中立性」が援用された。社会問題化したライシテ解釈は適法性を欠くので、文言を調整することで法律問題化の際の立法の適法性を確保した。破棄院社会部は立法に対抗する意図をもって先決判決を欧州司法裁判所に求めた。しかし、欧州司法裁判所はエル・コムリ法を欧州基本憲章第一六条の「営業の自由」を理由として承認する。こうしてライシテCはさらにその範囲を拡大し、①「個人の宗教的自由」ではなく、「男女平等」や「治安」を保障するために、②「国家の非宗教性」の範囲は、私企業の判断によって、企業内部にまで拡大する(ライシテD)。

フランスにおけるムスリム女性に対する差別の事例は、欧州の司法が欧州、国内裁判所のみならず政府、議会、市民社会との相互作用のトランスナショナル・ガバナンスの中で機能していること、この相互作用の中でライシテの差別的法解釈が拡大し続けていることを示している。

国際的な人権保障の強化を前提に、国内社会で拡がる差別を法律問題化するだけでは、差別の解決として不十分である。そして、このような状況は欧州に限られるものではない。日本においても、ヘイトスピーチの法規制をはじめとして、同じような状況が存在する。解決のために、差別に苦しむ人々の声を、法律家に委ねるのではなく、「私たちの問題」として社会問題化、政治問題化することが課題となっている。

(1) ムスリム系移民出身者は、実際にはすでに定住国の国籍所有者も多く、また、難民ではない者も多いが、「移民・難民」として差別される典型的な存在という意味で本章ではこのようなタイトルを選んでいる。

(2) Erica Howard, *Religious clothing and symbols in employment*, European commission, 2017. 特に女性が対象となる。西欧で特にムスリム系移民出身者が多いのが、フランス(約五七〇万人)、ドイツ(約五〇〇万人)、英国(約四一〇万人)である。

(3) Pew Research Center, *Europe's Growing Muslim Population*, 2017.

(4) Pamela Irving Jackson and Peter Doerschler, *Benchmarking Muslim Well Being In Europe*, Policy Press, 2012. pp. 107, 133. EU-MIDIS2, *Second European Union Minorities and Discriminations Survey*, 2017. 差別とは「実際のあるいは想定された出自を理由とした不利な扱い」を意味する。Didier Fassin, « L'invention française de

la discrimination », *Revue Française de Science Politique*, vol. 52, 2002, pp. 403–423.

（5） 法的トランスナショナル・ガバナンスについては以下の文献を参照。Claire de Galembert et Matthias Koening, « Gouverner le religieux avec les juges », *Revue Française de Science Politique*, vol. 64, 2014. pp. 631–645. および本書第一章。

（6） EU-MIDIS2, op. cit.

（7） Pierre Tévanian *Le volie médiatique*, Raisons d'agir, 2004. 社会問題とは「何らかの想定された状態について苦情を述べクレイムを申し立てる個人やグループの活動である」（赤川学『社会問題の社会学』弘文堂、二〇一二年、二八頁）。

（8） 小泉洋一「国際人権保障と政教関係」『甲南法学』四七号、二〇〇七年、三一～五九頁。

（9） 小泉洋一『政教分離の法――フランスにおけるライシテと法律・憲法・条約』法律文化社、二〇〇五年。

（10） 国務院は政府の諮問機関であり最高行政裁判所でもある。

（11） Avis du Conseil d'Etat du 27 novembre 1989, no3469893.

（12） 「フレーム」とはある争点を問題とするために個人や集団が利用する解釈図式である。

（13） 「保護者」とは当事者が判断能力を欠くために代わりに判断する存在という意味で使用している。

（14） Jean Rivéro, « La laïcité scolaire et signe d'appartenance religieuse », *Revue Française de Droit Administratif*, no. 1, 1990, pp. 1–6.

（15） Jean Baubérot, *La laïcité falsifiée*, La découverte, 2004, pp. 145–157.

（16） Commission Stasi, *Laïcité et la République*, La documentation Française, 2004, pp. 57–58.

（17） La mission d'information, *Rapport sur la question du port des signes religieux a l'école*, no. 1275, La documentation Française, 2003, part 4, p. 81.

（18） *Rapport d'information sur la question du port des signes religieux à l'école*, no. 1275, 2003, part 4, p. 81.

（19） 中島宏「フランスにおけるブルカ禁止法と共和国の課題」『憲法問題』二三号、二〇一二年、二四～三五頁。

(20)　*Rapport d'information sur la pratique du port du voile intégrale sur le territoire national*, no. 2262, 2010, p. 235.

(21)　Ibid., p. 239. この時から憲法院は立法前に法案の適法性を審査することになった。

(22)　Conseil d'État, *Étude relative aux possibilités juridiques d'interdiction du port du voile intégral*, 2010. p26.

(23)　中島宏「大学におけるヘジャブ着用禁止」、小畑郁ほか編『ヨーロッパ人権裁判所の判例Ⅱ』信山社、二〇一九年、三一七〜三二〇頁。

(24)　Claire de Galembert, « Forcer le droit à parler contre la burqa », *Revue Française de Science Politique*, no. 64, 2014, pp. 647–668.; Conseil d'État, op. cit.

(25)　Philippe Portier, « La politique du voile en France », *Revue du droit des religions*, no. 2, 2016, pp. 61–81. この決議は二〇〇八年憲法改正によって議会の司法に対する影響力を増すものとして位置づけられている。

(26)　Yvan Gastaut, « Intégration, la fin d'un modèle », dans Pascal Blanchard et al(dir.), *Vers la guerre des identités*, La Découverte, 2016, pp. 67–77.

(27)　Stéphannie Hennette Vauchez et Vincent Valentin, *L'affaire Baby Loup ou la nouvelle laïcité*, LGDJ, 2014.; 中島宏(二〇一二年)、前掲論文。

(28)　フランスにおいて破棄院は事件に応じた部署を持ち、最上級の法律審として上告された判決を審査し、法律の適用に誤りがある場合には同一の審級の異なった裁判所に差し戻す。ただし、新たに審査することになる裁判所は破棄院の判断に拘束されない。この裁判所の判決が再び破棄院に上告され、破棄院が再び法律の適用に誤りがあると判断した場合には、破棄院の判断が最終判断となる。

(29)　二〇一一年一〇月二五日に極左政党ＭＲ(急進・社会とリベラル運動)の上院議員フランソワーズ・ラボルドは「中立性の義務を幼児を担当する私的施設にまで拡大し、ライシテ原則の尊重を保障することを目的とする法律」を提案している。ただし、結局、立法されなかった。

(30)　*No.1084 Rapport de M.Eric Ciotti*, https://www.assemblee-nationale.fr/14/cri/2012-2013/20130262.asp

#INTER_0. 最終参照日二〇二一年二月二一日。

（31） Ibid.

（32） Ibid.

（33） CNCDH, *Avis sur la laïcité*, 2013/9/26.

（34） Cass. soc., 9 avr. 2015, n° 13-19. 855.

（35） Ibid.

（36） 庄司克宏『新ＥＵ法　基礎篇』岩波書店、二〇一三年、第四章、および本書第一章。

（37） Cyril Wolmark, « Le foulard dans l'entrepise », *Droit social*, 2015, p. 648.

（38） 欧州人権条約は欧州法によって一般原則として認められており、欧州司法裁判所は欧州人権裁判所の判例に従う。戸波江二ほか編『ヨーロッパ人権裁判所の判例Ｉ』信山社、二〇一九年、二～二七頁。

（39） 二〇一五年一月にはムハンマドの風刺画を掲載したシャルリー・エブド紙がムスリム系移民出身クアシ兄弟らに襲撃され一二人が殺害された。同年一一月にはフランスのみならず、複数の欧州諸国のムスリム系移民出身者による一連のテロ事件によって一三〇人が殺害された。

（40） 浪岡新太郎「フランスにおける宗教的多元主義と過激化」『反グローバリズム再考』日本国際問題研究所、二〇一八年、一四三～一五六頁。

（41） Comité chargé de définir les principes essentiels du droit du travail, *Rapport au premier ministre*, 2016/1/25.

（42） http://www.jfcope.fr/Non-au-communautarisme-en-entreprise.html. 最終参照日二〇二一年三月一〇日。

（43） 憲法第四九条第三項の定める信任投票に依拠することで、下院での法案審議は二四時間中断し、その間に内閣不信任案が可決されない場合、当該法案は可決されたことになる。

（44） Sénat séance du 14 juin 2016.

（45） Ibid.

（46） Observatoire de la laïcité et CNCDH, *le commnuniqué de presse*, 2016/7/19.

(47) https://www.nouvelobs.com/politique/20160121.OBS3110/observatoire-de-la-laicite-il-fallait-que-ca-pete.html. 最終参照日二〇二一年三月一六日。

(48) 馬場里美「ブルカ禁止法と宗教の自由：S.A.S対フランス事件」『国際人権』二六号、二〇一五年、一二二～一二四頁。

(49) 黒岩容子「EU司法裁判所イスラム・スカーフ事件先決裁定」『比較法学』(早稲田大学比較法研究所)五二(二)、二〇一八年、一七七～一八五頁。

(50) その私企業の一貫した方針や配置転換の検討などが解雇には要件として要求される。Cf. Isabelle Desbarats, Entre laïcité et neutralité. Hiam Mouannès (dir.), *La laïcité à l'œuvre et à l'épreuve*, Presses de l'Université Toulouse 1 Capitole, 2017.

(51) Stéphannie Hennette Vauchez, « Equality and the Market », *European Constitutional Law Review*, vol. 13 (4), 2017, pp. 744–758.

第5章

トランスナショナル・ガバナンスとジャーナリズム

長尾香里

1　はじめに

私たちは、コミュニケーションの劇的な変革期に生きている。インターネット社会は、情報の伝達と拡散のありようを一変させた。誰もがスマートフォンを片手に、ときに国境をも越えるすさまじい拡散力をもつ情報を発信することができる。「一億総メディア」といわれる時代の到来だ。

一方で、disinformationといわれる虚偽の情報や誤った情報、そしてヘイトスピーチなどが、ソーシャルメディアを通じ、いわばノーチェックでインターネット上にあふれるようになった。新型コロナウイルスのような感染症の世界的な大流行「パンデミック」になぞらえた真偽不明の情報の氾濫が社会の混乱を招くことを意味する「インフォデミック」という言葉がこれを象徴する。さらに、情報の発信者と受け手が直接つながるようになったことで、情報が政治的な、あるいは恣意的な狙いで操作されたり、世論の誘導に利用されたりするリスクも生じている。

筆者は、二〇一五年からおよそ二年間、ベルギー・ブリュッセルに特派員として駐在したが、ＥＵが直面した数々の危機の中で、もっとも衝撃的だったのが自国第一主義を掲げ、反ＥＵを掲げるポピュリスト勢力の台頭だった。彼らはソーシャルメディアを活用して、社会の格差や不平等に対する責任の一端はＥＵにあると訴えかけた。その主張の中には、さまざまな誇張や歪曲がみられたのも事実だ。海をはさんだアメリカでは、トランプ前大統領がインターネット上の政治広告戦略で大きな成功を収め、社会の分断は加速していった。東西冷戦終結以降の時代を率いてきた民主主義は、デジタル情報社会において大きな岐路に立たされていると感じている。

こうした状況を背景に、これまで情報発信の「ゲートキーパー」役を果たしていたマスメディアの存在や信用は相対的に低下している。市民の「知る権利」に従事するため、公正・中立や正確性を厳格に求められてきた新聞やテレビなどの既存メディアやジャーナリストに代わり、インターネット社会の情報インフラとして巨大ＩＴ企業、グーグルやフェイスブックといったプラットフォーマーが絶大な影響力をもつようになった。しかし、これらプラットフォーマーに、既存メディアと同等の公正・中立性を義務づけるルールはなく、グローバルな課題として意識されるようになった。

本章では、拡大するインターネット社会の陰で進むメディア不信の現状や、偽情報・情報の偏重などがもたらすリスクを検証した上で、インターネット上で行き交う情報に正確性や公正性を担保するため、どのようなしくみ作りが国境を越えてトランスナショナルに進められているのか、ヨーロッパ二七カ国を束ねるＥＵのガバナンス＝統治上の取り組みと、国境を越えて連携を始めたメディアと市民社会の動きに焦点をあてて考察する。

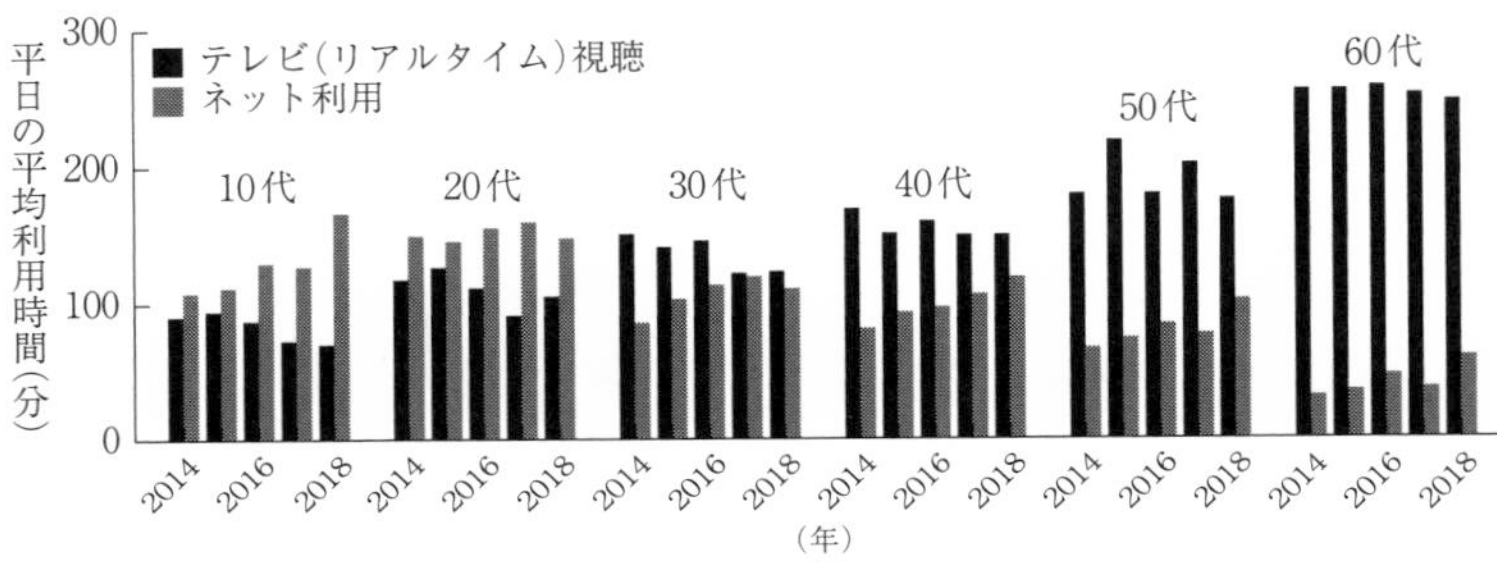

(出典：令和元年版「情報通信白書」より図を改変)

図表1

2　トランプ時代のマスメディア

1　拡大するインターネット社会

近年、インターネットの利用が爆発的に増えたことで、情報コミュニケーションは大きく様変わりした。マスメディアの主流とされた新聞は、日本国内の発行部数がこの二〇年で三割減少し[1]、総務省の令和元年版「情報通信白書」によれば、テレビの視聴時間も減少している。それに取って代わるように、インターネットの利用時間は急増しており、特に、一〇代、二〇代ではテレビの視聴時間と逆転している[2](図表1)。

とりわけソーシャルメディアは、スマートフォンの普及によってめざましい発展を遂げた。私たちは手元の小さな端末を通して、世の中で何が起きているかのニュースを素早く収集し、家族や友人、同僚といつでもどこでもコミュニケーションできるようになった。アメリカのシンクタンク、ピュー・リサーチセンターの調査によれば、アメリカで、一日に一度はフェイスブックやツイッターなどのソーシャルメディアを利用すると答

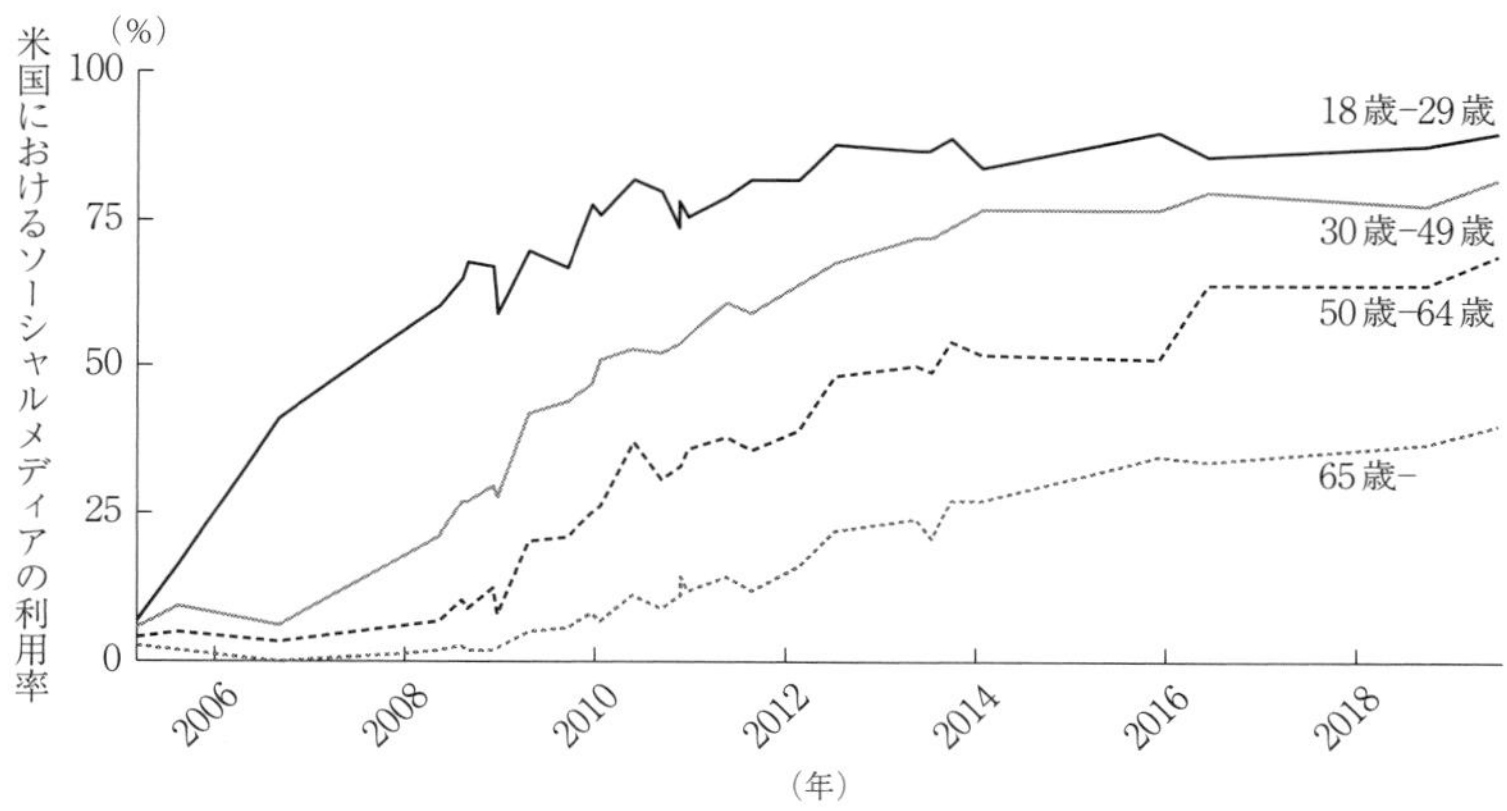

(出典：Pew Research Center, Social Media Fact Sheet(2019)より図を改変)

図表 2

えた人は、一八歳から二九歳の若い世代で二〇〇六年頃から急増しはじめ、現在はこの世代の九割が利用している。三〇歳以上四九歳以下はそれに続く形で二〇〇九年頃から伸びを示し、この一〇年で倍増した。五〇歳以上六四歳以下でも七割の人が利用していると答えており、全世代に浸透していることがわかる[3](図表2)。

この潮流を決定的に後戻りできない状況にしたのが二〇二〇年に世界で感染が拡大した新型コロナウイルスだ。外出の自粛や制限でリモートワークが進み、リアルなコミュニケーションは控えられ、世界中で生活様式は激変した。イギリス・オックスフォード大学ロイタージャーナリズム研究所は、外出制限などが行われた後では、オンライン、とりわけソーシャルメディアの利用が増加したとして、コロナ禍は「デジタルシフトを今後、減速どころか、加速させるだろう」としている[4]。

2　トランプ時代に進むメディア不信

ソーシャルメディアを駆使し、メッセージの発信に活用した代表的な人物がアメリカのトランプ前大統領（図表3）だ。ツイッターのフォロワー数は八六〇〇万人余り（二〇二〇年九月時点）にのぼった。米紙ニューヨークタイムズが、二〇一七年の就任から二年九カ月の間にトランプ氏が発したツイート数を数えたところ、およそ一万一四〇〇件にのぼることがわかった。政治リーダーの中では特異な多さだ。投稿数は多いときには一週間に二五〇件以上になったという(5)。トランプ氏が在任中、ツイッターを多用した理由は、それがフォロワーを含む、みずからの支持層に直接メッセージを届けることができる最も有効な手段と捉えたからだ。大手新聞や雑誌、テレビなど、いわゆる既存のマスメディアは、ジャーナリズム本来の役割として、政治家の発言や政策を公正に分析し、論評する責務を担ってきた。しかし、トランプ氏はそれを嫌う。みずからに不利な内容の報道となると、ツイッターを通じて反論、時には名指しで非難した。就任直前のホワイトハウスで行った記者会見で鋭い質問を投げかけるCNNの記者を「おまえはフェイクニュースだ！」と言って質問を遮った場面は、その後の政権とメディアの鋭い対立を象徴するものとなった。

図表3　トランプ前米大統領（©European Union）

みずからの意にそぐわない情報は「嘘」、批判するメディアは「偏向」と、一蹴する手法は、一部の受け手、特にトランプ大統領みずからの支持層に波及し、メディアに対する不信感を加速させた可能性が高い。大手調査会社ギャラップによれば、アメリカでテレビ、新聞、ラジオを信用しているかとの問いに対し、「非常に」または「おおむね」と答えた人は過去一〇年以上、全体の半数を下回り続け、トランプ氏が初勝利した大統領選挙があった二〇一六年には過去最低の三二%を記録、その後は、若干回復したものの、二〇一九年の調査では依然、四一%にとどまった。リベラル志向が強いとされる民主党に比べ、トランプ大統領の支持基盤である共和党の支持層の間で、メディアへの不信感はより強かったことが同調査で明らかになっている(6)。

3 「ケンブリッジ・アナリティカ」の衝撃――ビッグデータと情報誘導

ソーシャルメディアの影響力が政治利用されるリスクを警鐘した事件がある。二〇一六年のアメリカ大統領選挙で、共和党候補のトランプ大統領が、民主党のヒラリー・クリントン候補に逆転勝利した背景のひとつとして取りざたされたのが、イギリスの選挙コンサルティング会社「ケンブリッジ・アナリティカ」(以下、CA社)をめぐる疑惑だ。CA社は、イギリスのケンブリッジ大学の学者、アレクサンドル・コーガン氏が考案した「性格診断アプリ」を通じて収集されたフェイスブックのユーザーやその友人などの個人情報を利用し、選挙活動に流用したとされる。内部告発したCA社の元幹部の女性は、誰を支持するか決めていない浮動層を、〝persuadables＝説得可能な人々〟とよび、トランプ陣営の政治広告のターゲットにしていたと暴露した。集められた個人情報からは個々の政治的志向や、宗教的信条、知性レベルや家族状況なども分析が可能で、陣営は、それらの特性に響く政治広

www.observer.co.uk | Sunday 18 March 2018 | £3.00

The Observer

Revealed: 50m Facebook files taken in record data breach

Exclusive

- Whistleblower tells of bid to influence votes
- Tech giant suspends controversial data firm

Carole Cadwalladr & Emma Graham-Harrison

The data analytics firm that worked with Donald Trump's election team and the winning Brexit campaign harvested millions of Facebook profiles of US voters, in one of the tech giant's biggest ever data breaches, and used them to build a powerful software program to predict and influence choices at the ballot box.

A whistleblower has revealed to the Observer how Cambridge Analytica – owned by the hedge fund billionaire Robert Mercer, and headed at the time by Trump's key adviser Steve Bannon – used personal information taken without authorisation in early 2014 to build a system that could profile individual US voters, in order to target them with personalised political advertisements.

Christopher Wylie, who worked with a Cambridge University academic to obtain the data, told the Observer: "We exploited Facebook to harvest millions of people's profiles. And built models to exploit what we knew about them and target their inner demons. That was the basis the entire company was built on."

Documents seen by the Observer, and confirmed by a Facebook statement, show that by late 2015 the company had found out that information had been harvested on an unprecedented scale. However, at the time it failed to alert users and took only limited steps to recover and secure the private information of more than 50 million individuals.

The New York Times is reporting that copies of the data harvested for Cambridge Analytica could still be found online; its reporting team had viewed some of the raw data.

The data was collected through an app called thisisyourdigitallife, built by academic Aleksandr Kogan, separately from his work at Cambridge University. Through his company Global Science Research (GSR), in collaboration with Cambridge Analytica, hundreds of thousands of

Continued on page 7

The Cambridge Analytica Files

Full interview Whistleblower Christopher Wylie lifts the lid
Cover story New Review

Like or dislike The algorithm that reveals all about you
Report, page 9

Facebook How its destructive ethos imperils democracy
Observer Comment, 44

Whistleblower Christopher Wylie. Photograph by Antonio Olmos for the Observer

図表4　キャドワラダー氏はCA社の元社員の内部告発をもとに疑惑を調査報道した．当時の記事（英オブザーバー紙2018年3月18日付）

告を、ソーシャルメディアを利用して打ち込んでいったという。一方、対立候補のクリントン氏については不利な偽情報やデマを拡散することで、有権者の心理操作を狙ったとしている。CA社の直接的な関与は明らかではないが、選挙前には「クリントン氏がイスラム過激派組織に武器を売った」とか「民主党の関係者が人身売買や児童買春に関わっている」といったデマがインターネット上に頻繁に出回っていたという。

CA社はEU離脱の是非を問うイギリスの国民投票においても離脱派の活動に関与した疑惑が指摘されている。ビッグデータを使ったマイクロ・ターゲティングの手法が選挙活動にも転用されれば、有権者本人も気づかぬままに特定の政党や候補者への支持へと誘導される可能性を否定できない。有権者は各候補の政策について知り得た情報や知識から誰に一票を投じるか判断することが求められるが、そもそも情報が政治的意図をもって事前に操作されていたとしたら、有権者の判断は公正でありえるのか、強い疑念を抱かざるをえなくなる。

CA社をめぐる疑惑は、インターネット上の政治広告のあり方に警鐘を鳴らすきっかけとなった。

日本でも議論は始まったばかりだ。ＣＡ社の疑惑を最初に報道したオブザーバー紙のキャロル・キャドワラダー記者は、ＣＡ社の疑惑は氷山の一角だとした上で、オンラインの政治広告について「それを取り締まる法律も存在しない。民主主義は崩壊している」と批判し、ソーシャルメディアのプラットフォーマーを法律で監視する必要性を繰り返し述べている[7]（図表４）。

4　ネット社会が招く「蛸壺現象」＝フィルターバブル

ソーシャルメディアが優位な情報源となるにつれ、民主主義の脅威にもなりうる現象として「フィルターバブル」の問題が挙げられる。インターネット上では、趣味や嗜好が合う人同士がコミュニティを形成していく。コミュニティの中では、自分の考えや価値観は肯定され続け、正しいもの、と認識するようになる一方、異なる意見は受け付けなくなり、「見たいもの、聞きたい情報」しか取り込まなくなる。このように情報が蛸壺化していく現象を「エコチェンバー」または「フィルターバブル」という。これだけ情報があふれていても、意識しないうちに自分のバブル＝泡の中に閉じこもり、健全な議論も社会の共通認識も生まれにくい状況が作り上げられてしまうのだ。前述した、ＣＡ社が関わったとされる選挙戦略のように、ビッグデータを使い、政府や政治家、それに特定の政治主張をもった個人や団体が、有権者を操作する目的でプロパガンダを流したり、異なる主張をもつ、〝敵対〟勢力を攻撃する誤情報を流したりした場合、その情報は支持者や賛同者でつくるネット上のコミュニティの間で「正しい情報」としてシェアされ、次第に増幅する。

イギリスのシンクタンク「デモス」のディレクターでジャーナリストのジェイミー・バートレット

氏は、これに強く警鐘を鳴らす。著書『操られる民主主義』で、バートレット氏は、インターネット上で形成された〝バブル〟の中で、人々が政治的な考えを共有する味方を擁護し、敵対する個人やグループへの怒りを増幅させていくことを、ネット社会が「部族化」していると危険視する。そして怒りに満ちた「部族」によって、実社会でも分断と断片化が進むと予見する。市民が多様な主張や価値観に触れて許容し合う機会は失われ、政治も極端に両極化していくという。バートレットは「部族主義は受け入れやすいものではあるが、最後には民主政治を台無しにしていく。人々の間に存在する小さな差異を押し広げ、ついには乗り越えられないほど巨大な隔たりに変えてしまうのである」と述べている。(8)

3　ネット社会と民主主義　危機感募らせるEU

1　選挙で躍進　ポピュリズム勢力

アメリカでトランプ大統領が逆転勝利で世界を驚かせた二〇一六年、ヨーロッパでも予想を覆す歴史的な出来事が世界に衝撃を広げた。イギリスがEU離脱を決めた国民投票である。この時、筆者は、ブリュッセルに駐在していたが、「離脱派が多数」という速報が流れたおよそ二時間後、緊急の記者会見で、EUのトゥスク大統領(当時)が「EUにとっても、イギリスにとっても、深刻で衝撃的なできごと」と述べた時のこわばった表情を忘れることができない。二つの大戦の反省から、共存と繁栄のために統合を深化させてきたヨーロッパにとってまさに歴史の転換期を意味した。

EU離脱派を率いたイギリス独立党、UKIPの当時の党首、ファラージュ氏（図表5）はEU域内からの移民に職を奪われ、不満をためる労働者や地方の人々の支持を集め、批判の矛先をEUに向けた。ファラージュ氏ら離脱派が積極的に用いたのもソーシャルメディアだ。例えば、EUに加盟していることによるイギリスの負担を強調するため「EUへの供出金が週三億五千万ポンド」といった情報を拡散。実際の拠出額は週一億数千万ポンドで、ファラージュ氏自身も投票後に誤りを認めたが、世論調査会社によると、四二％の人々が当初の誤った数値を事実だと信じていたという。国民投票の際に浸透した「take back control＝主権を取り戻そう」というスローガンはその後、保守党のボリス・ジョンソン首相に受け継がれ、イギリスは二〇二〇年一月三一日、EUから正式に離脱した。

図表5　UKIPのナイジェル・ファラージュ氏はEU離脱派を象徴する存在として支持を固めていった.（©European Union）

愛国的な主張を掲げ、協調よりも自国の国益を重視する政党の台頭は、イギリスにとどまらず、二〇〇〇年代に入って、ヨーロッパ各国でみられた。これらの政党は国政選挙のたびに躍進し、フランスでは、極右政党「国民連合」（前身は「国民戦線」）、ドイツでは右派政党「ドイツのための選択肢」、イタリアでは「同盟」、ハンガリーでは強権色を強めるオルバン首相率いる「フィデス」などがその代表的な例とされる。躍進の背景として共通するのが、格差の問題だ。ヨーロッパでは、二〇〇九年のギリシャの財政危機に端を発する信用不安を受けて、財政赤字を抱える国々が厳しい緊縮策に相次いで乗り出した。その結果、失業率は上昇、社会保障費は削減され、国民は深刻な状況に追いやられた。その不満や不公平感の受け皿となったのが、前述した一連の政党だ。これらの党は既成政党を批判し、ＥＵによるヨーロッパ統合は国民に豊かさをもたらさなかったと反旗を翻した。

これらの政党の伸長を後押ししてきたものとして、政治学者の水島治郎氏は、インターネットの存在を指摘する。水島氏は、現代のポピュリズムを、「エリートと人民」の間で分断が起きている社会で、「エリート批判を中心とする『下』からの運動」と定義する。(9) この運動を政治化するのが、いわゆるポピュリズム政党で、既存の政党や団体に属さず、既成政治に違和感をもつ無党派層の人々から広く支持を集めようとする。党のリーダーたちは、既成政党に比べて党組織が弱いぶん、時に過激な、耳目を集めやすい言動をみずから発することで支持を獲得しようとするため、その格好の手段としてソーシャルメディアが活用されるというのである。

実際、二〇一七年のフランス大統領選挙では、極右政党「国民戦線」が五月の決戦投票まで進んだが、愛国主義的で排他的な流れをくむこの党は、移民や難民をネガティブに捉える選挙キャンペーンを展開し、disinformation＝虚偽や誇張された情報も多く出回った。また、ドイツでも新興の右派政党「ドイツのための選択肢」が、難民への憎悪を煽るような宣伝活動を展開し、難民の受け入れを求めるＥＵの政策を激しく批判して躍進した。この政党は、各地で行われる地方選挙で、メルケル首相が率いた与党「キリスト教民主同盟」に迫る勢いをみせ、着実に影響力を伸ばしていった。

2　対応迫られるＥＵ

ＥＵは、オンライン上に拡散するこうした誤情報や偽情報の中に、ロシアの関与が疑われる情報が含まれることへの懸念も強めていた。イギリスの国民投票やフランスの大統領選挙などにロシアの介入があったという疑惑は絶えなかったし、ロシアへの接近が目立つ現オルバン政権下のハンガリーなど中欧・東欧の加盟国や、バルカン諸国などで流布される情報の中にはロシア系メディアなどから発信された、根拠のないＥＵ批判のニュースなどが数多く確認されるようになっていた。

インターネット上で、情報が特定の政治的意図をもつ勢力によって操作されたり、偽情報や誤情報によって世論が誘導されたりすれば、民主主義の前提は崩れ、国家や、ＥＵのように国家を束ねる組織のガバナンスを人々が公正に評価する機会をも奪いかねない。一部の国では偽情報の流布に対する法的措置を一部導入、または検討しているところもあるが、現行の法制度では、虚偽情報を違法として取り締まることは容易ではなく、対応が追いついていないのが現状だ。ＥＵには本来、加盟国で民主主義の原則があらゆる分野で実行されているかどうかを監視・指揮する重要な役割がある。そこで、ＥＵは民主主義の礎である公正な情報発信をインターネット社会で担保するために、国家を越えた取り組みに乗りだした。その具体例を紹介する。

4　国を越えたEUの取り組み

1　大手プラットフォーマーの責任を明確化

ＥＵが、偽情報に対抗するプロセスを本格化させたのは二〇一八年のことだ。翌年五月にはヨーロッパ議会選挙が予定され、ＥＵに懐疑的な政党の躍進が予想されていた。ＥＵの執行機関にあたる欧州委員会は、ロシアを念頭に外国勢力などによるサイバー攻撃や、有権者の投票行動に影響を及ぼしかねない情報操作や偽情報への警戒を強めていた。委員会は「市民が大規模な偽情報にさらされることはヨーロッパに対する重大な挑戦である」として、対応の方針をまとめた政策文書を発表した(10)。その上で「ソーシャルメディア、動画投稿サービス、検索エンジンなどはオンライン上の偽情報の拡散と増幅について重要な役割を担う」と明記して、大手ＩＴプラットフォームの責任を明確にする方針を打ち出した。

この政策文書に基づいて欧州委員会は、「偽情報に関する行動規範」を発表した。行動規範では、▼広告配置の精査、偽情報を拡散するアカウントやサイトに入る広告費の阻止▼政治広告に関わる透明性の確保▼偽アカウントやボットによる情報発信の問題への対処▼ユーザーに対して虚偽の疑いのある情報の告知や、他のニュースソースへのアクセスの確保▼偽情報のモニタリングや研究を行う団体への支援、といった分野について、ソーシャルメディアのプラットフォーマーなどに対し、任意で協力することを求めた。これに署名した企業の中にはフェイスブック、グーグル、ツイッター、モジラなどが含まれた。その後、マイクロソフトやティックトックも署名に加わっている。このＥＵの新たな取り組みは、偽情報が拡散しないよう関連産業みずからが積極的に自主規制にのりだすよう促した、先駆けといえる。署名企業は、透明性をもった具体的な対応策をどのような行程で進めていくか提示し、実施状況を欧州委員会に報告することが求められた。

2　プラットフォーマーの対応は

この行動規範は、実際、偽情報や誤情報の拡散を防ぐ上でどの程度の効果があったのか。欧州委員会は外部のコンサルタント会社に委託して、行動規範に署名した企業の約一年間にわたる対応を検証し、二〇二〇年に報告書にまとめた[11]。それによると、フェイスブックはファクトチェック団体などと協力したり、ツイッターの場合は、独自のツールを開発したりして、偽情報や誤解を招く情報、暴力を煽るコメント、ヘイトスピーチや偽アカウントなどが検知された場合、深刻なものについては削除、またはユーザーが認識できるように警告を表示するルールを取り入れているとしている。その後、こうしたルールが適用された例としては、二〇二〇年五月、アメリカのミネアポリスで黒人男性のジョージ・フロイド氏が警察官に拘束された際に死亡した事件をめぐって、トランプ大統領が抗議デモの鎮圧のために力の行使を辞さない姿勢をツイートで投稿した際、ツイッターが「暴力の賛美についての自社のルールに違反している」という警告を表示したケースが挙げられる（図表６）。このほかグーグルは、信頼される情報源からの情報を優先的に検索できるようにする態勢を強化している。ただ、

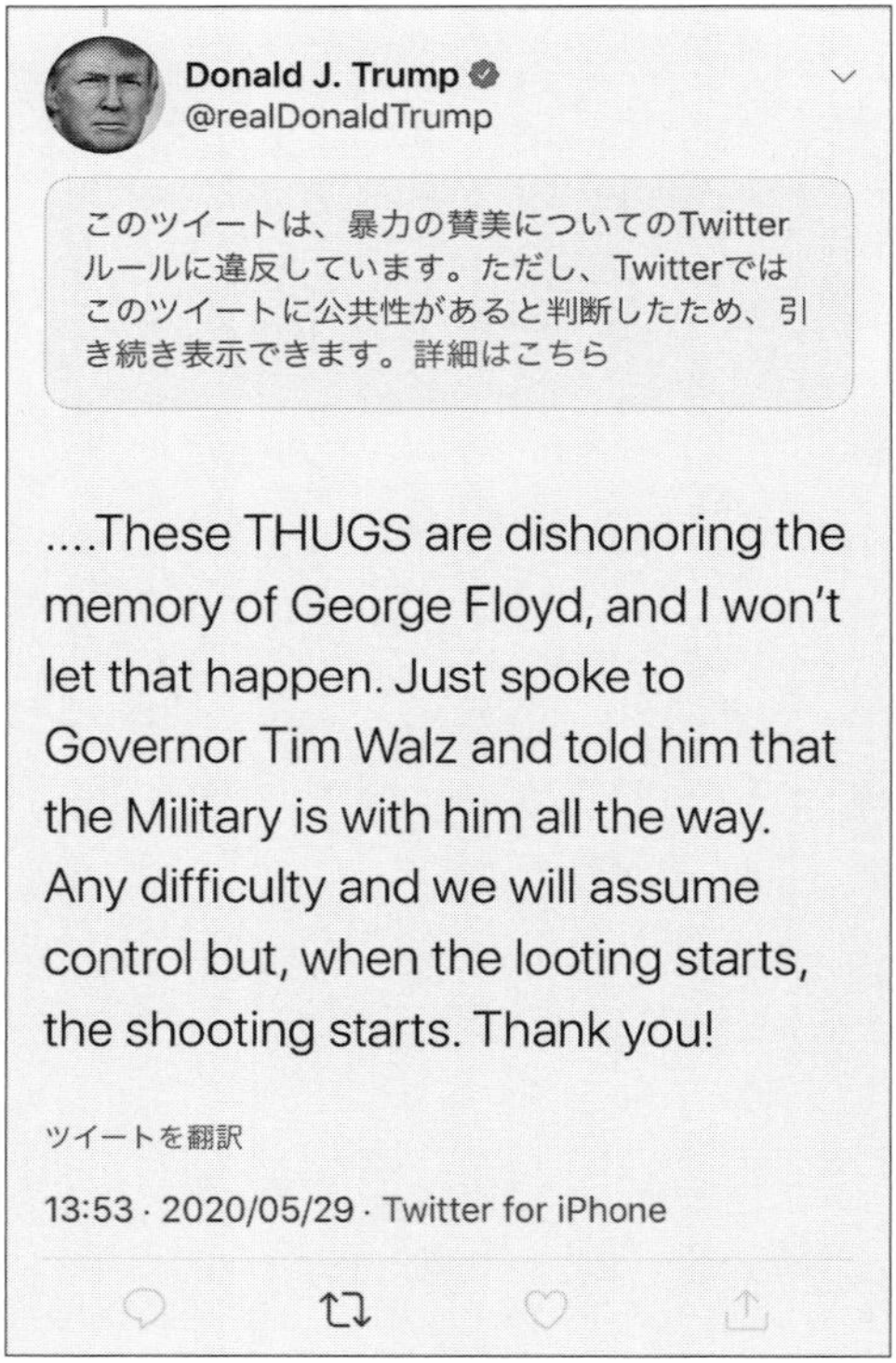

検証報告書は、これらの取り組みの多くは以前から進められていたもので、ＥＵの行動規範の影響は限定的だとも指摘している。

インターネット上の政治広告については、プラットフォーマー各社で運用の見直しが進められている。特定の政党や候補者を支持するような広告が投稿された場合、ラベルを表示してユーザーが識別しやすくするシステムや、広告の発信元がどの程度の広告費を支出したのかなどが閲覧できるリポートの公開などを決めた。グーグルが発表している「透明性リポート」がその例だ。二〇二〇年のアメ

図表 6　拘束された黒人男性が死亡した事件をめぐるトランプ大統領の投稿. ツイッターが警告を表示した(2020 年 5 月).

リカ大統領選挙を前に、ツイッターは二〇一九年一一月、政治広告の掲載を全面的に取りやめることを発表、グーグルやフェイスブックも投票日にあわせて政治広告の掲載を一時停止した。政治広告のターゲティングの手法にも一定の変化がみられた。グーグルは、利用者の検索履歴などから右派か左派かといった政治的志向を割り出して広告主が政治広告の発信相手を絞り込むことができたサービスの運用を大きく制限し、絞り込みの条件を利用者の年齢や性別、それに大まかな位置情報などにとどめることを決めている。

欧州委員会はその後、さらに踏み込み、二〇二〇年の年末になって、ＥＵ加盟国の共通ルールとしてデジタル分野の新たな規制法案を発表した。プラットフォーマーに対し、政治広告の透明性を高め、偽情報対策をいっそう強化するよう求める内容だ。ただ、日々、膨大な情報がやりとりされるインターネット上で偽情報の検知を網羅的に行うのは非常に難しく、偽情報の発信者の手口も日進月歩で進化しており、封じ込めは非常に困難だ。さらに、オンライン上の「表現の自由」と、偽情報の監視・抑制のバランスをどうとるかという根源的な課題は常に慎重に議論される必要がある。ただ、情報社会で絶大な影響力をもつようになったアメリカの巨大ＩＴ企業に対し、一国の制度では是正や改善を求める力は限られるが、ＥＵという国家をまたぐ機関が対応にのりだすことで、交渉力は格段にあがり、プラットフォーマー側を動かす力になった。そしてプラットフォーマーには公正で信頼性のある情報を提供する社会的な責任があるという国際世論を高める上でＥＵのイニシアティブには意義があったといえるだろう。

3　クオリティ・ジャーナリズムの維持

公正で多様なジャーナリズムをどう維持するかもグローバルな課題だ。数多くのニュースの無料配信サイトが存在し、「ニュースはただ」という意識が社会に広がっており、購読料が発生する新聞など既存のメディアの経営を圧迫している。ここでもう一つ、EUが乗りだした取り組みがある。二〇一九年に行われた著作権法の改正だ。その内容は、メディアやクリエイターなどの著作権を強化するため、プラットフォーマーに対し、▼著作権侵害のコンテンツの削除▼インターネット上のニュース記事や動画、音楽などの著作物の制作者と協議の上、公平な使用料を支払うことを義務づけるものだった。この改正に基づき、EU加盟国は二年以内に国内法を整備することが求められた。まずフランスが、同年一〇月に国内の著作権法を改正した。メディアやアーティストなどからはEUの新たな取り組みを歓迎する声が大きかったが、プラットフォーマー側からは「表現の自由が脅かされる」と反対する声があがった。しかし、フェイスブックは、アメリカの主要紙や主要テレビ局などと提携して新たな無料ニュース配信サービスを立ち上げる際、記事の配信元には掲載料を支払う方針を示した。グーグルは、翌年六月、新聞などが発信する「質の高いコンテンツ」については、グーグルニュースなど自社のニュースサイトに掲載する場合、対価を支払う方針を打ち出した。まずは一部の国の新聞社などとパートナーを組み、対象を徐々に拡大していくとした。ただ、ジャーナリズムの研究団体などからは、掲載料対価の支払いが一部に限られているなど効果は不十分だという見方があがっている。(12)

調査報道に代表される質の高いジャーナリズムが適切に評価され、対価が保障されるデジタル時代の新たなしくみはどうあるべきか、今後、さらなる議論が必要だ。

5　ジャーナリズムを支える新たな連携

1　ファクトチェックの広がり

オンライン上で拡散する偽情報が問題視されるにつれ、ファクトチェック、つまり真偽性の判断が重要視されるようになった。米・デューク大学の調査によれば、世界にはおよそ三〇〇のファクトチェック団体がある(日本では「ファクトチェック・イニシアティブ」と「インファクト」の二団体が含まれる)[13]。これらの団体は、不偏不党の公正性のほか、情報源、財源、情報収集の手法の透明性などが求められる。アメリカ・フロリダ州にあるジャーナリズムの研究機関、ポインター・インスティテュートが発足させたＩＦＣＮ＝International Fact Checking Network は、一定の基準を満たした世界の主要なファクトチェック団体に対し、真偽判断のためのメソッドの伝授やツールの紹介など、広範に指導・支援するほか、メディアやプラットフォーマーに対して、偽情報対策への協力や助言を行っている。また、情報の受け手となる、主に若年層のユーザーに対してもリテラシー教育の一環として事実と偽の情報の見分け方などの識別方法を教えるなど活動は幅広い。大手プラットフォーマーも、ファクトチェック団体と連携を組むことで、偽情報の拡散阻止に協力する姿勢を打ち出している。フェイスブックは、アメリカの「ポリティファクト」(Politifact)、イギリスの「フルファクト」(Full Fact)とパートナーシップを組み、同サイト上に掲載された画像、動画、記事に対するファクトチェックを行っている。選挙で偽情報・誤情報の拡散阻止を目的に立ち上がった例としてはフランスの「クロスチェック」(CrossCheck)が挙げられる。二〇一七年の大統領選挙前後の二カ月半にわたって運用されていた期間限定の活動であったが、グーグルニュースラボの支援をうけて発足し、フランスのテレビや新聞など報道機関を含む三七の機関が協力した[14]。グーグルは、二〇一七年四月からニュース検索の結果、および、自社のニュースサイトの一部に偽情報や誤情報かどうかの判断が表示されるようにしているが、これもファクトチェック団体との連携によるものだ。真偽の判定が分かれる場合もあるため、表示はあくまで目安という位置づけではあるが、ユーザーが目にした情報を鵜呑みにせず、情報の真偽について慎重になることを促す意味で一定の前進となった。

ただ、ファクトチェックの機能には限界がある。フェイクニュースの研究で著名なマサチューセッツ工科大学のシナン・アラル教授らによれば、偽情報が一五〇〇人に拡散するスピードは事実の情報より六倍速いという。また、最も拡散力の強い偽情報は一〇万人に到達しうるのに比べ、事実の情報が一〇〇〇人にシェアされることはめったにないとしている。さらに偽情報の中でも政治に関するものが拡散するスピード、範囲ともに最も顕著だということだ[15]。情報はいったん放出されてしまえば、その後、偽であることがわかったとしても、それをフォローするユーザーがどれほどいるだろうか。また、真偽の判断を誰が行うのかという問題、その判断の客観性をどう証明するのかの議論はついてまわる。また、情報への監視を強化することは、「言論・表現の自由」に抵触する可能性を常に認識しなければならない。賛否がわかれる議論については異なる見解や主張があることを提示し、受け手がみずから判断する目安にすることがファクトチェックの意義といえる。最も重要なのは、不公正な情報を野放しにしないという意識が市民にもプラットフォーマーにも広がることだ。

2　メディア連携でジャーナリズムを守る

メディア側でも、組織の壁や国境を越えて連携し、ジャーナリズムの影響力を示す動きが近年、高まっている。

「史上最大のリーク」と呼ばれたパナマ文書問題は、各国のジャーナリストの連携により、各国の政治家や富裕層の資産隠しの実態をあぶりだした象徴的な事例だ。発端は、南ドイツ新聞に匿名の人物からもたらされたある膨大な内部文書だった。文書の内容は、パナマの法律事務所「モサック・フォンセカ」から流出した、一一五〇万件におよぶ電子データだった。各国の政府要人や企業家などの富裕層が、パナマ、英領バージン諸島、バハマといったタックスヘイブン（租税回避地）を利用し、税逃れやマネーロンダリングによる資産隠しを行っていた可能性を示すものだった。南ドイツ新聞はこれらの文書をＩＣＩＪ＝国際調査報道ジャーナリスト連合に持ち込み、ＩＣＩＪに加盟する世界各国のジャーナリストとともに調査、分析し、その結果を二〇一六年四月に一斉に公表した。日本からもＮＨＫ、朝日新聞、共同通信がこのプロジェクトに参加した。

パナマ文書の公開が与えた影響は大きい。ＩＣＩＪによると、タックスヘイブンを利用して資産隠しを行っていたことなどが発覚した要人のうち、アイスランドのグンロイグソン首相は文書の公開まもない二〇一六年四月に辞任、パキスタンのシャリフ首相も二〇一七年七月に辞任に追い込まれている。八二カ国以上で脱税などの容疑で刑事事件に発展したほか、各国でマネーロンダリングなどに関わる法律を厳格化する動きにつながったという。[16]また、パナマ文書によって不正が発覚し、政府が追加徴税した額は二二カ国で合わせて一二億ドルにのぼるという。ＩＣＩＪは、一連の報道が高く評価され、二〇一七年、優れた報道に贈られるピューリッツァー賞を受賞している。

パナマ文書を巡る報道は、社会にひそむ問題や矛盾が国境をまたぎ、グローバル化する中で、報道機関、ジャーナリズムが連携して隠された真相の解明や、課題をあぶり出す、新たな調査報道の可能性を示した。社会に深く潜む実相の全体像を暴くには、一人のジャーナリスト、一つの報道機関では手に負えないことが多い。このため、報道関係者が情報ソースを共有し、手分けをして情報収集を行い、いわゆる〝ウラ取り〟を行って真相を追求する。これは〝Collaborative Journalism〟＝「ジャーナリズム連携」という、メディア界の新たな潮流だ。ヨーロッパで各国のジャーナリストとタッグを組み、ＥＵの補助金の不透明性を追求するなど実績を積んできたジャーナリストの一人、ブリギット・アルフター氏は、近著の中で、「ジャーナリズムはいまやネットワーキングの時代に入った。連携と協力が日常的なメソッドになり、今の我々のモットーは〝一匹狼にさようなら〟だ」と述べている。[17]長年、誰よりも早く情報をキャッチし、他社を出し抜いてスクープする、いわゆる「競争」が前提とされてきたジャーナリズムにあって、ジャーナリストどうしがライバルとしてではなく、パートナーとして「連携」を進め権力の監視にあたる動きは画期的といえる。

3　集合知と市民参加によるジャーナリズムの新たな可能性

ジャーナリストや報道機関が、市民社会と連携してこれまでとは全く異なるアプローチで真相に迫る取り組みも近年、活発になっている。それが、オープンソース・インベスティゲーション(Open Source Investigation)といわれる手法だ。国際的な事件や事故の原因究明などにあたり、インターネット上に公開され、誰もがアクセスできる情報＝オープンソースを活用してジャーナリスト、研究者、市民が、持ちうる知識や情報を出し合って真実を追求する手法だ。ネット上の公開情報とは、例えばSNSに個人が投稿する画像や、衛星写真、気象情報、航空機や船舶の動きをトラッキングできる無料サイトなどが挙げられる。この手法の先駆者として有名なのが、イギリス人の元ブロガー、エリオット・ヒギンズ氏が立ち上げた「ベリングキャット」という民間の調査グループだ(図表7)。

彼らの存在を最初に知らしめたのが、二〇一四年七月一七日、ウクライナ東部上空で、オランダ・アムステルダムからマレーシア・クアラルンプールに向かっていた航空機がミサイルで撃墜された事件だった。乗員乗客二九八人全員が死亡したこの事件では、当時、ウクライナ東部で戦闘を繰り広げていた政府軍と親ロシアの武装勢力のうち、どちらが撃墜したのかが最大の焦点となった。欧米諸国を中心に親ロシア派武装勢力による撃墜との見方が広がった。しかし、武装勢力側も、その後ろ盾となっているロシア側も疑惑を強く否定し、逆に撃墜はウクライナ政府軍によるものだと主張して、双方の主張は真っ向から対立した。原因究明に向けてオランダなどが参加する国際捜査チームが立ち上がったが、その中で独自に調査を始めたのが「ベリングキャット」だった。ネット上に投稿された写真や動画などをグーグルマップやグーグルアースと突き合わせ、ミサイルの発射装置が撃墜の前後にウクライナ東部とロシアの基地の間を移動していたことを突き止めるなどした。ベリングキャットは

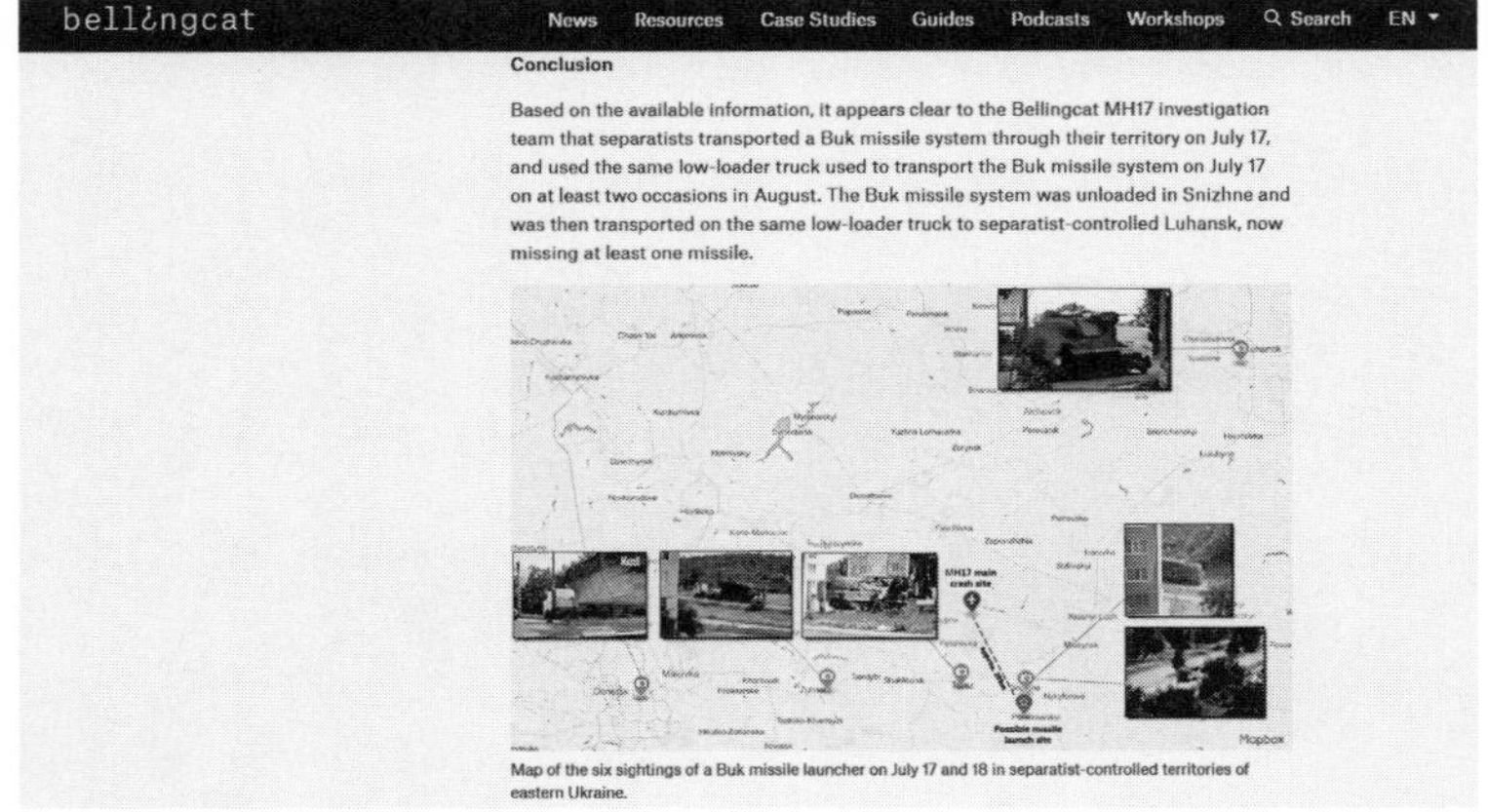

図表7　ベリングキャットはSNSに投稿された写真などから位置情報を地図上におとし，撃墜に使われたミサイルの動きを探った．(2014年の報告)

調査の開始からおよそ四カ月後、航空機を撃墜したのは親ロシア派武装勢力が放ったミサイルだと分析する報告を発表した[18]。国際捜査チームにも情報を提供しつづけたとしている。さらにベリングキャットは、二〇二〇年一月八日にイランの首都テヘランで一七六人を乗せたウクライナの民間航空機が離陸後、墜落した事件でも原因究明に乗りだす。イラン当局は当初、機体のトラブルが墜落の原因と主張したが、ニューヨークタイムズは、ネット上に公開された撃墜の瞬間を映したとみられる動画について、ベリングキャットとともに検証を始めた。動画が撮影された場所と撃墜の位置を割り出し、ウクライナ機の飛行ルートと照らし合わせてイラン側が誤射したものだと結論づけ、翌九日、記事を掲載。その二日後、イラン革命防衛隊は一転して、ミサイルによる誤射だったことを認め、謝罪した。

　これらの例は、情報筋や内部告発者からのリークや情報提供、記者による現場取材によって事実を突き止める従来のジャーナリズム手法だけでなく、デジタル空間に公開されている情報を詳細に分析する手法によって、事実を突き止める新たなアプローチの可能性を示している。ベリングキャット代表のヒギンズ氏は「われわれは、オンライン上で誰にも入手可能な情報を抽出することを行っているだけだが、それによって一国家の政府にも立ち向かうことができた。（中略）この力は革命的であり、真実がもつ力を示すものといえる。トランプ大統領時代の『ポスト真実』と言われる社会において今こそ共に行動する時ではないか」と述べている。[19] 市民社会の「集合知」をジャーナリズムに取り入れる動きが、今後、加速する可能性は高い。

６　結　語

これから五年、一〇年先の情報を取り巻く環境は、デジタル・トランスフォーメーションの加速によって、さらに大きく変貌しているに違いない。膨大な情報を預かるプラットフォーマーの影響力も、これまで圧倒的な優位にあったアメリカのＩＴ企業に加えて中国企業が参入することなどにより、一層、裾野を広げているはずだ。ＥＵが、インターネット上の情報の公正性を担保するため、プラットフォーマーに対する規制の必要性をいち早く掲げたのは、それが民主主義を守るために不可欠なプロセスだと切実に感じ取ったからだった。日本でも偽情報などに対する規制のあり方について議論が進められているが、このヨーロッパ各国共通のルール作りをめざすＥＵの取り組みは大きな参考になろう。

また、デジタル社会の進化にともなって、メディアの役割はますます厳しく問われることになる。格差の広がりから生まれる社会の分断を回避するためには、事実を掘り下げ、分析して比較し、俯瞰する情報の発信力が求められる。また、環境問題や感染症対策といった一国では解決できないグローバルな課題の克服にむけて、世論形成をはかる使命も重みを増している。

情報の受け手となる市民の連携も欠かせない。フェイクニュースやヘイトスピーチの増加を受け、学校教育の場でSNS上でやりとりされる情報の真偽の見極め方や拡散の影響とリスクなどについて教えるカリキュラムの重要性は世界的に指摘されており、日本でもプログラミングなどデジタル人材教育と併せて拡充をはかることがのぞまれる。

社会が大きく変わっても、正確で公正・公平な情報の価値とニーズは、変わることがない。多様な意見や価値観が共存して成長する社会の実現をめざすのであれば、なおさらだ。それゆえに、情報の発信元となりうるメディア、プラットフォーマー、そして市民のいずれもが、大きな責任を担っていることを忘れてはならない。

（1）「新聞の発行部数と世帯数の推移」日本新聞協会、〈https://www.pressnet.or.jp/data/circulation/circulation01.php〉二〇二〇年九月二〇日にアクセス。

（2）「情報通信白書」総務省、令和元年版、〈https://www.soumu.go.jp/johotsusintokei/whitepaper/ja/r01/html/nd232510.html〉。

（3）"Who uses social media", Social Media Fact Sheet, Pew Research Center, 2019,〈https://www.pewresearch.org/internet/fact-sheet/social-media/〉二〇二〇年九月二〇日にアクセス。

（4）　Nic Newman, "Executive Summary and Key Findings", Reuters Institute Digital News Report 2020.
（5）　Michael D Shear et al., "How Trump reshaped the Presidency over 11,000 tweets", *New York Times*, 二〇一九年一一月二日、〈https://www.nytimes.com/interactive/2019/11/02/us/politics/trump-twitter-presidency.html〉二〇二〇年九月二〇日にアクセス。
（6）　"Americans' trust in mass media edges down to 41%", Gallup, 二〇一九年九月二六日、〈https://news.gallup.com/poll/267047/americans-trust-mass-media-edges-down.aspx〉二〇二〇年九月二〇日にアクセス。
（7）　Carole Cadwalladr, "Facebook's role in BREXIT and the threat to democracy" TED Talk, 二〇一九年四月。
（8）　ジェイミー・バートレット『操られる民主主義――デジタル・テクノロジーはいかにして社会を破壊するか』秋山勝訳、草思社、二〇一八年、五一～六〇頁。
（9）　水島治郎『ポピュリズムとは何か――民主主義の敵か、改革の希望か』中公新書、二〇一六年、八～九、六八～六九頁。
（10）　"Communication on Tackling Online Disinformation: a European Approach", European Commission, 二〇一八年四月二六日。
（11）　"Study for the Assessment of the implementation of the Code of Practice on Disinformation", Final Report, European Commission, 二〇二〇年五月八日。
（12）　"Google Paying Publishers is more about the 'PR' than the needs of the media industry", Nieman Lab, 二〇二〇年六月二五日、〈https://www.niemanlab.org/2020/06/google-paying-publishers-is-more-about-pr-than-the-needs-of-the-news-industry/〉二〇二〇年九月二〇日にアクセス。
（13）　Duke University, Duke Reporters' Lab,〈https://reporterslab.org/fact-checking/〉二〇二〇年九月二〇日にアクセス。
（14）　"Fact-checking the French election: lessons from CrossCheck, a collaborative effort to combat misinformation", Google News Initiative, 〈https://www.blog.google/topics/journalism-news/fact-checking-french-election-

lessons-crosscheck-collaborative-effort-combat-misinformation/〉二〇二〇年九月二〇日にアクセス。

(15) Soroush Vosoughi, Deb Roy, and Sinan Aral, "The spread of true and false news online", *Science*, Vol.359, Issue 6380, 二〇一八年三月九日。

(16) "What happened after the Panama Papers", ICIJ,〈https://www.icij.org/investigations/panama-papers/what-happened-after-the-panama-papers/〉二〇二〇年九月二〇日にアクセス。

(17) Brigitte Alfter, *Cross-Border Collaborative Journalism: A Step-by-Step Guide*, Acknowledgements, Routledge, 2019.

(18) "Origin of the Separatists' Buk: A Bellingcat Investigation", Bellingcat, 二〇一四年一一月八日、〈https://www.bellingcat.com/news/uk-and-europe/2014/11/08/origin-of-the-separatists-buk-a-bellingcat-investigation/〉二〇二〇年九月二〇日にアクセス。

(19) Elliot Higgins, "Finding truth in a post-truth world.", TED x Amsterdam, 二〇一六年一一月一八日。

参考文献

・林香里『メディア不信——何が問われているのか』岩波新書、二〇一七年
・ヤン＝ヴェルナー・ミュラー『ポピュリズムとは何か』板橋拓己訳、岩波書店、二〇一七年
・福田直子『デジタル・ポピュリズム——操作される世論と民主主義』集英社新書、二〇一八年
・Mark Bevir (ed.), *Encyclopedia of Governance I &II*, University of California, Berkeley, 2006
・Marie Wachinger and Chritoph Abels, "Standing Firm in Times of Populism: Journalism between attitude and independence", Dahrendorf Forum, 17 July 2019

第6章

主権と人権(1)
――トランスナショナルな立憲主義構想に寄せて――

駒村圭吾

1　はじめに

トランスナショナリズムの進展は、良くも悪くも、従来の国家のあり方を動揺させている。それと連動して、実定国家法の最高規範である憲法もまた揺れ動いている。

本章は、憲法の基本概念である「主権」と「人権」をめぐり、その相互連関を描写しつつ、それらがどのような意味でトランスナショナルな時代の立憲主義構想においても指導原理であり続けるのか、その一端を示すものである。

2　人権と主権
——普遍的地平におけるそれらの連関について——

（1）人権の普遍性と実定性
——ドイツ連邦共和国基本法における「人間の尊厳」、「人権」、「基本権」——

「人権」という言葉は、意識的にせよ無意識的にせよ、多義的に用いられている。少なくとも、私を含む憲法研究者はそのような用法に慣れ親しんできた（はずである）。この術語の持つ多義性と階層性を見事に表現しているのは、ドイツ連邦共和国基本法である。同法第一条[(2)]は次のように定めている。

第一条　人間の尊厳、人権、基本権による拘束

第一項　**人間の尊厳**は不可侵である。これを尊重し、かつ、保護することは、すべての国家権力の義務である。

第二項　ドイツ国民は、それゆえに、世界におけるあらゆる人間共同体、平和および正義の基礎として、不可侵かつ不可譲の**人権**に対する信念を表明する。

第三項　以下の**基本権**は、直接に適用される法として、立法、執行権および司法を拘束する。

上記の第二項に「人権」の文言が見える。この項ひとつとっても極めて含蓄の深い構成を読み取ることができる。「人権」(Menschenrecht)は、「ドイツ国民」(Deutsche Volk)に対して、Mensch／Menschen≒Menschheit(人、人間、人類)の権利を、「世界におけるあらゆる人間共同体」を視野に入れて、これを不可侵視すべきことを要求する。ここに、MenschenとVolkの対比を背景に、「人権」を国民・国家を超えて人類全体に妥当すべき、一個の普遍的な政治理念とみる思想が現れていると言えよう。この普遍的政治理念は、まさに超国家的な視点に立つがゆえに、いわゆる人道的介入(humanitarian intervention)の正当化に援用され、反面、超国家的救済という名目での侵略の口実としても利用されてきた。いずれにしても、「人権」は、国民に対してその道徳的関心を広く普遍的な視野に立たせることを求める政治理念としてあるのであって、それ自体は国法による制度的手当てを伴わない(その限りでは実効性に乏しい)信念体系に過ぎない(上記第二項はまさに「人権に対する信念を表明する」と述べている〈傍点筆者、以下同じ〉)。

「人権」がこのような政治理念であるとすると、他の項の位置づけも直ちに明らかになろう。第一項は、「人権」という政治理念が依拠するその哲学的基礎を「人間の尊厳」(Würde des Menschen)に措いていることを定めたものである。そこには「人間の尊厳」を標榜したり信念する主体についての言及はなく、ただ直截に国家権力が従うべき客観的命題として記述されている。これに対して、第三項は、政治理念としての人権はそれだけでは実現しないことを示唆している。先にも触れたように、各主権国家の国法の中で制度化(実定化)されて初めて理念は現実になる。同項の言う「基本権」(Grundrecht)は、「人権」に由来するものの、それとは異なる位相に立つ概念として自らを差別化する術語である。

このように、ドイツ連邦共和国基本法第一条は、哲学⇓政治理念⇓実定法という順序のグラデーション[(3)]で「人権」の諸相を描き切っている。このことから分かるのは、ある意味で従前より自明のことがら、すなわち、「人権」なるものを国法上実定化し、国家主権の枠内にとどめたとしても、「人権」が〝哲学〟や〝理念〟である以上、また、そうである限り、主権の内部に幽閉しきることはできないということである。

(2) 日本国憲法におけるトランスナショナリズム
――「人類」、「国民」、「個人」、そして「政治道徳の法則」――

さて、日本国憲法はどうか。これも、ドイツと同様、きわめて示唆的な構成をとっている。第一三条前段は次のように定める。

第一三条　すべて国民は、個人として尊重される。

本条によれば、この国に存在する人間は、「国民」と「個人」のふたつのステータスを持っている。「国民」は、国民としてではなく、そしてまた人間としてでもなく、「個人」として「尊重される」と定められており、加えて、同法第二四条第二項において家族に関する法制度を形成する際の憲法的要請ないし指針が規定されているが、そこに盛り込まれているのは、（ドイツとも異なり）国民でも人間でもなく「個人」の尊厳である(4)。

日本国憲法が保障する憲法上の権利は、日本国籍を有する「日本国民」に閉じられている構成をとるけれども(第三章のタイトルは「国民の権利及び義務」である)、「尊重」と「尊厳」をもって接すべき対象は「個人」である(5)。「個人」を憲法構想のかなめに明確に定位させている点で日本国憲法は際立っているとも言えるだろう。

さて、そのような日本国憲法であるが、ある意味で「個人」と対極的な位相に立つ存在についても言及している。それは「人類」である。同法前文の第一段は次のように定める。

そもそも国政は、国民の厳粛な信託によるものであつて、その権威は国民に由来し、その権力は国民の代表者がこれを行使し、その福利は国民がこれを享受する。これは人類普遍の原理であり、この憲法は、かかる原理に基くものである。われらは、これに反する一切の憲法、法令及び詔勅を排除する。

人類的視点に立つことを、前文とは言え、はっきりと宣言した日本国憲法は、これに続けて、その第二段において、「諸国民の公正と信義」を信頼し、「国際社会において、名誉ある地位を占めたい」と決意し、「全世界の国民」が平和のうちに生存する権利を有することを確認し、そして、極めつけに、日本国憲法でありながら、前文の第三段において、他の諸国も従うべき「政治道徳の法則」について次のように説く。

いづれの国家も、自国のことのみに専念して他国を無視してはならないのであつて、政治道徳の法則は、普遍的なものであり、この法則に従ふことは、自国の主権を維持し、他国と対等関係に立たうとする各国の責務であると信ずる。

人類的視点に立った普遍的な「政治道徳の法則」が、主権国家も拒否できない責務を各国に課しているとしている点がここでは重要である。むしろ、各国が「自国の主権を維持し、他国と対等関係に立たうとする」ためには、一定の「政治道徳の法則」を責務として受容することが条件となると憲法は考えているとの含意すら見て取れる。自国のことだけに専念して他国を無視することは許されないという、第三段に言う「普遍的な」「政治道徳の法則」と、権威と権力の双方の源泉が国民に求められるとする「人類普遍の原理」[6]、これら二つの普遍原理がどのような関係にあるのか、その一端を論ずるのが本章の目的である。その視点から、条文の布置関係を見てみると、第三段が述べる主権国家の主権保持と対等性確保の条件は、まさにその主権が第一段の国民に帰属するという構成を前文は採用している。そして、そのような主権者国民が「自由の恵沢」をはじめとする原理を人類的視点から確保すると宣言しており、さらに重ねて、第九七条において「日本国民」に保障されている「基本的人権」は「人類の多年にわたる自由獲得の努力の成果」であると述べて、再び人類的視点に立つことを確認し、かかる回路を経て、「自由の恵沢」という普遍原理が、日本国憲法の保障する「基本的人権」のすべてに行き渡るというスタイルに出ている。このようにして、普遍原理が国法の最高法規を貫くという、極めて構築性の高い体系となっていることは、強調されてよいことである。
要するに、日本国憲法は、主権論と人権論の双方につき「普遍」という地平でそれらを媒介しようとしている。だとすれば、日本国憲法はそもそもトランスナショナルなものを内蔵していると言えよう。そして、このこともまた強調されてよいことである。

3　主権と国家的道義

(1)　国籍――主権国家という隔壁の浸潤

主権とは、統治のありかたについての最終的決定権である。国家はかかる主権をもって対内的にはその絶対性を、対外的にはその独立性を主張できる。国家は独立であるが、しかし、国家間の(つまり独立したものの間での)interaction を前提として世界は組み立てられている。実際、国際法が「主権平等」を原則としているのはそれを物語っている。

そして、人の主権国家への帰属を証するものは、言うまでもなく「国籍」である。そして、国籍保有者は、国家という隔壁によって保護されると同時にその中に閉じ込められることになる。

わが国の最高裁は、平成七年の定住外国人選挙権事件判決[(7)]において、「憲法の国民主権の原理における国民とは、日本国民すなわち我が国の国籍を有する者を意味することは明らかである」とし、憲法第一五条第一項(そして第九三条第二項)の公務員の選定罷免権は「国民主権の原理に基づ」く「終局的任命権」であるとおいて、日本国籍を持たない外国人に対し同権利の憲法的保障を否定した。もちろん、同判決は同時に、「憲法第三章の諸規定による基本的人権の保障は、権利の性質上日本国民のみをその対象としていると解されるものを除き、我が国に在留する外国人に対しても等しく及ぶ」とする、いわゆる性質説に立つことを明らかにしているが、上述のように問題となる権利が「国民主権の原理」に基づくものである場合には、まさに「権利の性質上日本国民のみをその対象と」するとされてしまうのである。

では、このことは公務員選定罷免権に特有の事情であるのだろうか。

この点、公務員選定罷免権と国民主権との関係について前記判例よりもやや立ち入った言及をした、平成一七年の東京都管理職選考事件判決(8)は、次のように言う。すなわち、「国民主権の原理に基づき、国及び普通地方公共団体による統治の在り方については日本国の統治者としての国民が最終的な責任を負うべきものである」から、「我が国以外の国家に帰属し、その国家との間でその国民としての権利義務を有する外国人が公権力行使等地方公務員に就任することは、本来我が国の法体系の想定するところではない」と。ここで注目すべきは、①国民主権原理が及ぶのは「統治の在り方」であること、②統治者たる国民が統治の在り方について「最終的な責任」を負うことと、「国民としての権利義務を有する」ことの間に一定の連関性が想定されていること、の二点である。

そうすると、最高裁が、かつて昭和五三年のマクリーン事件判決において、外国人に対して政治活動の自由を実質的に認めなかった理由も理解できる。同判決は、外国人の人権論について性質説に立つことを最高裁が最初に宣言したものであり、かかる視点から「政治活動の自由についても……その保障が及ぶものと解するのが、相当である」と判示された。しかし、「……」のところが重要であって、そこではしっかりと「わが国の政治的意思決定又はその実施に影響を及ぼす活動等外国人の地位にかんがみこれを認めることが相当でないと解されるものを除き」との条件が付された。政治的意思決定に影響を与えない政治活動など語義矛盾以外のなにものでもないだろう。にもかかわらず、最高裁がこのような条件をつけたのは、精神的自由権の領域においても、政治活動の自由については、「わが国の政治的意思決定」に関わる点を前面に出してどうにか国民主権原理に引き寄せて考えたいとする思惑が透けて見える。要するに、「統治の在り方」に少しでも関連しそうな権利については、国民主権原理、そして国籍の論理を及ぼそうということである。

(2) 「国家的道義」

かかる国民主権や国籍による隔壁の設定は、「統治の在り方」とは直接の関係がない社会保障の領域にも及ぶ。

例えば、わが国の戦争被害補償立法が挙げられるが、そこにおいても国籍要件を設けるのが通例であった。しかし、原爆医療法は趣を異にし、国籍要件規定を持たない[9]。この点に関し、最高裁は、昭和五三年の被爆者健康手帳交付申請事件判決（いわゆる孫振斗事件判決[10]）において、被爆による健康被害の特殊性と重大性に加えて、同法が単なる社会保障立法ではなく、「戦争遂行主体であった国家が自らの責任によりその救済をはかる」ものであり、「国家補償の趣旨」をも有するとして、その複合的性格に、同法が国籍要件を持たない理由を見出している。原爆医療法が外国人にも適用されるべく設計されている趣旨はこのように解釈されたのである。

それだけではない。本件で争点となったのは、原爆症治療の目的でわが国に不法入国した韓国籍を有する被爆者への同法の適用可能性であった。社会保障法を外国人に適用するにしても、本来ならば「社会連帯と相互扶助の理念」から、実務的には国内に適法な居住関係を保有することが原則であるから、本事案には適用はされないことになる。が、最高裁は、原爆医療法の国家補償法的性格を再度強調し、被爆者であればわが国に現在する理由のいかんを問わず、それが不法入国者であっても適用を認めるべきであるとした。そして、これに続いて、最高裁は、本章との関係で注目すべき以下のような言説を述べた。

……被上告人は、不法入国による刑の執行と退去強制手続のためにのみわが国に現在しているにすぎない者であるが、……被爆者である以上は、原爆医療法の適用外とすべきではない。このことは、被上告人が被爆当時は日本国籍を有し、戦後平和条約の発効によって自己の意思にかかわりなく日本国籍を喪失したものであるという事情をも勘案すれば、国家的道義のうえからも首肯されるところである。

最高裁がここに言う「国家的道義」とは何か。特別永住者(旧植民地出身者)としてカテゴライズされる人々に妥当し得るこの言説は、やや唐突の感があるものの、おそらく、原爆医療給付を受けている外国人に対して、典型的主権行使である強制退去処分がなされることを牽制するために付加されたものと思われる。その限りで、主権―国籍リンケージが画する境界を相対化する意味を本判旨は持つ。

では、かかる主権―国籍リンケージの相対化をもたらしたものは何か。そこで言及されているのは、国籍の与奪の歴史である。本判決が日本国に迫る「国家的道義」は、かつて旧植民地の人々を日本国の主権に帰属させたこととその帰属を一方的に剝奪したことからもたらされたものである。

重要なのは、この相対化が人権的配慮や個人の尊厳の保障ではなく、第一義的には、主権国家に帰属すること（かつて帰属したこと）の重み、つまり国籍とその与奪の重みであった点である。そうなると、主権論の相対化をもたらすものは、主権に組み込みながら国籍を無理やり奪ったために主権者性が残影のように揺いでしまった、という主権―国籍リンケージの内的不整合であって、その外部からもたらされるものではないと、実にすっきりと割り切れそうに思える。[11]しかし、そのような割り切りは早合点かもしれない。ここで、国籍の意味づけに関する国籍法違憲判決の判旨を思い起こしたい。同判決は、本事案について「慎重に」（厳格に？）審査すべき理由を次のように述べた。

> 日本国籍は、我が国の構成員としての資格であるとともに、我が国において基本的人権の保障、公的資格の付与、公的給付等を受ける上で意味を持つ重要な法的地位でもある。一方、父母の婚姻により嫡出子たる身分を取得するか否かということは、子にとっては自らの意思や努力によっては変えることのできない父母の身分行為に係る事柄である。したがって、このような事柄をもって日本国籍取得の要件に関して区別を生じさせることに合理的な理由があるか否かについては、慎重に検討することが必要である。

国籍法違憲判決によれば、国籍が重要なのは、国家構成員としての資格であるからだけでなく、基本的人権の保障を享受する法的ステータスであるからでもある。国籍そのものではなく、その上に載っている人権の重要性に着目しているのである。さらに、国籍法違憲判決の上記引用部分では、「自らの意思や努力によっては変えることのできない」条件をその本人に対する別異取り扱いの事由にすることは酷であるとの考え方がはっきり提示されている。昭和五三年の被爆者健康手帳交付申請事件判決は国籍法違憲判決に先立つ判決であったが、まさにこの点が既に共有されていたと言えよう。国籍の剝奪が「自己の意思にかかわりなく」行われたことを重視しているからである。個人の意思や努力を決め手にする発想は主権論からは出てこない。このように、原爆医療法についての最高裁判決が、主権論を相対化させた契機は、主権論内部での整合性のみによってもたらされたわけではない。そもそも、国籍は基本的人権との関連でこそその重要性を主張できること、また、国籍与奪を個人の意思や努力の視点から評価したことにかんがみれば、人権論的観点を加味して初めて相対化がもたらされると言えるのではないか。

わが国固有の、そして最も重大な、主権―国籍問題のひとつは間違いなく特別永住者等のいわゆる在日韓国・朝鮮人問題である。[12] 昭和五三年判決で表明された最高裁のシンパシーは、その後の在日韓国・朝鮮人関連訴訟では生かされていない。その昭和五三年判決も、法的責務ではなく「国家的道義」を語るにとどまる。しかし、既に見てきたように、昭和五三年判決が示唆したことがらは重要である。

第一に、主権という隔壁を超えて行き交う国家間の政治外交は、すくなくとも「道義」的責務を生み出す場合がある、ということがそこでは示された。至高の絶対性を帯びる隔壁であるはずの主権・国境・国籍は、法的責務にはるかに劣る道義的責務しか生み出さないのではなくて、むしろ、まさに至高的絶対性を標榜するがゆえに、主権はその隔壁を相対化させざるを得ない「国家的道義」を自らが生み出すことがあり得る、ということが含意されているように思われる。国家的道義なるものは、至高的絶対性を有する主権の外部から課されるものではない。まさに主権が至高かつ絶対的であるがゆえに自ら道義を生み出し、それを自己に負荷させることをもなし得るのだ。そして、かかる国家的道義の重大性ゆえに、昭和五三年判決がそうであったように、当該国家の司法部門(最高裁)は、かかる道義に裁判を通じて一定の法的評価ないし法的帰結をもたらすに至ったことも付け加えておきたい。

そして、第二に、これも既に言及したところであるが、主権—国籍リンケージの相対化がもたらされたのは、主権論の内的論理のみならず、人権論的視点(つまり主権論の外部からの入力)が果たしている役割も否定できない、という見立てを昭和五三年判決は与えてくれる。先に見たように、基本的人権の包括的濫觴としての国籍と、その与奪の過程に対するデュー・プロセス的要請に思いを致すことによって——つまり人権論的視点を導入することによって——道義は単なる道義にとどまらず、一定の法的帰結をもたらすものに転換され得るのである。

4　主権と人権の理論連関
――セイラ・ベンハビブのコスモポリタニズムを手掛かりに――

国民国家の閉鎖性と主権という隔壁の絶対性に挑戦してきた代表的政治哲学はコスモポリタニズムである。ここでは、コスモポリタニズムの主唱者で、かつ一貫して外国人や難民など、alien の権利を扱ってきた、アメリカの政治哲学者セイラ・ベンハビブの所説を採りあげたい[13]。

(1)　境界と民主的反復

コスモポリタニズムも多様であるが、通俗的には、国民国家を超えて「世界は一家、人類はみな兄弟」という規範に忠誠を誓う思想と見られがちである。確かに、ピーター・シンガーのように、主権の内在的な道徳的重要性を否定し、ウェストファリア体制へのノスタルジーを捨てて、単一の世界共同体への帰属を主張する立場もある[14]。だが、ベンハビブはそれとは異なり、国民国家を否定しない。彼女の哲学的プロジェクトは、道徳的な普遍主義と特殊主義、あるいは human rights と主権的自決を調停するもの(mediations)としてのコスモポリタニズムである[15]。

ベンハビブは、民主政には〝閉じること(closure)〟が必要であり、境界(borders)の画定が必要であることを認める。が、同時に、民主政は普遍的規範にもコミットしており、その観点からすると、境界は道徳的に正当化されなければならない[16]。正当化はいかなる道徳によってなされるか。ベンハビブは、カント以来の「普遍的歓待」(allgemeine Hospitalität)の伝統を引き継いで、それを「歓待を受ける権利」(right to universal hospitality)として定式化し、これによって境界の正当性を再吟味しようとする。[17]

この権利の内在的正当化の論証には立ち入らないまま、彼女の理路は、それ自体よりも上位の権力を持たない主権国家が、その任意のコミットメントを通じて、いかにこの道徳規範に拘束性・執行性を持たせることになるか、そのダイナミズムの解明に向かう。民主的国家は、特殊文化共同体としての国家のアイデンティティと普遍的な human rights をいかに調停するかというパラドクスを引き受けており、それは大戦後の国際人権法の発展によってより鮮明になってきた、とベンハビブは言う。彼女によれば、民主的国家は等しくこのパラドクスにあらかじめコミットしており、かかるパラドクスが生む緊張を正面から受け止めることこそが、民主的国家の正統性を支えることになる(the paradox of democratic legitimacy)[18]。このパラドクスは民主政に内在するものであり、簡単に解消できないし、解消する必要もない。むしろ、パラドクスとの持続的格闘が民主的な国民国家の可能性を開き、その正統性を調達する。

普遍的な human rights と閉じた国家的アイデンティティとの間の調停という主題の下に展開される上記の説明とは別に、上述の緊張の引き受けは、次の様な視点からも説明できるだろう。先にも触れたように、ベンハビブは、民主政には閉じることが必要であり、境界の画定が必要である、と述べている。しかし、閉じるにはメンバーの画定が必要になる。もっとも、民主的統治の主役である〝われわれ〟が誰なのかを〝われわれ〟で決めることはできない。つまり、民主政の原初的決定は民主的にはなし得ないことになる。要するに、「民主政は、それ自体のメンバーシップの画定を民主的には行えない」以上、ある意味で民主政は〝原罪〟を負っており、それを背負い続ける必要があるということになろうか。民主政は、それが民主的であり続けるためには、"We, the people" のフォーミュラにおける "We" を常に再編し続けるしかなく、そのアリーナは実定法制定の場に求められ、民主政の自治立法の動態がまさに、絶え間ない自己構成化のプロセスとなる(act of self-legislation = act of self-constitution)[19]。

さて、民主政が必要とする前述の「境界」には、territorial なものと、civic なものの二種があり、前者を画する領域主権(territorial sovereignty)の再編は容易ではないが、後者を支える人民主権(popular sovereignty)の方は、上述の自己言及的パラドクスを、他者にも開かれた公共空間での討議に委ねることによって、絶え間なく "We" の再編を繰り返すことができる、とベンハビブは主張する[20]。このようなパラドクスの受容とそれへの挑戦のダイナミクスを、デリダにならい、ベンハビブは「民主的反復」(democratic iterations)と呼び、コスモポリタニズムの調停戦略の中心に据えるのである[21]。

(2) 「内なる国境」の超克と「国民国家システム」の未来

結局、ベンハビブの所説は、国家主権を領域主権と人民主権に二元化する。歴史・記憶・文化などの道徳的紐帯で結合した(あるいは断裂をはらみつつもひとくくりにさせられている)ethnos あるいは nationhood に基礎を置く領域主権はともかく、人民主権の概念の方は、国内に現在する群衆としての populus を民主的反復を通じて demos に組み入れてゆくダイナミズムを通じて改変可能となる。ベンハビブは、領域主権の正統性基盤である ethnos ないし nationhood と人民主権の正統性基盤である demos を峻別し、前者を再編困難なものと措定する一方で、後者を可変的なものと見ているようである。Demosの組み直しが生み出す民主政のダイナミズムは、やがて「歓待を受ける権利」を国家に受容させる。つまり、主権国家は、alienに「権利を持つ権利」(アレント)をひとまず承認し、彼らをforeign co-citizenとして歓待しなければならなくなるはずだ、と。[22]

こうして、脱皮を繰り返す人民主権が漸次育みゆくコスモポリタン的統治と、領域主権という「隔壁」に庇護された国民国家とが共存することになるが、いくつかの留保を付しておく必要がある。

第一に、人民主権の自己再構成可能性についてであるが、民主的反復による公共討議の活性化が、漸次的であるにせよ、alienを招き入れる保証はどこにあるのか。人民主権の流動化に連動して領域主権の相対化も進み、後者が恣意的に管理してきた入口と出口の規制[23]も解消されると予想したとして、歓待=hospitalityの比喩にならい、新時代の国家が、旅館業法によって宿泊拒否を禁じられたホテルのようなものになると考えるのは、かなり楽天的である。「内なる国境」を越えるのはそう容易ではない。

ベンハビブも、そして彼女が依拠するデリダも、それぞれ自覚しているように、hospitalityの語源は、ラテン語のhospesを経由して、hostisに遡るが、このhostisは、host=guestとstranger=enemyの対立的な二義を包含した言葉である。[24]自宅にゲストを招くときに走る一瞬の緊張は、ゲストを「歓待すべき客」にも「追い返すべき敵」にもする。このように、hospitality/hostilityのダブルバインドを自覚するならば、「歓待」は、ホテルの比喩では表現し尽せない、深刻な道徳的判断を要求する営為となるだろう。それは、受苦への感受性や救命の倫理など、[25]仮に敵であっても、「内なる国境」を開放することを要求する義務的な契機を動員する必要がある。ベンハビブが歓待を「権利」と措いたことは、歓待にそのような義務的契機を帯びさせようとするものであるが、強力な妥当要求を与える以上、カントの伝統へ依拠するだけでなく、より内在的な正当化の論証が求められるだろう。

第二に、領域主権と人民主権、換言すれば、territorial な境界を画する主権と civic な境界を画するそれとの関係はいかなるものかが問題となる。両者を二分することは果たして妥当なのか。この問題は、「内なる国境」を開放したあかつきには、なお国民国家というシステムは残存できるのか、残存すべきなのか、というおなじみの論点にも関連してこよう。文化の多元的共存(multicultural)を、国民国家の多元的共存(multinational)を通じて確保しようとするウィル・キムリカは、ベンハビブのアプローチは国民国家を超越ないし解消する方向にあると批判し、彼自身は(多文化主義を含む)リベラリズムの実現・擁護に役立つように、国民国家を手なずける(taming)戦略に出ることを宣言する。[26]ベンハビブは、キムリカの批判に対して、やや明確性に欠けるものの、国民国家は存置すべきであると応じている。[27]存置しつつも、人民主権の反復的再構成によって、alien の疎外と citizen の自己疎外を救出しようとするのが彼女の戦略である。ベンハビブは、領域主権と人民主権の両概念に歴史的・規範的結合性を認めるものの、それがどのようなものかをはっきりと示していない。また、人民主権が受容し彫琢しようとする hospitality や human rights と、領域主権・国民国家とを対立するものと捉える記述も散見できるところである。[28]

しかし、前述のように、ベンハビブの主権構想は、領域主権の正統性基盤を ethnos ないし nationhood に措く一方、人民主権のそれは demos に求め、後者は民主的反復によって改変可能なものと見ている。Demos の反復的再構成とそれが生み出す民主政のダイナミズムは、「歓待を受ける権利」を国家に受容させるだけではなく、ethnos や nationhood にも質的変化を及ぼすだろう。それが「内なる国境」を解きほぐすに至ったとき、隔壁としての領域主権と国境(そして国籍)がどのような変貌を遂げるのか。いずれにしても、ベンハビブの所説はそのような未来に期待を持たせるものである。

(3)　主権と人権の理論連関

3(2)で見た被爆者健康手帳交付申請事件の昭和五三年判決は主権と人権の連関を示唆していた。また、上述のベンハビブの所説が、主権を民主的反復のダイナミズムによって再編しようとするとき、「歓待を受ける権利」という人権論を導きの糸としていた。このように、主権と人権には重要な一定の連関が存在しているように思われる。ここでは、両者の理論連関として二点挙げておきたい。

まず、主権の機能のひとつとして、通例、対外的独立性が挙げられる。各国は自国の対外的独立性を主権という隔壁によって堅持し、そのような主権国家が分散的に共存する国際秩序を、世界は長年にわたって模索してきた。国際政治学等で言われるところの勢力均衡(balance of power)、国連憲章第二条第一項に言う「主権平等」の原則などが、主権国家の分散共存秩序への指向性を示す代表例である。主権平等原則に立つ国民国家の多元的共存の秩序は、「個別国家の恣意と横暴を制御」し、「多元性を開く普遍的秩序形成への一つの歴史的企て」として理解し得る。[29] つまり、主権の重要な一機能である対外的独立性は、主権国家の分散均衡型共存という普遍的国際秩序を基礎づけるものであり、また、かかる普遍的価値を支えるだけではなく、まさにそれによって正当化される概念である。ベンハビブは、既に見たように、領域主権の基礎には ethnos や nationhood があるとするが、彼女のように主権を実体化・物語化して捉えるのが主権理解の唯一の方法ではなく、上述のように普遍的秩序への指向性すなわち勢力均衡という普遍的価値との関係でクールに理解するのもひとつの方法であろう。そう考えると、主権と人権は普遍的次元において(つまり国家の歴史や民族の物語といった文脈的次元のそれでない)正統性の源泉を求める点で共通していると言えるだろう。

次に、主権と人権は、機能的な類似物としても理解し得る。(30) 個人が権力の恣意から自己の自律を守るために人権を必要とするのと同じように、国家も他国の覇権から自らの自律・独立を守るために主権を必要とする。このような両概念の間には機能的類似性が認められるが、それだけにとどまらず、さらに一定の規範的相補性も見出すことができる。主権による国家の独立性の維持が人権にとって防護壁になるという理由で正当化される一方で、人権の保障が領域主権に実体的正当化根拠を提供する。また、人権論も個人の自己決定や権利行使の自律性を時として個人の〝主権的決定〟あるいは権利の〝主権的行使〟というようなかたちで主権のアナロジーを用いて説明することがある。以上のように、主権と人権は、規範的な正当化の次元を普遍主義の地平で共有するとともに、機能的類似性や規範的相補性が認められるものとして理解できる。

主権と人権が、正統性の規範的次元として普遍性の地平を共有していること、機能的類似性を有すること、規範的な結合性・相補性を有することに照らすと、ベンハビブの言う人民主権と領域主権も相補的関係に立つことが理解できる。国内における民主的反復による demos の再編過程が覇権国家の介入を受けずに自律・独立に展開できるためには、領域主権による主権国家の対外的独立性が確保されなければならない。他方、領域主権がその隔壁によって護ろうとするのは、人民主権の内的最高性の下で展開される民主的統治そのものである。しかも、領域主権がその自律的展開を護持しようとする民主政のダイナミズム（民主的反復を含む）は、demos のあり方を再編成するだけでなく、やがて領域主権が拠って立つ ethnos や nationhood の変質をもたらす可能性を帯びた企てなのである。

こうして、盤石に見える主権という隔壁も、その正統性基盤を提供する普遍的価値や普遍的秩序の観点から常に再吟味されることを余儀なくされるし、また一方で、民主的反復の自律的遂行のためにも、国民国家や主権国家を「閉じておく」ことには意味がある。主権の自律的自己編成を可能にするために、主権的隔壁によって覇権的介入を拒絶する企てをなお保持しておく必要があるわけである。しかし、ベンハビブも片足を突っ込んでいる、進歩的コスモポリタニズムが国家のエゴと覇権主義を根絶するために主権の超克を唱導することには、nation-building が不均衡に進行する国際社会では、逆に大国のエゴと覇権を小国に押し付けることを促す可能性があることを指摘しておきたい。大沼保昭によれば、二〇世紀は先進国にとって国民国家形成の時代であったが、二一世紀は途上国にとって国民国家形成の時代となる(31)。だとすれば、主権と人権の相補的結合を前提とした多元的な分散均衡型共存の国際秩序を維持しつつ、他方で、主権の自律的自己編成を試行してみる両面作戦に、あと一〇〇年はお付き合いしていくしかないのではないか。

5 「政治的なるもの」——ポール・カーンの所説を受けて

(1) 犠牲と至高性

主権と人権の間に機能的類似性と規範的相補性が見られるとしても、主権の名の下で人権との関係性を分断する悲劇が繰り返されてきたのも事実である。[32] これは機能的類似性や規範的相補性というハッピーな関係に回収し尽くされない何かが主権の本質に内在している可能性を示唆している。それは、摘出されるべき「不純物」かもしれないし、本質を構成する「結晶」かもしれない。コスモポリタニズムを含むリベラリズムが国民国家と普遍的人権の共存を目指して、主権と人権をその機能的・規範的結合関係に純化させようとする試みは、換言すれば、主権概念の基礎にある「政治的なるもの」を蒸留しようとする試みである。[33] 果たして、「政治的なるもの」を蒸留し尽せるのか。

この点、「政治的なるもの」の自律性(autonomy of the political)を説き、国民国家が死滅したとしても政治的なるものはなお残存し続けると断言するのが、アメリカの憲法学者ポール・カーンである。[34] カーンは、政治理論と「政治的なるもの」を区別し、前者の支配的理論であるリベラリズムは、理性/契約を鍵概念とするが、後者の「政治的なるもの」は、意味/犠牲の堆積物であるとする。[35] 意味探究的な存在である人間は、身体を通じて受肉化された経験にのみ至高の意味(the ultimate meaning)を見出すのであり、その至高性は犠牲(sacrifice)の実践と用意によって獲得される。[36] 彼がこの犠牲を重視するのは、ホッブス以来の国家論が、生存と安全に関心を偏向させてきた結果、人間が有する死へ

の志向性を見落としてきたからである、と言う。(37)

至高の意味が帰依すべき「絶対的なるもの」(the absolute)を提供してきた宗教を、世俗化された近代において継承・代替したものこそが「政治的なるもの」であり、かかる至高性や絶対性の近代における政治思想的表現が「主権」である、とカーンは説く。(38) 完結した意味体系(a complete system of meaning)としての「政治的なるもの」は、政治共同体がどのような形態をとるのか、政治理論が何を語るのか、から自律した体系として、人間の生の形式(a way of life)を支え続ける、とされる。(39)

カーンの所説はいわゆる「死の欲動」論(フロイト)を下敷きとし、死への志向性は自己の生きる(あるいは生きた)世界が「意味体系」として完結していることを熱望する衝動を随伴すると見ているように思われる。意味探究的な人間は、意味体系を(無理やり？・)完結させることで探究を終了させ、心おきなく死んでゆける世界を望んでいるということであろうか。いずれにしても、カーンの所説にはそのような空気が充満している。

(2)　最高次政治

カーンは、愛や犠牲を、親密圏に囲い込んで政治から隔絶するのではなく、それとはまったく逆に、政治一般を蒸留した先に、その核心として結晶化されるものと捉えている。論旨から極めて Judeo-Christian 的な匂いが立ち昇っているが、彼の蒸留の仕方が唯一のものでもあるまい。しかし、カーンの所説をしっかりと受け止め、それと対峙しなければならない時が来ないとも限らない。

本章で問題にしたかったのは、政治にも、ベンハビブの言う民主的反復で再構成可能な領域とそうでない領域、あるいは、普遍的正義に基づく法の支配が妥当する領域とそうでない領域、が存在するのかどうか、その臨界をいかに画定すべきか、である。ブルース・アッカーマンが通常政治(normal politics)と、高次立法ないし立憲政治(higher lawmaking, constitutional politics)を区別したのは夙に有名であるが[40]、そこでは、大衆動員的うねりとその渦中で制定された憲法改正と同じ意味を持ち得る立法(高次立法)が、最高裁による承認によって実質的意味の憲法革命として位置付けられることが説かれていた。アッカーマンが考えている「高次政治」をも超えた、より高次の、つまり最高次政治として観念され得る領域とは何か。この問いに対する一つの答えが、「例外状態」であり、それは主権があからさまに登場する瞬間であると言われてきた。

ベンハビブの民主的反復による普遍規範の内部化戦略も、主権と人権の内的結合論も、意味をなさなくなるような「例外状態」をもたらす「政治的なるもの」が、現実化するかどうかは措くとして、理論上想定すべきかどうかは検討に値する論点である。しかし、本章ではそれに立ち入る用意が筆者にはない。筆者が本章でカーンの所説を紹介したのは次のことがらを述べておくためである。近代において主権が継承した「政治的なるもの」の役割が、「例外状態」あるいはそれに等しい最高次政治の局面において期待されるのであれば、主権(人生の「至高の意味」と、「犠牲」に結晶化される「政治的なるもの」を語ってくれる絶対存在)が直接立ち現れるのは、そのような事態だけに限られるのではないか。カーンの所説――とりわけその禍々しい「政治的なるもの」概念――を受け入れるかどうかは先に述べたようにいったん措くとしても、少なくとも彼の主張する主権が、例外状態や最高次政治の瞬間にとどまらず、通常政治においても顔を出す必然性は必ずしもないだろう。主権論の奇妙なところは、至高絶対を標榜する論理が、言ってみればそれほど劇的ではない場面、もっと言えば、行政的ルーティーンのすみずみにまで口出しをしないと気が済まないかのような勢いで浸潤していく点である。通常政治で主権を常用することは、自分たちでしっかりと考えればいいことにも、いちいち至高の存在の降臨を期待し、統治の責任を神になすり付けるようなものである。

6 結語

主権国家群の分散均衡型共存という国際秩序を構想するに際して、主権と人権という憲法学における最も基底的な概念(信念と言い換えてもよい)がともにこの秩序を支えていることを、本章では示したつもりである。そして、本章で論究した両概念の機能的類似性や規範的相補性は、主権と人権が普遍的価値の次元を共有していることも示唆している。そうなると、上記の分散均衡型共存という国際秩序は、単に人類史が到達した歴史的産物にとどまるものではなく、一定の理念に支えられた普遍的秩序として構想できるかもしれない。主権と人権は国家立憲主義のみならず、(広義の)トランスナショナルな立憲主義を駆動する基本概念にもなり得るのである。

そのようなトランスナショナルなガバナンスの実験が、EUであることは言うまでもないことであろう。この点、本書序章で予見されているように、進歩的コスモポリタニズムは「世界市民」という実体の希薄な市民像しか持ち得ておらず、依然として、トランスナショナルな世界では統合された demos は出現していない。このような世界的な demos とそれに支えられた世界的民主政が樹立されることそのものが果たして好ましいのかどうかは現時点で判断はつかないが、主権と人権が一定の普遍秩序を標榜するものである以上、分散均衡を超えて、世界レベルでの統一された公共体の形成とトランスナショナルな立憲主義の構築に向かっていくのは、ある意味当然の成り行きであるとも言えよう。(広義の)トランスナショナル・ガバナンスが、その実験に着手し既に年月を経た現在、ヨーロッパが、ブレグジットをはじめとするさまざまな問題に直面しつつも、なおその到達目標をどうにか保持せんと呻吟している点は、かかる方向性が失われていないことを例証するものであろう。

ただし、そのような方向に出るとしても、これもまた本書序章が指摘しているように、トランスナショナルな公共体の新たな構築に関して、ふたつのアイデンティティの相克が見て取れる。ひとつは、民主政、人権、法の支配といった普遍的価値の体現を「EU欧州アイデンティティ」と見る立場であり、もうひとつが、共通の歴史的経験、民族的文明的伝統、キリスト教、そして明確な地理的境界を「ナショナリスト欧州アイデンティティ」の個性として強く抱懐する立場である。前者は、ヨーロッパそのものを脱して、普遍的秩序への参画と世界市民形成に向かう可能性をはらむが、後者は、世界をヨーロッパ対非ヨーロッパの図式で分断し、ブロック化の弊害を生み出す契機になり得よう。もちろん、その逆も否定できない。前者の場合、普遍的価値の優位がやがて普遍的価値の倨傲につながり、普遍的価値対非普遍的価値のブロック化を生むかもしれない。あるいは、後者の場合、ヨーロッパ的なるものが普遍的秩序の座を占めるようになり、世界の歴史的統合、宗教的統合という未来が訪れるのかもしれない。

いずれにしても、本章で示唆したように、主権と人権がトランスナショナルな立憲主義の構想においてもなお鍵概念であり続けるのだとしたら、両者の相互作用を通じた漸次的な主権の変容というものを見守る必要がある。その際、世界レベルあるいはトランスナショナルレベルで新しい概念を構想するとともに──あるいはそれ以上に、国内統治においてベンハビブが提唱する民主的反復による国内demosの再編成を達成していく必要があるだろう。主権の再編とそれに随伴する国際秩序の再編は、かかる国内的な試行錯誤にかかっている。

(1)　本章は、二〇一一年に公刊された辻村みよ子・長谷部恭男編『憲法理論の再創造』(日本評論社)に所収された駒村圭吾「日本国憲法と多元主義──主権と人権・再訪」(初出は『法律時報』二〇〇八年六月号)に加除修正の上、大幅に改稿したものである。

(2)　訳については、高橋和之編『新版　世界憲法集　第二版』岩波文庫、二〇一二年、一六九頁[石川健治訳出]に拠った(若干の字句の変更を行った)。

(3)　憲法の人権条項そのものは、政治理念と実定法が未分化に同居している状況にある。これを、解釈を通じて、法命題としてさらに記述し直すことが必要になってくる。その際、最終的には、裁判での黒白を決するところまでもっていくためには、国法たる憲法の条項を、「原理命題」⇒「権利命題(義務命題)」⇒「(事実との照合を可能にするための)命題の要件化」と重層的な包摂関係に解釈的に落とし込んでいく作業がさらに求められる。この点については、駒村圭吾「憲法上の権利条項の可能性」『自由と正義』第六七巻第六号、二〇一六年を参照されたい。

(4)　この点、筆者は、「個人の尊重」、「個人の尊厳」、「人間の尊厳」は、それぞれ異なる原理と考えている。「個人の『尊重』という価値評価は、『尊厳』と異なり、個人の意思や能力に対して向けられるもの」であり、「ある個人が、自己決定と自己責任の双方に意思的にコミットすることにより、精一杯果たそうとしている自己実現に対して払われるべき評価」である。対して、「個人の『尊厳』は、個人の意思的行為に対する評価とは独立に認められるものので、強いて言えば、人間存在に対する侵しがたい畏怖の念の対象である」。この点、日本国憲法に「人間の尊厳」なる文言が存在しないことも重要である。すなわち、「人間存在に内在する位格としての人間の尊厳は、個人の尊重、個人の尊厳で語る日本国憲法においては、人間存在を前提的に措定して演繹的に一般的法秩序を組み立てるのではなく、やはり個人の置かれた具体的状況の中に感得されるもの」でなければならない。以上、駒村圭吾「人格的自律権構想を振り返る」『公法研究』第七八号、二〇一六年、一九〜二〇頁。また、駒村圭吾「家族と憲法」『憲法研究』第四号、二〇一九年、一四八〜一四九頁、一四九頁注一四も参照。

(5) 言うまでもなく、かかる「個人の尊重」の要請が、日本国民を超えて、外国人や法人にどこまで及び得るかが直ちに問題となる。

(6) 国家の正統性と権力性の源泉が国民にあるという「人類普遍の原理」を語る場合、そのような国民が「代表」制の下で「行動」し、「自由の恵沢」を「確保」し、「戦争」をしないことを「決意」し、「主権」が自らに存することを「宣言」していることが重要である。正統性と権力性の源泉が国民にあることのみならず、代表制、平和主義、自由の保障、国民主権も同様に普遍原理性を帯びることを、前文は示唆している。なお、言うまでもないが、ここで言う普遍性とは、世界のどこの国も例外なくこのような原則に立脚する憲法を現に有しているということを意味するものではない。そうではなく、普遍的に標榜されるべき原理であるという意味において理解されなければならない。

(7) 最三小判平成七年二月二八日民集四九巻二号六三九頁。

(8) 最大判平成一七年一月二六日民集五九巻一号一二八頁。

(9) 「原子爆弾被爆者の医療等に関する法律」(昭和三二年法律第四一号)(通称「原爆医療法」)。これと並んで原爆二法と称される、原子爆弾被爆者に関する特別措置に関する法律(昭和四三年法律第五三号)も国籍条項を有さない。なお、両法は、平成六年一二月一六日に制定された「原子爆弾被爆者に対する援護に関する法律」(平成六年法律第一一七号)(通称「被爆者援護法」)によって廃止された。この法律にも明文上は国籍条項は存在しない。

(10) 最一小判昭和五三年三月三〇日民集三二巻二号四三五頁。なお、「国家的道義」については、ジョセフ・S・

ナイ（駒村圭吾監修、山中朝晶訳）『国家にモラルはあるか？──戦後アメリカ大統領の外交政策を採点する』早川書房、二〇二一年、ならびにその「解説」（駒村圭吾）も参照されたい。

（11）　最大判平成二〇年六月四日民集六二巻二号一三六七頁。

（12）　この論点についての筆者の見解は、駒村圭吾「特別永住者の法的地位と「帰属なき身分」のゆくえ」『法学教室』二〇〇七年四月号を参照されたい。

（13）　Seyla Benhabib, *Another Cosmopolitanism*, Oxford University Press, 2006.

（14）　Peter Singer, *One World*, Yale University Press, 2002, pp. 148, 198. シンガーの機能的な主権論によれば、領域内の人間を守る実力と意思をめぐる限界がそのまま主権の限界になる（id.at 148）。なお、管見に属する限り、国民国家を否定するコスモポリタニズムはむしろ少数派であり、本稿で述べるようにそれには理由があると思われる。

（15）　Benhabib, supra note 13, at 20, 159–160. コスモポリタニズムの起源のひとつは、ストア派のゼノンが、ポリス的ノモスの限界を超えて、ロゴスによって定められる世界法を標榜した、ギリシャの思想伝統に求められる。祖国を否定し、階級の世界性を説いたマルクス＝レーニンから、multitude のノマド的流動を説くネグリ＝ハートへと連なる〈帝国批判〉もこのようなコスモポリタニズムの系譜に属する。また、「システム」の世界化をもくろむグローバリズムもコスモポリタニズムの一種として語られる場合がある。革命的／破壊的な〈帝国批判〉に対しても、経済現象に照準するグローバリズムに対しても、コスモポリタンな規範の意義を軽視するものとして、ベンハビブは距離をおく（id.at 16–17）。

（16）　Id.at 19, 33.

（17）　Id.at 21–25.

（18）　Id.at 32–33. パラドクスや自己矛盾的なアポリアの探究を引き受け、循環的な再審議を内在させたことこそが、近代哲学の形式であるとして、哲学と民主政の構造的親和性を指摘したのは、ハーバーマスである。こうして、ベンハビブのコスモポリタニズム戦略は、「民主政のパラドクス」とハーバーマスの社会理論を経由して、アメリカ憲法学の一大争点のひとつである討議民主政論に接合する。ハーバーマスの哲学と民主政の構造的親和性について

は、簡略だが、駒村圭吾「討議民主政論の挑戦」『憲法問題』第一七号、二〇〇六年、一〇五～一〇六頁参照。

(19) Benhabib, supra note 13, at 33, 35.

(20) Id.at 35. 言うまでもないが、ベンハビブがここで用いる「領域主権」「人民主権」は、わが国で用いられているそれらとは趣を異にしている。

(21) Id.at 45, 47–51.

(22) Id.at 36.

(23) Id.at 65.

(24) Mark Dooley and Liam Kavanagh, *The Philosophy of Derrida*, McGill-Queen's University Press, 2007, pp. 110–111.; Benhabib, supra note 13, at 155–156.

(25) これらは、歓待の必要だけでなく、介入の必要も生じさせる。「救命」(rescue)は、人道的介入に否定的であったマイケル・ウォルツァーに転向を促した概念であるが、それについては、ウォルツァー(駒村圭吾・鈴木正彦・松元雅和訳)『戦争を論ずる——正戦のモラル・リアリティ』風行社、二〇〇八年、一〇三頁以下を参照。

(26) Will Kymlicka, Liberal Nationalism and Cosmopolitan Justice, in Benhabib, supra note 13, at 128–133.

(27) ベンハビブの応答はやや不鮮明であるが、人権の保障主体・配分主体として国民国家が残存することを指摘しているものの、グローバルな市場が無媒介に個人をネットワーク化することにより民主政を掘り崩す、〈新たな帝国的システム〉の出現に抵抗するための必要性を除いては、特に積極的な必要性を国民国家には認めていないように思われる。Benhabib, supra note 13, at 172, 175–177.

(28) Id.at 30, 47, 65. 歴史的・規範的な結合の示唆は、id.at 35 参照。

(29) 井上達夫『普遍の再生』岩波書店、二〇〇三年、一四五頁。

(30) 井上達夫編『岩波新・哲学講義7 自由・権力・ユートピア』岩波書店、一九九八年、六五頁。そこで述べられている幾何学的相似性や規範的双生児性とも重なるものであるが、さらに、井上が主張する、両者の内的結合関係については、井上・前掲注29、一五〇～一五一頁参照。

（31）植木俊哉・大沼保昭「国際法の主体と関与者」『法学セミナー』二〇〇八年四月号、九二頁。
（32）もちろん、逆に、人権の名の下に両者が分断される危険もある。主権と人権の相補論・内的結合論は、人権保障なき非民主国家には領域主権を主張する資格を剝奪してもよいという議論を導出する可能性がある。人権外交や人道的介入を適切に正当化することを超えて、専制的外交や覇権的介入の隠れ蓑に利用される恐れがないとは言えない。
（33）蒸留の果てに発見される「執政」の概念については、石川健治「統治のゼマンティク」『憲法問題』第一七号、二〇〇六年を参照。
（34）Paul W. Kahn, *Putting Liberalism in Its Place*, Princeton University Press, 2005, p. 313.
（35）Id.at 12, 24, 61.
（36）Id.at 24-27. カーンによれば、人間は、自己の自律性を尊貴と考えると同時に、自律が画する境界を突破しようとする志向性を持つ(id.at 44)。となると、国家が犠牲を要求するのは、そもそも人間がイサクのように自己を献祭したいという衝動を持つからだということになろう。
（37）Id.at 63-65.
（38）Id.at 151, 312-313.
（39）Id.at 64, 280. カーンは、現代アメリカにおけるシュミット・ルネッサンスの先導者とも言える(id.at 19)。神なき時代の人間は、神の代わりに「政治的なるもの」を回復すべきだというのが彼のメッセージであろう。カーンによれば、政治理論が無視してきた、絶対性の次元(dimension of the absolute)と犠牲の意味をアメリカ人に回復させたものこそ、９・11テロであった(id.at 26, 275)。
（40）Bruce Ackerman, *We the People: Volume 1 Foundation*, Belknap, 1991.

終章

権力と政治の変容、トランスナショナルな秩序の形成
——相互依存世界における国境を越えたガバナンス——

ミゲール・ポイアレス・マドゥーロ
原田徹 訳

1 はじめに

相互依存は常にガバナンスをもたらしてきた。政治が発生したのは、相互依存的な状況において、多様な人々の間での社会的な紛争を管理・調停するためでもあった[1]。この相互依存や政治の範囲は長らく国家の領域と一致してきた。しかし、国境を越えた相互依存はグローバリゼーションと科学技術の変化によってさらに拡張されつつある。地域的にも世界的にも相互依存が進展するにしたがって、国境を越えたガバナンスを求める声も高まっている。同時に、現在進行している国境を越えたガバナンスの諸形態については激しい論争がある。しかし、より肝心なのは、国境を越えたガバナンスの諸形態の特徴を把握し、評価すること自体がそもそも難しいということである。

トランスナショナルな影響はどこにでも見られる。国家は真空状態のなかに存在しているわけでは

ない。相互依存世界においては、気候変動への対応から経済成長に至るまで多くの共有財が存在する。ある国家の単独行動は、他の国々の福祉にも影響を及ぼすおそれがあり、実際に影響を及ぼすことも多い。この国家間での外部性とグローバルでトランスナショナルな共有財の存在ゆえに、国境を越えたガバナンスの必要性と正当化とがもたらされる。しかし、国境を越えたガバナンスが正当性を有するとしても、その国境を越えたガバナンスがとるべき形態についてわれわれには何もわからない。意思決定の権力や責任の所在をどこにするべきか。トランスナショナルなプロセスおよび組織へと移行されるべき意思決定の規模はどれくらいで、そうしたプロセスと組織はどのように設計されるべきか。これらのトランスナショナルなプロセスにおいて国家は最も主要なアクターのままであるべきか、そしてそれは可能なのか。どうやらわれわれは、国境を越えたガバナンスのための分析枠組みやそれに付随する選択肢を持ち合わせていないようだ。

この論文で私が探究するのは、国境を越えたガバナンスの必要性をもたらしている権力と政治の変容と、姿を現しつつあるトランスナショナルな秩序での立憲主義の役割である。出発点は国民国家によって形作られた立憲主義である。ある程度これは自明だと思われる。われわれは今でも圧倒的に国民国家から成る世界にいるのであり、国民国家は今後も世界秩序の構成単位のままであろう。ここにはいくらかの真理が含まれるが、それがすべてなわけではない。言ってみれば、国家は今や、国家自身による制御が効かないところで統治が行われるような世界秩序の一部にすぎない。国家や世界の統治のあり方に影響を及ぼすものとしては、国家間での条約、組織、官民職員のネットワーク、その他の相互連携の仕組みなどとならんで、公式・非公式を問わず官民のトランスナショナルな意思決定団体も存在する。国家の内部および国家相互間で実際に生じている多くのことを決定しているのは、政府でも政府職員のネットワークでさえもなく、それらによる制御を回避するような他の多くの意思決定形態なのである。そこにはトランスナショナルな市場での買主と売主をはじめ、数えきれないほど多数の相互関係が含まれている。

私は次の二つを理解するところから始めたい。一つは、国民国家の憲法と、国境を越えたガバナンスのメカニズムもしくはそこでの立憲主義とが、どのように相互作用するかである。もう一つは、このトランスナショナルな相互依存世界での国家の役割と立憲主義に関する「である」と「べき」、すなわち「現状」と「規範」の両方を理解・再考する手がかりがどのようなものかである。こうした立憲主義の問題を考えるにあたって、われわれは、ありがちだが致命的な分析上の落とし穴である、完全主義と単一制度主義を避ける必要がある。よくあるのは、現存する代替制度の正確な描写を並列的に示したうえで、いずれかの制度による解決の優位性を想定するというものである。提案・想定される代替制度は理想的形式であることが多く、ひいき目に見て、現在の制度形式を拒否するためだけに出された代替制度に比べてもかなり検証不足である。ニール・コメサル（Neil Komesar）が述べたように、あらゆる代替制度は不完全であるし、国境を越えたガバナンスという壮大かつ複雑な世界では代替制度の不完全さの度合いはさらに増す。それゆえ比較制度分析だけで十分であろう。(2)

国境を越えたガバナンスのプロセスは、国際レベルと同様に国家内でも権力の形式と場所を変容させる。国境を越えたガバナンスはまた、国家立憲主義を下支えする特徴と条件に挑みつつ、これに絡めて立憲主義そのものの再考をも迫る。われわれは、国境を越えたガバナンスが国家立憲主義に対して有する意義を考える必要があるし、今度は、トランスナショナルな立憲主義や、グローバルでさえある立憲主義の形式へと移行するのがよりよいことなのか、それが可能なのかを考える必要がある。そのためには立憲主義の諸理念に立ち返って、国境を越えた立憲主義を実現する多様な形式の可能性を論じなければならない。あらゆる代替制度の選択肢のなかでも、参加機会や代表に焦点を絞った比較制度的なアプローチこそが適切な枠組みである。なぜなら、この比較制度的アプローチは、包摂と参加強度とのバランスや個人の自律性と市民的連帯との実質的バランスという、憲法の核心部分にあるパラドクスや緊張を強調することに役立つからである。

ここで示される立憲主義の性質は、特定の立憲主義モデルの採用や推奨を論じるものでも、一律的な解決策を提示するものでもない。むしろ、まさしく一気に解決できてしまうような解決策がなぜ疑わしいのかということ自体を明らかにするのである。私は立憲主義の選択肢のレパートリーを特定し、立憲主義の基準をひととおり提供することになるが、そこには自明の解決策も簡単な解決策も存在しない。立憲主義の諸理念は、非常に多くのパラドクスや緊張を具体化するがゆえに、最終的な解決策は提示できず、様々な解決策を理解したり難しい制度選択を行ったりする際の背景的経緯を提示するにとどまるのである。

ここで提示される見解は、国家立憲主義を普及させることへの弁明でもないし、国家立憲主義を理想的に崇拝するものでもない。むしろ、相互依存世界における国家立憲主義と国家内での民主主義の不完全性こそが、国境を越えたガバナンスと立憲主義の必要性を生みだすのである。それでも依然として、この世界での代替的な意思決定制度のなかで、国家は顕著に不完全な制度のままである。このことは、立憲主義と民主主義の核心部分において複雑な均衡を保つうえで、国家が今でも多くの点で最善の制度であることを物語っている。しかしまた、それだけでは、国家が提供する参加と代表の範囲と、諸国民に影響が及ぶ多くの政策的課題のトランスナショナルな範囲との間で拡がる政治的ギャップから帰結する民主主義の緊張を解決するには不十分である。実際のところ、潜在する相互的外部性によっても、また、複層的な構造での参加を決定する諸条件によっても、一定の諸問題や共有財のためのガバナンス構造として、国家はもはや最善の構造ではない場合がある。そうであれば、相互依存的な世界において、民主主義の核心にある自己統治の理念の最善の追求のされ方を参照するのがよいだろう。おそらく、EUのような超国家的な政体がよい例で、それは国家というレジームを越えたガバナンスが発展可能となった実例を提供すると思われる。しかし、グローバルなレベルを含めても、国家(あるいは、おそらくEUのような他の政体)がこれらのガバナンス構造の中心にあり続け、またそうであるべきという事例が多数存在するはずである。多くの例では、政治参加とは、せいぜい不完全ながらも国家を通じて参加主体へと変換されることによって、グローバルか地域的な国際的構造での参加者になるというものである。しかしこれは、国境を越えたガバナンスと立憲主義が、それら自身にも妥当するような国家内部での参加の力学に盲目だということではない。逆に、グローバルな秩序において国家が支配的なままであろうとも、国境を越えたガバナンスと立憲主義もまた、国家内部でのガバナンスを変えていくはずである。非常に面白くかつ重要なのは、政治的、司法的、市場的なものを含む、トランスナショナルな意思決定過程とナショナルな意思決定過程との間の相互作用を明らかにすることであり、この相互作用がいかに立憲主義一般に影響を及ぼすのかを理解することである。

第2節では、グローバリゼーション、トランスナショナルな相互依存の高まり、国境を越えたガバナンスが、権力の形式と場所に及ぼす影響を描く。第3節では、そうしたプロセスが国家立憲主義にいかに異議を申し立てているのかを説明する。第4節では、国家立憲主義が成り行きで立憲主義を代表しているにすぎないことを論じる。換言すれば、国家立憲主義と立憲主義そのものとの間には必然的なつながりがあるわけではないということである。しかし、このように論じた後の第5節では、国家立憲主義が、有効に立憲主義を実現するもののうちで依然として最善であることを主張する。第6節は、国境を越えたガバナンスに関する様々な立憲主義的見解の分析に専念し、トランスナショナルな立憲主義への賛否両方を論じる。比較制度分析を用いて、私が単一立憲主義的な性質と呼ぶものに言及しつつ、第6節の様々なアプローチの限界を指摘する。第7節では、国境を越えた立憲主義の諸形式にとって、どうすれば国家立憲主義の広く普及した役割の承認が可能となるのかを議論する。この文脈で私は発見法的で規範的な分析枠組みとして立憲的多元主義の使用を推奨する。結語〔第8節〕では、国境を越えたガバナンスが必要とする、困難な制度的・憲法的選択をいかに引き受けるかについて、いくつかの結論を提示する。

2　相互依存と権力の場所

フランシスコ・ルビオ・ジョレンテ(Francisco Rubio Llorente)が再認識させてくれたように、憲法とは権力の「形式」である。(4) 憲法は、権力を配置し、権力の制御や馴致を試み、これらを通じて権力を正当化し理性的なものとする。この見方によれば、権力があるところであれば必ず憲法が存在すべきである、ということにはならない。しかし、この見方は、いかなる正当な権力行使であってもなんらかの憲法的権威に遡って照合されるべきことを要求するし、様々な憲法的権威の間での紛争はそれ自体が立憲主義によって規制されるべきことを要求する。

伝統的には、国家が究極的権威の保持者であり、伝統的な主権概念に詰め込まれる形で権力を独占してきた。国家以外の者が権力を行使しえたとしても、それは国家が委任、認可、許容した範囲に限ってのことであった。憲法と権力は同じ場所、すなわち国家において一致していた。

相互依存と国境を越えたガバナンスには、権力の場所と形式に変化があることが含意されている。この変化には、トランスナショナルな場所(グローバルにも地域的にも、公的なものでも民間のものでも)への権力の移転や、権力の行使を決定する仕組みの変化も含む。参加や代表もこれらの変化の影響を被る。このように変更された権威はいつも国家の憲法へと遡って正当化されるとはかぎらない。意思決定過程や参加の力学の変化が国家の憲法的秩序そのものを様変わりさせうるのである。

国境を越えたガバナンスを通じた権力の場所と形式の変化は様々な形態をとる。第一に、トランスナショナルな領域のさらなる司法化である。これは国際法での第三者的な紛争解決の増加、とりわけ人道法や人権分野での国際裁判所およびリージョナルな裁判所の増殖と、地域統合レジームでの裁判所の役割の向上において見られる。第二に、EU、NAFTA(北米自由貿易協定)、アンデス共同体、いくつかのアフリカ共同体、(メルコスールとして知られる)南米共同市場など、地域統合レジームにおける政策形成の超国家的統合の諸形式がある。それらは数として増えてはいるものの、それぞれが非常に異なった形態である。第三に、標準化のプロセスやそれに関わる技術的な国際諸団体・諸機関に付与される意思決定権限がある。第四に、国連安全保障理事会による制裁など、個人に関する事項で国際的団体に付与された権限から、Ｇ８、今ではＧ20のような非公式な調整団体にまで至る、国際法と国際的な政策形成の新たな形態がある。第五に、諸国家を横断し、民間アクターと公的アクター（国家の行政官や裁判官など）との間での政治的な結びつきを生みだすトランスナショナルなネットワークがあり、それは意思決定においてよりソフトな影響を与えるようになっている。[5]第六に、直接的には国際法廷へのアクセス権の付与、間接的には国家が発動する司法活動への影響力の強化を通じて、民間アクターが国際的な法的訴訟を決定・形成するというように、われわれは国際法の「民営化」をも目の当たりにしている。第七に、より開放的な市場と自由貿易が、国家間での規制競争を通じて、経済活動の規制策定における国際市場の役割を高めている。最後に、（技術的変化やそのほかの理由で）ガバナンス構造の本質的にトランスナショナルな性質によって、（たとえばスポーツでの）連盟、（たとえばデジタル領域の多方面での）企業など、以前からトランスナショナルな民間諸団体の手へと規制が委ねられてきた生活領域が経済的にも社会的にも存在している。

これらの例から、国境を越えたガバナンスとは、集権化された意思決定形式をはるかに越えた、広大で多様な制度的取極めに関わるものであることが明らかになる。そこには、権力の使用を、国家やその憲法に照らして正当化したり（多くの場合）制御したりすることがもはやできない、トランスナショナルなレベルでの社会的意思決定形式が含まれる。これには、安全保障理事会が刑事的制裁を個人に科したり、公共領域を支配するデジタル・プラットフォームがスピーチを規制したりする場合があてはまる。それはまた、トランスナショナルな裁判所が、ナショナルな範囲内で行使可能な諸権利の内容を定義する場合や、ナショナルな民主主義では一定の生活領域の有効かつ自律的な取り締まりがもはやできない場合にもあてはまる。以上のすべての例で、立憲主義の意義に深刻な諸問題が生じる。これに対応するためには、われわれは、権力の新たな形式と場所、それらが立憲主義に及ぼす影響を特定することから始める必要がある。

諸規則、公式な紛争解決、そして政治的熟議が、国境を越えたガバナンスの最も直接的な形式ではあるが、権力が移行するプロセスはもっと幅広い。実際、国家の政府的諸機能のいくらかを引き受けてきたトランスナショナルなレベルでの意思決定でも、公式化が弱く原子的に微小な形式のものさえ存在する。これらの(たとえば市場などの)プロセスに、社会的決定を生み出す代表と参加のメカニズムが組み込まれる際には、そのメカニズムを立憲主義的な分析対象とすることが求められてきた(6)。以下の事例で、私は、国境を越えたガバナンスのプロセスがひきおこした権力の場所と形式の変化のいくつかに着目する。また、姿を現しつつある代替制度のすべてが、国境を越えたガバナンスを提供しつつも、伝統的な諸制度と同様に、どれくらい機能不全のリスクを抱えているのかについても強調する。違いがあるのは制度的な機能不全のパターンと性質だけである。このことは、理想的な代替制度を中心に置くような国境を越えたガバナンスの理論を採用するというのではなく、その代わりに、不完全な代替制度のなかから絶えず選択していくために必要な基準に焦点を絞るべきであるという、最初の警告なのである。

(1) 国際機構と自律性

通常、国際機構とは、国家間で実行可能な協力のために必要な枠組みを提供しつつ、国家間の情報費用と取引費用を削減する装置であると考えられてきた。伝統的には、国際機構が自律的な意思決定権力を持つことや、国内の政策形成に影響を及ぼすことは期待されていなかった。しかし、この古典的な国際機構の概念はますます時代遅れのものとなっている。いくつかの地域統合の事例では、国際的・地域的協力のための単なる条件整備以上のことまで行う超国家的主体を形成することがある。これは、WTO(世界貿易機関)やILO(国際労働機関)のような国際機構にも部分的にあてはまる。いったんそうした国際機構が、たとえ拘束力がないものだとしても基準設定や紛争解決の権威を獲得すると、それらの国際機構は、社会的アクターからは影響力を行使するだけの一定の独立した権力を有するものとして受けとめられる。この社会的アクターは、国際機構の意思決定に影響を及ぼすことで自分たちのねらいを追求しようとするだろう。その結果、国際機構は、それらを創設した最初の主人(諸国家)の意図からは逸れた、あるいは、少なくとも利害関係を同じくする国家同士の集まりから単純に生じるはずのものとは異なる、政治的・社会的結果をもたらす。国際機構の意思決定が有力な社会的アクターを利するものであれば、有力な社会的アクターはその国際機構の権限を強化するように働きかけるであろう。この権限付与のサイクルこそが、グローバルな政治領域の一部としての国際機構の役割を促進し強化してきたのである。このプロセスにおいて、伝統的な国家の政治過程を通じた権力とコントロールは低減していく。

国際機構の意思決定に影響を及ぼす社会的アクターは、国内政治過程での参加主体とは異なるかもしれない。それらが同一のアクターであるとしても、国際機構での影響力の強さは、そこでの参加の力学は多様であるため、国内政治過程の場合とは異なるかもしれない。権限が剝奪されるアクター・諸利益もあれば、逆に権限付与されるものもある。こうした変化は立憲主義的にも社会的にも意味を持つ。各国の憲法で枠付けられ、国家の政治過程がもたらしてきたような、代表と参加との間での立憲主義的なバランスは様変わりする。同時に、新たな意思決定の中心が、伝統的に国家での民主主義の基準に準拠してきたガバナンスの一定の諸機能を担う。これは民主主義の赤字という主張をひき起こす。[7] こうした参加の力学の様変わりゆえに、社会的アクターのなかには国際貿易やグローバリゼーションに対して懐疑的なものもある。これらの変化によって民主主義は害されるのか、促進されるのか。そのいずれかであるとして、それはどの程度なのか。この民主主義への影響を見極めるためには、様々な意思決定過程で、参加と代表のそれぞれが実際に機能する際のトレード・オフについて理解する必要がある。

(2) 市場への権力の移転

国際貿易から生じる規制競争は、経済的領域への国家の政治的コントロールを弱める。貿易の自由化は、様々な政体が生み出す製品やサービスの間での競争をもたらし、今度は、それらの製品やサービスが準拠する規制の枠組みの間での競争へとつながる。ナショナルな政治過程は、自国の製品とサービスがグローバルな市場で競争力を有する必要性を考慮に入れなければならないだろう。[8] その結果、権力は政治過程からグローバル市場へと移行する。競合する規制政策の間で選択を行うのは「市場」なのである。この場合でもやはり、市場における代表と参加という「立憲主義の質」を評価し、そうした諸変化の意義を評価するのが決定的に重要となる。市場は競争へと仕向ける強い力を宿している。しかし、市場も、政治過程での参加力学の不足に相当するような、市場それ自体の機能不全を抱えている。拡散的な影響力しか持たない利害関係は、政治過程で問題を抱える場合と同様に、市場でも代表をなかなか見出しづらい。こうした市場での参加不足は、環境面での脱規制などの社会的問題を引き起こす。一般的に、情報の非対称性は、市場での結果と政治過程での結果の両方(さらには、司法での結果も)を歪めるおそれがある。この情報の非対称性は、参加の力学に影響を及ぼしもするし、逆にそれから影響を受けもする。市場の失敗が、グローバル、地域、あるいは国家による政治的対応をどの程度正当化するのかを理解するためには、いつものことだが、関連する市場の作動様式と、市場の制御のために活用される政治的・司法的な意思決定過程の作動様式とを理解する必要がある。[9]

(3)　トランスナショナルな規制の技術的形式

国際貿易に関する規制を、市場に委ねるのではなく、国際的技術団体の設定基準に従うとする場合にも、権力の変化や個別の参加力学での変化と似たような変化が生じる。市場もこれらの技術団体もともに固有の意思決定過程を有しているため、ナショナルな民主主義での伝統的な政治過程の場合とは違った結果がもたらされる傾向がある。国際的技術団体は、共同体の基本的事項や参加・代表の力学の基本に関わる事柄を決めているが、それらは国家の政治過程によるものとは異なる。技術的に様々な立場へと変換されうる多様な観点が存在する限り、いつものことながら、技術官僚らの意思決定でさえもが、すべての政治的意思決定を特徴付けるボトムアップな参加の力学で決定されるようになるだろう。専門性は、参加における非対称性、つまり制度的な機能不全に対して盾とはならない。その結果は、情報の利用可能性や技術官僚の動機・独立性によって変わってくる。

(4) 相互依存が国内での代表・参加パターンに及ぼす影響

トランスナショナルなレベルでの通例の伝統的参加主体はこれからも国民国家であろうし、その国民国家の立場は、今後も国内政治過程での参加力学によって規定されるというのは、わかりやすいだろう。しかし、ナショナルな意思決定が、国内の諸政策を決めるものから変質して、グローバルないしトランスナショナルな意思決定過程への参加結果としての諸政策を追認するものになっているという単純な事実によって、ナショナルな政治的・司法的な代表の力学は様変わりする。国家が単一の同質的な国益を有するわけでなく、国内政策形成の諸領域に様々な参加の仕組みや参加形式があることを受けとめれば、ますます多くの政策が対外通商政策に「独占」されてしまう結果の一つとして、国内政策形成での参加者らが変化する。この変化は、公的な意思決定者の役割の変化という形で現れることもある。たとえば、議会を犠牲にした執行部門への権限付与や、社会的目的を定義するにあたり、国民国家の政治過程での審議に異議を申し立てるために、一部の国内アクターが新たな活動領域を創出することがある。様々な社会的アクターは、自分たちが好まない国内政治の特定の結果に異議を申し立てるために、出現しつつあるトランスナショナルな意思決定過程を用いることができる。このことは、国内で既に民主的に達成された政策が再検討のためにむしかえされたり、一部の市民に対して所属する政治的共同体の決定事項から退出する選択肢を与えることにつながるかもしれない。

以上の変化の道筋のすべてが、代表と参加のバランスを揺るがし変化させる。国内での代表と参加のパターンの様変わりは、国家立憲主義を前提に成り立ってきた諸現実を変え、いくつかの社会的集団、特にこの様変わりで自らの権限が剝奪されたと感じている者たちが抱く変化のプロセスへの懐疑心を説明する。それゆえ、立憲主義的な正当性は、その範囲が国家と一致するように制度化された政治的配置だけからもたらされるべきか、あるいは、トランスナショナルな意思決定という現実との関わりで、変化した参加の力学によって改訂されるべきかという問題が生じる。より一般化して問えば、もし国家が国境を越えたガバナンスを立憲主義的にコントロールできない場合、どうすればよいのかという問題である。

3　国家立憲主義に対する挑戦

伝統的な立憲主義の理論に従えば、国家の民主的な憲法は、法の支配のもとに、それぞれの政治的共同体にとっての民主的で自律的な政府を保証する。この保証は三つの特徴を根拠としている。(1)意思決定の究極的な権威の設立、(2)自律的政府を保証するために必要な政治的閉鎖の提供、(3)関係するすべての利害関係者間での適切なバランスの提供[10]、である。これらの特徴のすべてが、相互依存の高まりや国境を越えたガバナンスの意思決定過程から影響を受ける。

国家の憲法は、社会の政治的・法的組織における究極的な権力の源泉であり、主権の最高位の表現形式である。政治的権威は人民に根拠を有するものであり、憲法を通じて、「人民」が自分たちを組織し、権力を行使する。国際法優位論に沿った国際法の一元論のもとで、国際的規則による権威が主張されたとしても、国家の立憲主義的な主権の根本的諸要素を脅かすことはない。なぜなら、国家の憲法の最高性は、「パクタ・スント・セルヴァンダ」原則[11]〔ラテン語起源の「合意は拘束する」を意味する国際法分野や契約法分野での成句〕に基づき、国家による過去の自己拘束的な誓約に照らして伝統的に正統化されているからである。この見方では、共有化された国家主権やさらに制約された国家主権といった国際的に見られる事例をもってしても、国家主権に対して本当の意味での脅威とはならない。なぜなら、こうした国際的な主権は諸国家から委任されるものであって、今後もそうであろうからである。国際的な主権は委任事項を厳密とすることにより制限されなければならない。しかし、これまで見てきたように、国境を越えたガバナンスの地域的ないしグローバルな新たな諸形式は、国家から独立した政治的・規範的権威をますます声高に主張するようになっている。なかには、EUのように、超国家的権力が立憲主義的な至高性による有効な裏付けをもつものさえある。[12]ガバナンスのトランスナショナルな形式が、国民国家から独立した政治的・規範的な権威を行使するとき、それは伝統的な主権概念への脅威となる。こうしたトランスナショナルな権威の主張が国家の憲法の内容にまで及んでくる場合、この現象を適切に表す方法としては、競合する諸主権という概念の擁護しかない。[13]立憲的多元主義の枠組みへと向かう流れは、こうした変化を正当化する方法の一つである。[14]しかし、異なる権威や主権の間での対立を処理するための規範的枠組みには、比較制度分析によって得られる情報、特に意思決定が国境を越えて生じる場合も含めて、立憲主義の要求事項に最もきめこまやかに応えうる意思決定構造の情報が反映されていなければならない。立憲主義的権威に関する多様な主張同士の競争において、各々の主張と、その各主張を支える制度とを比較する枠組みが必要とされ、これを提供できるのは比較制度分析と参加を中心とするアプローチだけしかないのである。

国家立憲主義に影響する第二の特徴は、政治的閉鎖と自律的政府との結びつきである。民主主義は、ある特定の政治的共同体による自律的政府を可能とするために閉鎖を必要とする。[15]閉鎖が必要なのは、その政治的共同体での民主的審議がそこでの有効な政策へと変換されることを保証するためでもある。この閉鎖性に対してグローバリゼーションがいかに脅威となるのかについての説明はよく知られている。[16]国家が国内の諸政策を自律的に決定する能力は、国際機構や他国との競争、他国の政策の越境的効果によって生じる外的制約から、ますます影響を受けるようになっている。上記のように、相互依存が増すほど国家間での相互的外部性も増す。この外部性自体によっても、外部性を規制するために設立された国際機構によっても、国家の政策的自律性を保護している閉鎖状況は制約を受ける。この政策的自律性の問題が参加との関連で二つ出てくる。一つめは、国家の政治的共同体が、国際機構の決定事項のなかに「部外者」の「侵入」(あるいは包摂)を感知することである。二つめは、政策的自律性が小さくなることで、政体の各市民の声の相対的な力が変わり、一般的には、国家の憲法で定義された参加の力学を様変わりさせてしまうことである。参加者が増えるほど、それは国家内の諸アクターの影響力を希薄化するものとして理解される。他国の決定の影響からもたらされる外部性は、民主的コントロールの喪失として受けとめられる。その原因の一端は、政治的共同体内部での重要事項への参加が減ってきていることにもある。他国からもたらされる外部性は、自らの参加を欠いている他の政治的共同体への服従として受けとめられもする。国際機構やその他の調整メカニズムが設立され、たとえそこでの発言権が与えられたとしても、その発言とは参加の質や強度が損なわれたものでしかない。相互的外部性の調整のために大規模な討論の場が必要とされるかもしれないが、他方で、政策の解決策や意思決定過程が複雑性を増すとともにそれらの数が莫大となること自体が、集中的な少数者を有利とする形で、多数者の権力を低減させるおそれがある。

第三の特徴は、代表性のバランスである。これも、これまでのものとは少し違った形ではあるが、参加に関連している。国家の憲法によって守られた政治的共同体の民主的自律性について語るとき、われわれは、政治的共同体のメンバーたち自身によってその政治的共同体での参加と代表のバランスを定義できるという類の自律性を想起している。これは、憲法が、諸制度のなかに、政治的共同体の多様なメンバーの代表と参加のメカニズムを構造化したものと同様のものである。しかし、先に指摘したように、相互依存は様々な集団の参加に影響を及ぼしており、この影響によって、ある者が犠牲とされながら別の者には権限が付与されるかもしれない。共同体の内部の者たちの犠牲のもとに部外者が権限を得るというだけでなく、内部の者たち同士での権力のバランスをも変えうるのである。さらには、複数の政治的共同体同士の間で、各共同体の意思決定過程への参加を相互に要求するという事態も招いている。

国家の憲法においてこれまで見てきた三つの柱に対して相互依存が突きつける課題は、立憲主義そのものへの課題として立ち現れてくる。国家立憲主義とは、たんに国民国家による立憲主義の表現であるだけでなく、立憲主義というもののある意味で支配的な概念を具体化するものでもある。それは、国民国家の政治的共同体が提供する境界や諸条件を手がかりとしながら、立憲主義というものを同定する。すると、国家立憲主義に対する課題とは、立憲主義自体の融解として以外に理解しようがないことになる。立憲主義は、国家立憲主義に対する課題を乗りこえて持続できるのだろうか。私は次節でそれが可能であることを論じる。その理由は、立憲主義が現時点では国家の憲法がなくても生き残ることができるからというわけではない。立憲主義と国家の憲法とは区別が可能だからである。立憲主義は国民国家を越えて存在できるものだが、今のところは、国家の憲法なしでは持続できない。以下では、国家立憲主義に依拠し続けながら国境を越えた立憲主義を主張する立場について述べていく(17)。

4　立憲主義の状況的代表としての国家立憲主義

立憲主義には三つの基本的なジレンマがある。政体の定義、少数者の脅威と多数者の脅威とのバランス(18)、意思決定者の決定である。これら三つのジレンマを解決することによって立憲主義の核心を定義づけることができるものの、そのそれぞれが根本的なパラドクスを惹起する。これらのすべてについて、国家立憲主義は、立憲主義を促進するものとしても制約するものとしても、その両方で理解されている。

政体とは憲法の最も基本的な境界である。立憲主義についての諸問題は、既存の政体、通常は国民国家の枠内で対処されるというのがこれまでの常であった。政体内での個人同士の関係や、政体と個人との関係は、憲法によって規制される。代わって、政体同士の間の関係は、別の一連のアクター（諸国家）に関することであり、別の諸規則（国際法）によって定義されてきた。ある国家の憲法は、構成員がその憲法に拘束されている政体や政治的共同体を定義づけるし、このこと自体を前提としている。民主主義的なプロセスの正当性の源泉は、この政治的共同体とその人民なのである。

立憲主義理論および民主主義理論の学者らは、政体の基礎として「人民」に言及するのが普通だし、共通して既存の「一つの人民」の存在を前提とする。しかしこれらの想定は重要な問題を未回答のままで放置している。一つの人民をつくるのは何か。人民の一部として考えてもらう権利を有するのは誰か。憲法化された意思決定過程での参加や代表は、なぜ、その政体への所属という要件によって制限されるべきなのか。

これは立憲主義および民主主義との関係で、政体という概念が抱えるパラドクスである。国民国家のデモスは、本質的に民主主義と立憲主義を制限する。国家内における民主主義での参加とは、国家内の政治過程での諸決定の影響を受けるすべての人びとに与えられるのではなく、影響を受ける人びとのうち、国家の政体の市民として考えられている人びとに限定して与えられている。国家レベルでの民主主義は、国家という政体によって定義される際には、包摂という本質的な問題を抱えるのである(19)。

この包摂の問題は、他者にも影響が及ぶ決定を行う際にその他者のことを単に配慮しさえすれば解決されるというものではない。国家という政体は、その政治的契約を受け入れて実際にその諸政策の影響を受ける多くの者を、なんらかの民族的、文化的、歴史的な意味で理解されるデモスの一部ではないという理由だけで、排除する傾向がある。このようなわけで、国家という政体は民主的な立憲主義の基本的な道具ではあるものの、元来の性質として完全な代表や参加を制限するのである。

政体を定義するのと同様に、少数者の脅威と多数者の脅威との間でバランスをとることは、立憲主義に固有の緊張を生みだす。主要な立憲主義の議論や教義はすべて、(少数者が多数者を支配する事態の防止を確保するような)権力の民主的行使を促すべく憲法によって創設された対抗的諸勢力の複雑なシステムに直面しなければならないが、同時に、(多数者による少数者に対する権力濫用の防止を確保するために)その権力を制限する。こうして、憲法は多数者が支配できるようなメカニズムを設立するが、同時に、少数者を保護するための諸権利と諸手続も作り出す。権力分立、基本的諸権利、代議制議会は、すべて多数者に対する少数者による恐れの表現である[20]。伝統的に、多数者は政治過程を通じた多数派による意思決定と結びつけられてきたのに対して、少数者の保護は個人の諸権利と結びつけられてきた。法律に対する司法審査機能は、これまでは少数者保護の実質的概念もしくは手続的概念に基づいて議論されることが多かった[21]。

この古典的な憲法観に対しては、新たな意思決定の場の増殖や新制度論的分析がもたらした知見によって異議が唱えられてきた。一般的に、少数者の脅威と多数者の脅威との間で立憲主義的なバランスをとろうとすると、制度の作動と制度の選択に関する重大な問題に直面する[22]。まず、政治過程の機能の仕方に関する評価を必要とする。二つの基本的脅威は、政治的機能不全に関する二つの伝統的概念である、多数者バイアスと少数者バイアスをたどるものである。この政治的機能不全のどちらのタイプもともに、参加の力学の評価を根拠としている。参加の力学のバリエーションは、少数者の脅威か多数者の脅威かいずれが該当するかについての諸条件を明らかにする、政治の二権力モデルを形成する。

政治学の利益集団理論と結びつけられることが多かった少数者バイアスは、政治行動の利得の分配に焦点をあてる。人数は少ないが一人当たりの利害が大きい利益集団は、人数は多いが一人当たりの利害が小さい利益集団と比べて、政治行動においてはかなり有利である。一人当たりの利害が大きいと、その利益集団の構成員が諸問題をよりよく知り、よりよく理解している可能性が高くなる。極端ではあるが稀でもないケースとしては、敗北する多数者の構成員、それは消費者や納税者であることが多いが、彼らは自分たちが損失を被っていることを認識する動機づけさえない場合もある。多数者はおろかでもなければ、もともと受動的であるというわけでもない。ただ、多数者の各構成員にとっての一人当たりの影響が極めて小さすぎるために、関連する問題の認識に必要な資源のためにわざわざ支出をするのは割に合わないということなのである。

集団の構成員が、自分たちに法律の影響が及ぶことを認識しているにもかかわらず、自らすすんで貢献しようとはしない可能性もある。さらに深刻なことに、こうした集団には集合行為が見られない場合もある。この代表性の不足の重症度は、その集団の構成員がフリーライダーとなる程度によって決まる。一方の極には、フリーライダーがごくわずかでその他の者たちの努力によって穴埋めされる場合があり、このときは代表性が過少になることはない。もう一方の極には、全員がフリーライダーという場合があり、このときには政治的な代表が存在せず、その集団の各々すべてが損失を被ることになる。

政治参加に関するこの費用と便益との関係を考えてみれば、政治過程の支配的イメージがなぜ少数者支配への懸念に偏っているのかはたやすく理解できる。しかし、われわれが議論してきた諸要素はそれぞれ非常に多様性に富んでいる。したがって、少数者による支配と多数者の沈黙には、そのバリエーションや程度の違いを生みだす大きな要因が作用している。多数者にとっての絶対的な一人当たりの利害が増大すればするほど（たとえ一人当たりの利害について多数者と少数者との間での比率が一定に保たれていても）、多数者の構成員は、問題の理解と自分たちの利益を認識するために必要な諸資源と努力への支出をさらに増やす傾向があるだろう。同様に、政治行動の一人当たりの利益の分配における差異、すなわち不均一度が、利害が大きい者による部分集団が多数者を代表するような集合行為が発生する可能性に影響を及ぼす。

費用の面では、政治行動に伴う費用の変化に応じて、多数者の反応可能性も変わってくる。この費用は、管轄範囲の規模・人口、立法府の規模（議員数）、選挙の頻度、立法議題の規模・範囲、立法府（および関連諸機関）の規則など、政治過程のルールや構造的特徴によって決まってくる。有権者数が少ないほど、組織化もフリーライダーの防止もたやすいため、多数者が活動する可能性がより高くなる。議員が少なく立法府が小規模であるほど、各議員の立場がよりわかりやすくなり、不正投票行為の取り締まりも、不正行為の公表やその威嚇効果によってたやすくなる。複雑性やそれに伴う情報費用も、問題の主題によって変わってくる。ある人のある問題に対する理解度は、その人が持つ一般的な情報量や才能によっても変わってくるし、その情報量は文化、公式教育、出版・メディアが取り扱う範囲によって決まってくる。

それゆえ、集中的少数者の政治的影響力は、関連する問題の複雑性、多数者集団における一人当たりで平均した利害の絶対的水準、多数者集団内での分配の不均一性、その不均一性ゆえに媒介的な部分集団が形成される可能性、多数派集団が利用する場合には情報費用が無料か安価となる仕組み、こうしたものによって変わってくる。この種の分析では、論理的帰結として、集中的少数者の相対的優位の可変性だけでなく、多数者集団による支配や過剰代表のおそれがあることも示唆される。この支配の可能性は、多数者集団と少数者集団との違い、つまり両集団の人数の違いという最も単純な側面から生じてくる。最も直接的な意味では、構成員数の多さは選挙を通じて政治権力へと変換される。望ましい状況ならば、選挙によって、大規模集団には、特殊利益集団の組織的優位性に代わりうる政治行動形態が与えられることになる。

政治過程がどれくらい少数者バイアスもしくは多数者バイアスとなるのかは、必要な分析の半分でしかない。さらに必要なのは、比較制度分析を通じた、特定の政治的機能不全の矯正が期待できる代替的な意思決定過程の特徴の探求である。少数者バイアスを矯正するような政治過程内での変化は、多数者バイアスを悪化させるかもしれないし、その逆も然りである。それゆえに裁判所が存在する。基本的諸権利が問題となるとき、その諸権利を解釈し実施するのが裁判所の役割である。裁定のプロセスは、政治過程と同様に、それ自身の機能不全やそれ自身の参加の力学による影響を受ける。ニール・コメサルが一貫してわれわれに注意喚起してきたように、政治過程での深刻な機能不全だけでは司法行為の契機としては不十分である。というのも、司法行為も同じく深刻な機能不全に陥っているおそれがあるからである。[23] 制度選択は制度比較の結果として行われなければならないのである。

あらゆる意思決定過程とそれについて提案される改革方策は、それがグローバルなものであれ、地域的なものであれ、国家のものであれ、非常に多岐にわたる状況で見られる多様なプロセスの組み合わせで構成されている。この状況では古い分類や理念は検討に付されなければならない。何かを民主的であると呼ぶことも、選挙や議会などの民主的形式が存在することも、その結果が民主的であることや多数決的であることを保証するわけではない。たとえば、政治過程の利益集団理論は、民主的意思決定が、いかに実際には多数者の利益に反して少数者による支配の可能性があるのかを示してきた(24)。ある制度の作動状況や制度選択の実態を評価することは、国家での民主的諸制度の美化された作動様式に異議を唱えるうえで役立ってきた。この点で、トランスナショナルなガバナンスやグローバルなガバナンスの事例そのものが、国家立憲主義が十分に取り組んでこなかった、国家諸制度での多数者バイアスや少数者バイアスの諸事例を矯正するものとして理解できる。言い換えれば、国境を越えたガバナンスの事例は、民主主義に対する脅威というよりも、民主主義をよりよく実現しうるものである。残念ながら、国境を越えたガバナンスによる変化が国家の政治的機能不全を悪化させる可能性もある。しかし、大事な洞察は、国境を越えたガバナンスの諸形式のどれひとつとして、民主主義の理念を損ねるものなのか促進するものなのかは先験的には不可知だということである。こうした洞察を得るためには、制度の作動状況と制度選択の実態の評価が必要なのである。

最後のパラドクスは、決定者を決めるのは誰かというものである。多くの意味でこれは立憲主義に関する究極的問題である。この問いへの答えは、国家の憲法にあると常に考えられてきた。憲法を「根本規範」として、一連の承認のルールとして、実質化した自然法として、服従の習性に支えられた主権という高次の命令として、あるいは別の何らかの表現として、どのように考えようとも、国家の憲法はいつも司法システムの最高法規であり、その正当性やあらゆる法源の妥当性の基準だと考えられてきた。国家の憲法の権威に挑戦することによって、国境を越えたガバナンスという新地平は、すでに見たように、権力の多元的な概念化を必要とする。しかし、多元的な概念化とは、決定者を決めるのは誰かという問いに対して単一の答えが無いことを意味する。こうした国境を越えたガバナンスの特徴は国家の憲法を脅かすかのようではあるが、必ずしも立憲主義に異議を申し立てるわけではない。

現実には、「決定者を決めるのは誰か」という問いは、立憲主義の根本問題であり続けてきたし、国家の憲法においてさえ完全には解決されていない。この緊張関係は、ほとんどの憲法が本質的に有している権力分立システムの正常な帰結である。実際、これは権力の均衡抑制メカニズムを創出する際に権力を分立するというマディソン流の見解でも織り込み済みであろう。国家の憲法は、権力分立に起因する紛争に対処するための古典的で実践的な解決策を発展させてきたのかもしれないが、そうした解決策は歴史的・文化的状況の産物であって、憲法や立憲主義全般にとっての不変の体系的特徴というわけではない。逆に、立憲主義が本来備えている、権力を組織化するという性質からは、究極的権威が永久に開かれているべきであり、それ自体も頻繁に再評価されるべきではないかという問いが突きつけられる。こうして、国境を越えたガバナンスがもたらす権力の多元的関係は、国家の憲法への挑戦となるかもしれないが、立憲主義の理念やその実際の機能とも一致するのである。

立憲主義がパラドクスを抱えた性質であることがわかれば、われわれは国家立憲主義という知的境界から解放される。国家の政体が自然であり完全な代表と参加が可能な唯一の管轄範囲であるとするものは、立憲主義のなかには存在しない。少数者の脅威と多数者の脅威は国家の政体のなかだけで対処されるべきであると指図するものなど何もない。これらの脅威の最善のバランスが国家の管轄権を越えて存在すべきことが、最適な制度選択と健全な立憲主義によって求められるかもしれない。最後に、立憲主義がまさに権力の分割(制限)に関わる場合には、決定者を決めるのは誰かという問いへの最終的解答を国家立憲主義が提供できるとは考えにくい。この点からすれば、国家の憲法は立憲主義の単なる状況的表現にすぎないのである。

それゆえ、立憲主義は、国家の外側でも可能であるし、そうである必要がある。しかし、これは国家立憲主義にとって何を意味し、何を意味すべきなのか。国家立憲主義は、姿を現しつつある国境を越えた立憲主義に関してどのような権利を主張しうるのか。国境を越えた立憲主義、あるいはグローバルな立憲主義でさえ、単一のグローバルな憲法を意味しない。国家の憲法が単に立憲主義の状況的表現であるという事実は、国家の憲法がもはや立憲主義の最善の代表ではないことを意味するわけではない。言い換えると、国家の政治的共同体は、今でも立憲主義の諸理念が促進されるための最善の環境かもしれず、国家の諸制度は今でも多くの問題について完全な参加・代表に最も近いものを提供している可能性がある。これは制度選択の問題であり、真剣で難しい比較制度分析を要する。しかしもしそれが該当するのであれば、国家立憲主義は依然として立憲主義のより好ましい形態であり、国境を越えたガバナンスを構成する最善の方法だと捉えられるのである。

5　立憲主義の代理としての国家の憲法

これまで見てきたとおり、立憲主義は微妙なバランスのうえに成り立つものである。このバランスの各々において、難しい制度選択や、立憲主義の特徴である自由や完全参加の理念の促進という目標に関わるデリケートな選択が求められる。国家立憲主義は、権力分立、代議体を通じた国内での意思決定、基本的諸権利の原理などの目的を促進・保持する一連の手段を発達させてきた。この立憲主義的バランスを国民国家は多彩な方法でとっている。この方法の多彩さは、規範的にはよりよい対応もあればより悪い対応もあるという幅の広さがあり、そこには国民国家の規模の違い、人口や歴史の多様性、歴史的経緯による状況の違いが反映されている。たいていはこれらの要素が結びついたものである。

分析する上でも計画として実践する上でも教訓はすでに存在する。国家立憲主義での制度選択の解明に取り組んできた制度選択分析と比較制度分析は、トランスナショナルなレベルでも活用できる。国境を越えたガバナンスに本来的に備わる立憲主義的選択においても、政体の規模や閉鎖、政治的機能不全に対する保護、決定者自体の決定に関して、国家の場合と同様に厄介な選択を迫られる。国家レベルの場合と同様にグローバルなレベルでも、われわれは万能薬に対しては懐疑的であるべきで、それ相応のトレード・オフも認識しておく必要がある。国境を越えたガバナンスとは数と複雑性との増加を意味する。この複雑な世界において、グローバルな立憲主義にとって最善の媒体とは、多くの状況では、依然として国家立憲主義なのかもしれない。この節ではその理由について焦点を当て、その後に可能な代替案に取り組むことにする。

国境を越えた立憲主義における国家立憲主義の役割を理解するうえで有益なのは、立憲主義一般での、手続的バランスの達成と実質的バランスの達成とを区別することだろう。手続的バランスとは、意思決定過程での参加促進にあたって、集中度と包含との間でのバランスのことである。これは二面性をもつ。第一に、意思決定過程は平等な参加の促進だけではなく、影響を受ける様々な利害関係への影響の集中度も反映すべきである。第二に、意思決定過程は、審議に含まれる参加者数によって各個人の相対的な参加と代表性が変化することで生じる緊張を解決しなければならない。様々な利害関係や人々が有効に代表されている状況には本質的なトレード・オフがある。手続的選択がいかに本質的な結果を生むことになるのかはたやすく理解できる。

実質的な立憲主義とは、個人の自律性と市民的一体性との間でのバランスをとるような存在である。立憲主義は、平等で自由な諸個人から構成される社会を守り、その諸個人への自分たちの自由を行使する際の幸福追求手段の提供に関わるものである。ここに、自由と平等の伝統的な役割がある。言うまでもなく、これらの目標やその達成方法の基本想定は高度に論争的である。社会は、構成員間での紛争を管理するために、また、その社会のすべての構成員に、自分たちの自由を行使するうえで幸福を追求したり共通善の発展に協力したりする際の平等な手段を提供するために、政府のメカニズムを必要とする。これらの目標には、政府行為も、政府行為からの保護も、両方とも必要となる。自由は政府を必要とする一方で、政府によって破壊される可能性もある。加えて、立憲主義は、平等取扱の原則と配分的正義の原則とを擁護するが、同時に、この両原則の間での緊張をより鋭く際立たせることにもなる。立憲主義はこうした緊張の気勢のなかで鍛えられるのである。

国家の憲法は、国家の政治的共同体や人為的な国境とあいまって、立憲主義が抱える緊張を管理するうえでの強みをもたらす。この強みの源泉は、伝統的な政治的共同体とそれを根底で支える長期にわたる政治的契約の存在である。政治的共同体が国家を越えて発展しうるところでは、この強みも同じく国境を越える傾向にあるだろう。伝統的な慣例で物事が整えられる状況、これは確立した国家の政治的共同体の基盤であるわけだが、この状況のおかげで、国境を越えたガバナンスの下支えに必要な、立憲主義的バランスを維持するための妥協に向き合いやすくなる。数や複雑性が高度な世界では、このように意思決定状況が確立されているおかげで、意思決定に伴う緊張が納得のいく形で解決されやすくなる。この確立された状況は、参加の費用を大幅に低めることで、より民主的な意思決定過程のための機会を創り出す。

多数決型民主主義の確立した慣例は、たとえば不信や日和見主義的行動を抑制して実質的な審議を可能とする。また、その慣例こそが信頼を促進し、少なくとも、大きな同情や公平感のもととなる親近感を育む場合がある。(25) 政治的意思決定で勝者も敗者も生じる世界では、確立した政治的共同体で慣れ親しまれてきた様々な慣例が、参加の範囲と集中度との間でのバランスや、個人の自律性と市民的一体性との間でのバランスを維持しやすくする。第一に、そうした慣例は、敗者側に、今回は敗北したが別の機会では勝利する可能性を保証するための一助となる。言い換えれば、絶対的な敗者も勝者もないのである。(26) 第二に、それはゼロサム的な意思決定を避ける。すなわち、勝者側も、将来は自分たちが敗者になる可能性を認識しているために、あらゆる利害関係を考慮に入れ、参加と影響の集中度とのバランスに大きな関心を持つ。今度は、この長期的な時間感覚こそが、基本的権利の仕組みを介して個人の自律性や配分的正義といった価値が守られるように、民主的意思決定のあり方を条件付けて制御する構造的手続きを支える。立憲主義的な諸理念の完全な発展とそれらの間でのバランスのためには、ある一時点の決定で決めるのではなく、代わりに、政治的共同体がもたらす安定的枠組みに依拠するという状況が必要となる。

この意味で、共同体はリベラルな見方に対抗するものではない。それどころか、政治的共同体は、政治に対するコミュニタリアンの見解とリベラルの見解とが和解する場所なのである。これには三つの理由がある。第一に、共同体は、個人の自律性の追求に必要な、審議の場と確立した意思決定過程とを提供する。審議過程への参加がなければ、真の意味での個人の自律性は存在しないし、政治的共同体の民主的に組織された諸制度がなければ、個人の自律性を表現し実現する状況は生じにくい(27)。第二に、共同体は、共通の審議過程や公的空間での個人の有効な参加に必要となる市民活動のエネルギーを促進する(28)。第三に、共同体は、差異化のための共同空間をもたらすことで、個人の自律性を高める。様々に異なる共同体が存在するおかげで、集合行為が必要な状況でも、個人によって選択可能な領域はより拡がる。ある社会状況で個人に自律性があるためには、その前提として個人は選択と交渉ができなければならない。共同体は、個人による選択や交渉を許容する状況はもちろん、選択・交渉に必要な言語さえもたらす。確認しておくが、この状況が既存の政治的共同体で完全かほぼ完全に達成されていると言っているのではない。既存の政治的共同体が、将来において、その状況を最も上手く達成する可能性が高いと言いたいのである。

以上のすべては、トランスナショナルな意思決定状況で実現されうることを理解しなければならない。これは架空の世界ではないし、そのために採りうる代替制度も完全というには程遠い。たとえ最も敬意が払われている国家の憲法や共同体であっても、現実に目を向ければ、それらの国家の性質が形成されてきた際の、深刻で悲劇的でさえある歴史的経緯を見逃すことはできない。国家立憲主義に優美なものはない。国家立憲主義が最善のものであるとしても、不完全な代替制度のなかでの最善にすぎない。しかし、国家の憲法がもたらす、確立した、時には機微を含む慣例が、国家の政治的共同体とともに、強みとなるのは、このトランスナショナルな次元でも見られるような困難で複雑な状況なのである。確立した制度的な慣例は重要であり、数や複雑性が増すほどに、その慣例の重要性も高まるのである[29]。

国家の政治的共同体と憲法が対処している、立憲主義がはらむ諸々の緊張は、その解決に必要な慣例を評価することで、トランスナショナルなレベルでの対処も可能となる。国家の政治的共同体の基盤にある政治的契約やその歴史を通じた静かな進化は、トランスナショナルな立憲主義という規範的プロジェクトの妥当性を政治的にも社会的にも発展させていく基礎となる。これは、国家立憲主義が唯一可能な立憲主義の形態であることを意味するのでもないし、国境を越えた立憲主義には成功の見込みがないことを意味するのでもない。逆に、政治的共同体同士の相互依存が増えることで、トランスナショナルな立憲主義は現に生じているし、必要とされてもいる。しかし多くの場合、その出発点は、国家立憲主義か、EUのような、立ち現れつつある別の政治的共同体と結びついた立憲主義の形式かでなければならないだろう。

われわれは今や、国家立憲主義を基礎として国境を越えたガバナンスの構築を試みる際に生じる諸問題に直面しなければならない。国民国家を基礎的要素とするのであれば、それは、国境を越えたガバナンスを立憲化するという主張の終焉を意味するのだろうか。そして、グローバルな政治的共同体が無くてもトランスナショナルな立憲主義は可能だとして、いかにして、この立憲主義の形態を国家立憲主義の要求と調和させればよいのか。国境を越えたガバナンスという領域へと立憲主義をシフトするためには、われわれは、政治的共同体の規範理論をやや踏み越えて社会的意思決定の規範理論へと向かわなければならない。意思決定の諸実態を強調することで、憲法なき立憲主義を想像することも可能となる。しかし、たとえ国境を越えたガバナンスへと向かう動きが必要かつ可能だとしても、トランスナショナルな立憲主義の形式が、とくにトランスナショナルな政治的共同体が無い状態で、国家の政治的共同体に結びついた立憲主義にとってかわるべきなのか、そうだとしてそれはどのような場合かを考えなければならない。これが本章の残りでの焦点である。

6　国境を越えた立憲主義の諸モデル

国境を越えたガバナンスという規範的概念は、多様な思想的立場を反映する傾向がある。立憲主義もその規範的議論で登場しないわけではないが、議論に直接さらされるというよりも、背景的に想定されていることが多い。国境を越えたガバナンスの議論の多くで立憲主義が登場する場合、それは修辞的役割を果たすことが多い。国境を越えたガバナンスの路線を正当化するために立憲主義を用いるものもあれば、その路線に反対するために立憲主義を用いるものもある。この節では、これまであまり前面に出して議論されてこなかった、国境を越えた立憲主義の様々な用いられ方を再検討する。

(1) 国境を越えた立憲主義のための代替プログラム

1 権利立憲主義

エルンスト＝ウルリッヒ・ペータースマン(Ernst-Ulrich Petersmann)は、発展のさなかにある国際的立憲主義を、いまだ外形が定義されていないものとして語っている。[30]ペータースマンにとっては貿易法が主要な例であり、貿易法こそがグローバルな統合と姿を現しつつあるグローバル立憲主義の原動力である。[31]彼は、世界貿易機関(ＷＴＯ)とウルグアイ・ラウンドに基づく合意をグローバル立憲主義の第一の経路として構想する。彼は、「権利に基礎を置く」立憲主義が、ＥＵで生じたように、個々の訴訟当事者や裁判所を通じた積み重ねによって発展してきたことを擁護する。[32]ペータースマンはカント流の一種の国際的共同体の概念から出発する。彼はグローバルでトランスナショナルなガバナンスの新形態の正当性の根拠を、個人による人権や国際貿易の活用に見出している。彼の見立てでは、国際的領域において諸個人が個人的な自律性を十分に享受しうるような自由を保障することこそが、国際貿易法の役割である。グローバルな領域では、国際貿易法、人権規定、紛争解決メカニズムの適用範囲の拡張によって立憲主義が促進される。ペータースマンにとっては、国家の次元であれ国際的次元であれ、自由、非差別、法の支配、権力抑制・均衡制度が保証された立憲主義的な枠組みのもとで民主主義が機能するところでは、グローバル立憲主義のプロセスが姿を現しつつある。[33]

ペータースマンの見解は、支持者を得ながら、ハイエクやオルド自由主義者らが共有してきた公権力に対する制約という意味での立憲主義概念をグローバルな領域に移行させることになる。[34] この見解では、国際人権と国際貿易法とは対立するものではなく相互補完的なものとなる。国際貿易法も国際人権もともに概ね脱規制的なものとみなされる。両者はともに、国家による自主的活動の制限を試み始める。[35] しかし、人権も国際貿易法も具備するこうした構想は、広く普遍的に受け入れられているとは言い難い。人権概念のなかには強力な政府介入を求めるものもある。国際貿易法でさえ、規制基準の除去を通じた単なる貿易自由化というよりも、あらゆる経済規制当局が従うべき国際規制基準の設定を通じて貿易を振興するかもしれない。市場や貿易の歴史的発展は、基準を課して実効化するシステムの発展に依拠してきた。基準を課すのか、除去するのか、いずれかの戦略がいかなる状況でも優れているのかどうかは、多くのことを考慮しなければ決められない。大きな問題となるのは制度の選択である。つまり、貿易の振興や、貿易と他の人権との間でのバランスにとって、不完全市場や多くの不完全な規制レジームは最善なのかどうかという問題である。この問いに答えるための先験的方法はないし、ここでの狭い意味においてさえも単一の人権概念を定義する方法はない。この問いへの答えによって、国境を越えたガバナンスがとりうる路線のうちで、いずれの路線が人権や国際貿易を実効化するのに必要な正当性を持つのかが決まってくる。

ペータースマンらが支持してきたグローバル立憲主義という構想は、立憲主義の最小概念であり、非差別、個人の諸権利（主に経済的権利）、これらの権利を実効化しつつ規制や社会に関する広範な問題解決権限を付与された紛争解決メカニズムを含むものである。この立場では、たくさんの制度選択を行わなければならないが、それらの制度選択の効果は未解明なものが多い。この立場が予見するところでは、立憲主義的な個人の一連の諸権利が、いかなる形式の権力からもグローバルなレベルで保護されるものへと進化する。国際貿易が刺激となり、経済的権利や紛争解決メカニズムを通じた法の支配の国際的発展が促進されるであろう。強調されるのは、国家での政治過程の不完全性であり、その代替制度となるのが、グローバルないしトランスナショナルなレベルでの審判手続きということになる。国家レベルの政府は市場の決定を優先するために制限され、この国家への制限を実効化するものとして想定されるのは、グローバルないしトランスナショナルなレベルの裁判所である。

以上の分析で問題なのは、その単一制度的な傾向である。国家のものであれトランスナショナルなものであれ、政治過程が高度に不完全であることは疑いようがないだろう。それらは少数者バイアスか多数者バイアスか、その両方の影響を被ることもありえる。しかし、深刻な不完全性とは、代替制度を却下するための必要条件にすぎないかもしれず、数と複雑性が高度な状況下では取るに足らない些細な必要条件なのである。数と複雑性が高度な状況においては、あらゆる代替制度が高度に不完全となりうる。この立場では、一連の人権によって意思決定制度が移転され、その移転先の意思決定の場である代替制度は、暗黙裡に理想的形態として想定されている。この理想化された代替制度とは、裁判所か市場かのいずれかとなりがちである。しかし、立憲主義がはらむパラドクスや緊張の分析が望みをかけつつも強調してきたように、それらの代替制度自体も、立憲主義にまつわる別形式の懸念事項を有しており潜在的な機能不全に陥りうる。市場や裁判所といった代替制度は、それ自体の参加の力学を有しており、政治過程の多くの事例で見られる問題と同様に、偏向した代表という問題も抱えている。ここでもやはり、正しい分析とは、単一制度的ではなく、ガバナンスについての単純な先験的構想を排除した比較制度的なものでなければならない。

2　政治的立憲主義：コスモポリタンによる見解

カント流のリベラルな思潮の別バージョンとして、コスモポリス（世界を一つの共同体として観念する際のその共同体のこと）という考えに焦点をあてるものがある。[36] これは権利立憲主義の場合よりも野心的な見解である。すなわち、国民国家間での合意に頼ることなく、グローバルなレベルにおいて、国家での政治的契約を再構成しうるような、単一のグローバルな市民社会を創り出すことを目指している。グローバルな政治的共同体が存在すればグローバルな民主主義も可能であろう。この大きな考えは、より大きな包摂を志向し、それゆえに自由で平等な諸個人から成る社会という理想の完全実現を阻んでいる国境の除去を志向する、リベラルな規範的願望によって支持されている。この点で、グローバルないしトランスナショナルなガバナンスは、グローバル民主主義の設立基盤として歓迎されるべきものとなる。この実現方法の提案は様々だが、[37] そのすべてが、たとえばトランスナショナルな政治行動の促進というボトムアップの諸要素と、国連のような国際機構の民主主義的改革の促進というトップダウンの諸要素の、両方を有している。

しかし、このプログラムにも問題がいくつかある。第一の問題は、コスモポリタンの理想的状況をどのようにして実際に機能する憲法へと転換するのかというものである。理想的な代替制度は利用できないので、現に存在する代替制度が分析されなければならない。その際に、より高いレベルでの統治がリベラルな諸目標の実現のための明確な手段であるという暗黙の想定はもはや信用できなくなっている。その想定は、今や理念型に頼っても解決されえない類の問題の探求へと変質してしまっているのである。

問題は実践面でのことだけではない。制度選択の実態への十分な配慮と比較制度分析がなければ、コスモポリタン流の国境を越えたガバナンスという表現は、非民主主義的な方向性をたやすく生み出しうる。もっと広い意味で言えば、より大きな政治的共同体やグローバル立憲主義と等置しながら立憲主義を限られた見方だけへと狭めてしまうこと自体が、先に議論した、立憲主義そのものが抱える緊張やバランスを想定から消してしまう。ここには、参加の範囲と集中度との間でのバランスといった、参加と代表の現実に関する本質的で大きな問題が存在する。より大きな政治的共同体は理論的にはより包摂的であるかもしれないが、数と複雑性が非常に高まること自体が参加の力学を変化させる。一人当たりの利害が逓減し、有効な参加のための費用が増加する。こうした変化は、多くの諸個人が、社会の意思決定過程のどこにも有効に参加せず、参加しようとしても不可能で、それゆえ、グローバルないしトランスナショナルなレベルへの移行が、実際には、より少ない参加、より少ない個人の自律性へと帰結してしまう可能性を高めるのである。より小さな管轄権は、より大きな管轄権が不可能だからという理由だけで存在するのではない。より小さな管轄権は、そのほうがよりよい参加を提供し、より大きな差異やより大きな個人の自律性を許容しうるからこそ存在するという場合もある(38)。管轄権の大小のいずれがどの程度に、所与の望まれた結果を首尾よく達成するのかというのは、基本的かつ論争含みの問いである。これは想定から外してはならない問題である。

3　手続的立憲主義：代替的な審議過程

グローバルないしトランスナショナルなレベルでの政治的機能不全に対抗しようとする際に、トランスナショナルなレベルで機能する審議過程の質に焦点を当てながら、一種の手続的立憲主義の形態を提案する者もいる。これらの提案は、トランスナショナルな意思決定において市民社会のよりいっそうの包摂（たとえば非政府組織の参加）、審議過程へのアクセスを増やすこと、透明性と情報へのアクセスに関して国家以上の基準の採択を求めている。参加に関するこれらの代替的な諸形態や、より向上した参加と情報のメカニズムは、国境を越えた立憲主義の正当性の向上を意図したものである。しかし、国境を越えた立憲主義の正当性は、それが取ってかわろうとしている、国家のより伝統的で民主的な正当性を上回るには十分ではなさそうである。手続的立憲主義の議論は、国境を越えたガバナンスに、いくらか民主主義的な洞察を与えはしたが、ほとんどの場合、国境を越えたガバナンスで改革された審議過程と、伝統的な民主的国家で改革された審議過程との間での厄介な制度選択をどのように解決すべきかについては、未回答のままとしている。どちらの審議過程も異なる理由で不完全である。もっと重要なことに、こうした審議過程改革の試みは、ボトムアップの政治過程において、様々な参加形態が有効に機能しているという現実を認識し損ねている。意思決定過程へのより多くのアクセス提供や、より高度の透明性をもってしても、参加の問題を解決しえず悪化させる場合もある。参加の力学は、参加の費用と利得の両方によって決まる。もし、（分散的な集団の場合の多くがそうであるように）諸個人が拡散的であるがゆえに、諸個人の利得が低いのであれば、アクセスをたやすくしたり透明性を高めたりする改革は、意思決定過程を、拡散的な利害関係者にとってより高くつくものとしてしまい、それゆえ集中度が高い利害関係者による取り込みの影響をいっそう受けやすくする。数と複雑性が高度な世界（国境を越えたガバナンスという世界）では、集中度が高い利害関係者とは、よりたやすいアクセスと高度な透明性のための方策や手続きを自分たちに有利に搾取する者たちかもしれない。ここでも、国境を越えたガバナンスにとって最善の立憲主義的な戦略を決める際の中心的な問いは、いずれのレベルでのガバナンスであれ、そのガバナンスが実際に機能するうえでの参加の力学が意味するところなのである。一連の小手先の手続的改革の有効性だけで満足してしまい、中心的な問いを不必要に矮小化するというのは賢明ではない。この場合も、立憲主義の限定された（単一制度的な）構想はあまり役に立たないだろう。

（2） 国境を越えた立憲主義を却下する立場

1 国家による見解

グローバル立憲主義に反対する第一の議論は、「小さいことはよりよいことである」という標語に縮約できるものである。われわれはすでに、不揃いな影響を受ける諸利益を処理するには小さな共同体のほうがよりうまく機能するという前提を見た。取引費用と情報費用はより低く、参加はより活力があり、より集中的で、より有効であり、協力の文化が大きい可能性も期待できる。規模の限定性を推奨する者たちのなかには、小規模な共同体を、合理的な言説が十分に可能で、様々に異なる見解が考慮に入れられ、意思決定がコンセンサスで行われるという、審議の理想状態と結びつける者もいる[39]。民主主義の発祥を重視する見解もある。この見解は、権力は人々にできるだけ近いところにあるべきというものである。もちろん、国家の規模は多様（多くのものは小さくない……）だが、共通点はある。それは、政体がローカルからグローバルへと移行するにつれて、民主主義はその質を失っていくおそれがあり、（すべてを包摂するという）グローバル立憲主義の大きな野心こそが最大の障害になるということである。小規模性を推奨する者たちは、小規模共同体に関わる排除と専制の危険を認めつつも、これらのリスクは国民国家が制御してきたのであり、その結果、国境を越えたガバナンスは時期尚早だと想定する。

われわれが再検討した他の見解についても、小規模性からは有益な洞察が得られる。数と複雑性が違いを生み、規模の増大ゆえの能力欠如といったものが存在する。しかし、こうした洞察は、大規模なものをすべて拒絶し、小規模なものを受容することの論証とはならない。小規模性は立憲主義について本質的には限定的な見方である。小さいことがいつもよりよいとは限らない。小さな管轄権の排他的特徴とそこでの意思決定でしばしば生じる外部性（より低い包摂）ゆえに、また、参加の力学において多数者バイアスのリスクが大きい（マイノリティは特定がたやすく、共同体の残りから隔離するのもたやすい）ゆえに、小規模であることは問題をまた別の問題へと置き換えてしまう。この置き換えこそが慎重な検討を要する中心的問題でなければならない。

国境を越えた立憲主義に反対する、もう一つさらに複雑な議論がある。それは、立憲主義が機能するために不可欠な閉鎖性と安定性という政治的忠誠の必要条件は、国家を越えては満たすことができないという規範的想定である[40]。この種の政治的忠誠には、単なる市民的な誓約ではない、民族的、文化的あるいは歴史的アイデンティティといった何らかの形式が不可欠であろう。この場合、立憲主義とは、価値観を生みだすものではなく、代わりに価値観によって生み出されるものとなる。これはより濃密性を志向するコミュニタリアン〔共同体主義者〕の見解である。立憲主義は、価値観について審議する共同体を形成するのではなく、それどころか、既存の共同体の価値観を具体化するのである。

政治的忠誠を強調すると、立憲主義の単一の形式としては国家が目指され、それゆえ、国境を越えたガバナンスの正当性の最適形式を構成するものとして国家に照準が合わされる。国民国家は、長期的な政治的共同体を形成してきたし、逆に政治的共同体によって形成されてもきたので、国境を越えたガバナンスが基盤となる政治的共同体を欠くという問題を解決するためには、国境を越えたガバナンスが国家立憲主義を基層に据えるのが役に立つ。それゆえ、コスケニエミ(Martti Koskenniemi)は、人権の語られ方に関する一般化された国際的合意があるにもかかわらず、人権の中身について本当の意味での国際的コンセンサスは欠如しており、そのせいでグローバル・ガバナンスの正当性が奪われているのだと論じている[41]。彼にとって、権利や他の国際法の原則に対する権威主義的な定義を防止するには、国家による仲介が必要である。「なぜなら、本質的価値観への傾倒に内在している全体主義、そこでは価値観を共有しない人々にもそれが強制されるが、こうした全体主義に対するセーフガードを提供するのは、国家による公式の官僚的合理性だからである[42]」。この見解に従えば、国境を越えたガバナンスとは、国家間での協力や制度化された議論だけに限定されることになるだろう[43]。

私は世界秩序での国家立憲主義の中心的位置づけを認識しているものの、この見解は問題含みだと思われる。第一に、この見解は、コスケニエミも認識しているように、国際機構はたんに既存の合意を実施するということ以上のことを行っている現実を無視している。国際機構は優先事項や諸政策を創り出してそれを定義している[44]。たしかに、これらの優先事項や諸政策の多くは国家代表らが参加する審議において定義されているとも言えよう。しかし、たとえそうだとしても、その意思決定レジームは国家立憲主義であるべきなのか、それとも伝統的な国際法であるべきなのかを、われわれは依然として問わねばならない。第二に、コスケニエミの立場は、とくにトランスナショナルな相互依存が高まる状況において、トランスナショナルなガバナンスに反対するにしても、国家にとっての立憲主義的な正当性をあまりにも幅広く求めすぎている。以下でより詳細に議論するように、コスケニエミは、国家での政治過程を志向する場合の前提を述べているにすぎないというのであれば、正しいかもしれない。しかし、その前提は絶対視されるべきではないし、トランスナショナルな立憲主義は、それがまさに国家での政治過程の改善に一役買うがゆえに正当化される場合もある。

2　構造的バイアスによる見解

国境を越えたガバナンスに対する別の批判としては、トランスナショナルな意思決定の性質に関する脅威に直接焦点を当てるものがある。国境を越えたガバナンスは、そのトランスナショナルないしはグローバルな性質のためにではなく、その構造的バイアスゆえに正当ではなかろうというものである。国境を越えたガバナンスの動きは、せいぜい政治過程を犠牲にして市場に権限を付与するものとして、そして最悪の場合には、共同体全般を犠牲にして特定の経済的利益に権限付与するものとみなされる。こうした問題は分権化された権力に起因する場合もある。[45] また別の場合には、集権化された一つの権力による、他のすべての者に対する権威主義的強制に関係することもある。[46]

これらの批判は、たしかに意思決定に注目してはいるが、不審な価値観や的外れな価値観を強要されるおそれの表れである。この種の批判は、たとえば、国際貿易を特定の道徳的・社会的なビジョンが組み込まれたものとみなしている。その特定のビジョンとは、すべての政治的共同体に強要されることになるであろう社会的価値観についての論争的概念を具体化したり、状況の特殊性を度外視してそれらの価値観をまったく異なる状況にまで移植してしまうものである。[47] こうした価値観は理想的な形式で持ち出されることが多いが、この理想的形式というものは、そもそもそれらの価値観が存在した元のシステムでの実際の適用状況にすら対応していないのである。[48]

構造的バイアスの議論には目標選択と制度選択の両方でもっと深刻な問題が潜んでいるが、これらは循環論法に陥ることが多いため、問題自体を表に取り出して批判的検討に付すこと自体が難しい。構造的バイアスの議論は基本的に、完全主義かつ単一制度的であり、それゆえ立憲主義の分析にはあまり多くの知見をもたらさない。この種の議論は、現在の各社会では民主的審議の諸条件が満たされえないと考えるために、民主的審議の結果の正当性を否定する場合もある。合理的な審議の可能性を否定する場合もある。たしかに現状の立憲主義の諸形態では、立憲主義の価値観が完全には実現されていないのは明らかだが、この種の批判は、立憲主義やその他のどんな統治構造であれ、現実世界でのいかなる試みに対しても当てはまるだろう。人間の意思決定のあり方として最善のもの、つまり、立憲主義の最善のものが、あらゆる利害関係やそれらの集中度を完全に忠実に反映するということは決してない。せいぜい近似的な反映にとどまるのである。

われわれは、現状のシステムに深刻な機能不全があることを疑いはしない。しかし、制度選択と制度の実際の作動こそが、ガバナンスと立憲主義のあらゆる有効な検証にとって、基本的に重要なことである。また、制度選択を適切に考察するためには常に制度比較が不可欠である。不幸なことに、構造的バイアスの理論は信頼できる代替制度を提示することは通常ないし、代替制度が考案された場合であっても、その代替制度が、もっと深刻な制度的機能不全に陥らないかどうか批判的検討に付されることは決してないのである。

(3)　国境を越えたガバナンスに完全な選択はありえない

国境を越えたガバナンス専用の立憲主義の最善のモデルを探したところで無駄である。これまでの分析で明らかにできたと期待しているが、代替的モデルはすべて単一制度的な分析ばかりであり、その完全主義ゆえに、実際には深刻な制度的機能不全に陥るおそれがあることを勘案していない。権利立憲主義を論じる人たちは、権利が定義されなければならないことを忘れているし、実質的には、市場(自由貿易下で非差別な条件下での経済競争)か司法との関わりでの権利の定義を信頼しているにすぎない。これはなるほど優れた解決策なのかもしれないが、極めて不完全なものであって、たとえば市場や国際司法が国家での政治過程よりも優れているのかという点だけをとってみても、それは先験的に想定される結論でなく、決断されるべき問題なのである。権利立憲主義は国家の政治過程を信用しておらず、それらの潜在的な機能不全を強調する。しかし、自分たちが権限付与しようとしているトランスナショナルな諸制度での潜在的な機能不全を無視している。権利立憲主義者たちが好む代替制度は費用がかからず摩擦もない世界での相互作用のなかに見出されるのかもしれないが、彼らが攻撃する代替制度は、現実の世界のなかで評価を受けつつ欠点も見出されているのである。コスモポリタンによる見解も同様の短所に苦しんでいる。コスモポリタンの議論は、トランスナショナルないしグローバルな民主的制度がもたらす包摂性ゆえに得られる成果を強調するが、より大きな管轄権での参加状況において生じるであろう、民主主義に関する多くの機能不全を無視している。国家や国家主権の擁護者も単一制度的な見方をしている。その擁護者はトランスナショナルないしグローバルな意思決定過程での民主主義不足を強調するが、外部諸利益の包摂面でも、いくらかの国内諸利益の参加面でも、国家の現状の機能不全の多くを無視している。同じことはトランスナショナルな審議の理論についても言える。この理論では、完全な審議条件とは、その達成も簡単であり、正しい手続きにより摩擦なくたやすく機能すると想定されている。しかし、高い取引費用と情報費用を伴う大規模で複雑な社会では、そうした手続きは実際には従来の政治的機能不全をやや悪化させてしまうおそれもある。透明性や情報へのアクセスを高めるという方策も、改善策として普遍的な効果があるわけではないので、現実世界での意義を真剣に検討することなしに手放しで信奉することはできない。例によって、参加の力学という現実を取り巻く問題が潜んでいる。いわゆる市民社会の諸アクターの参加がより高まれば、それが解決策の一端となる場合もあるが、逆に問題の一端となる場合もある。

これらのことを認識したからといって、多様な立場で具体化される解決策にメリットがないわけではない。逆に、それらは民主主義や立憲主義に関する潜在的な諸問題や様々な代替制度の多面的な可能性をも強調してくれる。ただし、こうした解決策は、摩擦なき世界ではあらゆる制度が完全な参加を提供するものの、現実世界ではどれもそうはならないことを実質的に証明している。完全市場においては、人々は購買するものを通じて自由に自分たちの選好を表明するであろう。市場での自発的な取引すべての合計が最も民主的な決定をもたらすであろう（その決定は人数の多さか選好の集中度の高さかで最も好まれたと言えるものである）。国家では、完全に政治過程が機能していれば、それを通じて集合的選好を創り出すために必要な情報を収集するのはたやすい。この集合的選好は、情報費用と取引費用がないために完全な参加が保証された多様な利害関係者らの集中度に応じて表出される。これらの諸国家が今度は、国際関係の取引費用なき世界において、自分たちの選好を他のすべての国家と摩擦もなく調整するであろう。この摩擦なき世界において、同様のことは国際機構についても当てはまる。国際機構は必要なあらゆる情報を集めることができ、参加するすべての国の利益を反映できる。実際、国際機構は、各地域の状況に応じた最もふさわしい決定を行うことができる。なぜなら、国際機構はあらゆるレベルでの決定を設計したり調和させたりするために、多様な利害関係者の集中度をたやすく測定できるからである。もちろん、意思決定を各地方の審議過程に委ねることもできるだろう。というのも、この費用なき世界では、各地方の審議過程で各地方の諸利益が完全に表出されるし、他の地方との摩擦なき交渉によって外部費用も内部に取り込むからである(49)。要するに、摩擦なき世界では、制度選択は重要ではなくなる。どんなものであれ、あらゆるものが問題なく作動する。立憲主義はいかなるレベルでもいかなる形態でも可能となる。しかし、現実にはそうした世界は存在しないのである。

われわれは大規模で複雑で困難な世界に生きている。ここでは、最善の選択でも、極めて不完全なものになるだろう。このような世界では制度選択が根本的に重要かつデリケートであり、そのためには比較制度分析が重要になってくる。この制度選択と比較制度分析こそが立憲主義の核心であり、実際に具体化されるパラドクスへの対処ゆえに必要となる、現実世界での実践の中核なのである。憲法と立憲主義は現実世界で形成されなければならず、この状況でわれわれが行うべき選択は常に不完全なものにとどまるのである。

7　立憲的多元主義と国境を越えたガバナンス

こうした状況のもとで、われわれは、国家におけるものと国際的なものとの間の相互作用、つまり、国家立憲主義とトランスナショナルな立憲主義との間の関係に取り組まなければならない。この状況では、国家立憲主義は、立憲主義をたまたま代表しているにすぎないのであって、立憲主義の単一的表現ではない。立憲主義はその限界を国家の国境に据える必然性はない。さりとて、国家立憲主義は不必要というわけでも規範的権威がないというわけでもない。国家立憲主義は、先に強調した理由で、より望ましい代替制度であることも多い。しかし、国家立憲主義の正当的権威が特定のものであることを認識すれば、相互依存状況が生み出している、国境を越えた立憲主義という新しい形態の究極的必要性は無視できない。それゆえ、国際的な事柄への国家の関与を単に参照するというだけでは明らかに足りない。ここで必要となるのが、トランスナショナルな諸制度に委任される自律的・規範的意思決定がどの程度であるべきかを制御し、この委任が国家立憲主義に及ぼす影響を検証するような、立憲主義的な形態である。同時に、国家立憲主義に基づく主張同士の間で競合して対立に至ることもあるわけだが、相互依存のメカニズムを通じて、こうした主張同士の間でのバランスをとるための立憲主義的形態も必要となる。[50] これは暗黙裡に、国家の憲法がより強い立憲性を常に有するとは限らなくなっていることを認めている。しかし、そうであるにしても、立憲主義に基づく主張同士の間でのこうした競合を正当化するものは何なのか。その規範的基礎が存在するのだろうか。この正当化のための基盤は、私見では、立憲主義が抱えるパラドクス、すなわち立憲主義が政治的多元主義の育成も保存も規制も同時に行うということのなかに組み込まれている。こうして多元主義が立憲主義の中心に位置することになる。憲法の中核的機能の一つは、実態として、部分的な摩擦はありつつも合理的には有用な共通の場を提供することである。この共通の場では、政治的対立とは、共有された価値観の解釈をめぐって競合する合理的議論であって、権力闘争という類の性質のものではないと想定されている。[51] 対立は競合する憲法解釈に置き換えられる。しかし、この役割を立憲主義が果たすためには、その憲法解釈の多元性が制度面での多元主義によって支えられている必要がある。この制度面での多元主義とは、いかなる利害関係も支配的役割を担わず、いかなる共通善の定義であってもいつでも再検討に付され競い合わされることを保証する様々な制度のことを指している。こうした憲法解釈や制度面での多元主義が、特定の政治的共同体での政治的多元主義の表出と包摂とを同時に確かなものとする。[52] 立憲的多元主義が気を配っているのは、立憲主義が擁護している憲法解釈や制度の多元主義が、今や、国家の憲法と国境を越えた立憲主義との間の関係にまで拡張していることなのである。しかし、立憲的多元主義への期待と課題とを理解するためには、立憲主義のパラドクスが、近代立憲主義において相克する二つの引力を具現化していることに気づくのが大切である。一つの引力は、多元主義に向かうもので、自由や個人の自律性という価値観に結びつく。もう一つの引力は、連帯(unity)やヒエラルキーに向かうもので、平等性、法の支配、普遍性といった諸理念に結びついている。近代立憲主義の成功は、国家のレベルでこの両方の引力を和解させる能力の上に築かれてきたのである。

これらの真逆の引力は、立憲主義が保証する多元主義の政治的プロジェクトと、立憲主義が法的にヒエラルキーや至高性を強調することとの間での緊張に反映されている。[53] しかし、それらは相互に依存的である。多元主義は民主主義を通じて要請されるものであり、自律的な政府という理念を満たすために、先に言及したように、統合された閉じた政治的空間を必要とする。このことが、今度は、政治的権威の究極の源泉を必要とする。先に議論したように、国家立憲主義の近代的形式によって、政治的権威は人民のなかにあるということとされた。人民とは、多元主義の場であると同時に源泉でもあり、究極の政治的権威が依拠する統一的実体である。これは包括的な社会秩序を提供するものという意味での立憲主義の概念とも結びつく。すなわち、ニコ・クリシュ(Nico Krisch)が最近、基礎的立憲主義と呼称したような、政治的近代性を生みだす立憲主義の主要形式のことである。これは、包括的で根本的な立憲主義に基づく共同社会こそが、公的な自律性と個人の自律性の両方の実現のための基礎を成すというものである。[54]

立憲的多元主義に対する最も強力な挑戦とは、それゆえ、立憲主義の価値観と、法的には憲法の絶対的至高性において表現される政治的権威の究極的源泉の存在との結びつきから逸脱するものである。

この両者の結びつきは、法の支配、平等性、普遍主義といった立憲主義的価値観の保護にとって根本的に重要なものと考えられている。

しかし、立憲主義に対する挑戦は、二つの非常に異なる形態で立ち現れる。ある論者は、立憲主義的価値観と多元主義との間での両立不可能性につき、必要なのは多元主義の全面的放棄であり一元論か二元論への回帰であると論じている。また別の論者は、それどころか、解決策はわれわれが知っている立憲主義をさらに極端に追求することにあると論じている。

前者の批判形式の創始者はおそらくバケーロ(Baquero Cruz)である。バケーロは、有名な論文において、立憲的多元主義を法の支配を損ねるものとして批判した(55)。この考えをアレクサンダー・ソメック(Alexander Somek)も採用している。実際、ソメックは、裁判所にとっては、自らが管轄する法的秩序に内在的な法の概念に固執することも、この内在的な法の概念を脅かすような外部からの説明を容認することも、どちらも不可能だと考えている。なぜなら、どちらも法の権威を損ねることになるからである。同一の法的秩序が、その管轄権の範囲内のあらゆる問題に普遍的に対処する権威を主張しながら、同時にその権威を他の法的秩序との間で取引することはできない。ソメック曰く、「法は本質的に一元論である(56)」。

パブロ・エレフェリアディス(Pavlos Eleftheriadis)も、立憲主義の中核的な価値観との矛盾を同様に感知してこの点に焦点を絞りつつ、多元主義に対する包括的な批判を行ってきた。法的秩序の根本価値としての統合性(integrity)というドゥオーキン(Ronald Dworkin)による概念(57)を採用しながら、エレフェリアディスは、立憲的多元主義は、そうした根本価値を尊重していないし、実際、裁判所も公務員

もたらす法的秩序へとつながることを論じている[58]。彼自身の言葉では、

「立憲主義の原理の役割は、様々な法的原理を寄せ集める方法になんらかの秩序を課すことである。これは法のシステムである。もし、自分たちの立憲主義の原理において、様々な枠組みの一貫性が緩められるのであれば、われわれはそのシステム内のどこでも一貫性を放棄することになる[59]」。

しかしながら、奇妙なことに、エレフェリアディスは二元論の形式については保証する。その理由は、統合性は常に個々の法的秩序の観点から評価されるべきだからというものである[60]。これは、彼が、いかなる法的秩序もその法のなかに他国との関係や国際法との関係を内包できなければならないと付記する際にはとくに、常識の範囲内だと思われるだろう[61]。彼にとっては、実際、そうした外部性の内包は、二元論的な原理のもとでもう一つ別の法的秩序を承認することで達成される。すると、正確には何が多元主義から区別されるのか、また、これらの法的秩序間で対立が生じる場合にいかに政治的統合性が実際に保護されるのかについて、不思議に思われるかもしれない。私の見立てでは、エレフェリアディスは、二元論が両方の法的秩序に対して相互に内包する義務を課さないという事実に、多元主義との違いを見出している。両方の法的秩序は並存するのであって、そのいずれかが普及するというのは管轄権の単なる機能の問題にすぎない。他方で、立憲的多元主義は、相互承認だけでなく、コミュニケーションと包摂とを必要とする。エレフェリアディスが政治的統合性を評価するにあたって、個々の秩序を参照しようとした理由は、ドゥオーキン流の政治的統合性の価値と、政治的権威の究極源泉に服する統一的で閉じた政治空間という立憲主義の想定との、この両者の結びつきのなかに

見出される。政治的統合性の義務とは、政治的権威の概念に自然に結びつくもので、国家における政治的権威の独特の位置づけから生じる。

われわれが生きているポスト・ナショナルな状況では、政治的権威の究極源泉に服する統一的で閉じた政治空間について語り続けることは難しい。統一的で閉じた政治空間について語ることは、政治的権威の自己言及的概念のもとで、人工的にナショナルな政体を閉じたり隔離したりすることによって、概念上は今でも可能である。その自己言及的な政治的権威の概念とは、立憲主義的秩序の法的ヒエラルキーや至高性が自らの拡張を主張するほどまでに拡張しているというものである。しかしこれは純粋に循環論に陥っている。より重要なのは、どの法的秩序でも主張されてきた統一性や普遍性が、実際に他の法的秩序と相互作用することで次第に脅かされるようになると、それに応じて、政治的統合性への信頼性も徐々に融解していくことであろう。実際、私はこうした政治的統合性への信頼が融解しつつあることを論じるし、民主主義が現在直面するいくつかの課題を説明する。

この点で、立憲的多元主義は、政治的権威や政治的空間の性質の変化にあわせて、立憲主義を調整するということ以上には手を出さない(62)。課題となるのは、その調整を、政治的統合性と対応する法的秩序での一貫性と普遍性の理念を同時に保護しながら行うことである。これは私が以前の論文のなかで、EUという特定の状況で試みてきたことである。私は、多元主義的な状況で一貫性と普遍性を保持できるように、ヨーロッパの法的システムのあらゆるアクターによって採用されるべきいくつかの基準を作った(63)。私はその基準を対位法の原則と呼んだのだが、それは次のことを強調するためである。すなわち、音楽で複数の旋律が対位法で調和するように、ヨーロッパの立憲的多元主義でも、あらゆるアクターが、自分たちの法的秩序の内側での見方を保持しながらも、一貫性と普遍性の保護とより広くは国境を越えた政治的統合性の促進の本質に関わるなんらかの共通のメタ方法論的な諸原則にコミットするのであれば、一貫性と統合性とを保持できるであろう、ということである。

エレフェリアディスは、少なくとも私の努力を認識してきたが、私の諸原則には結合的な制度基盤が必要だと考えている。それを根拠とすれば、私の理論は暗黙の一元論ということになるだろう。(64)一元論というラベルについての議論に踏み入る危険を防ぐためにも、私はここでは二つの短い指摘にとどめておこう。私は、自分の立憲的多元主義の理論が、多元主義の極端な形式(65)とは異なっており、政治的調停か国際法を通じて解決された多元主義の形式とも異なっていると認めることにやぶさかではない。(66)しかし、それは結合的な制度基盤をおしつけるものではない。さらに、対位法のメタ原則は多元主義を問題視しない。というのも、それらはそれ自体が多元主義の産物だからである。つまり、ルールに従ってゲームをすることでルールが持ち込まれるのである。メタ原則あるいは言説のルールは、外部権威によってヒエラルキー的に課されるものではない。実際、参加するどの裁判所もなんらかの方法で法を行使したり語ったりすることによって「ルールを提案すること」が可能であり、それが言説自体の一部となる範囲において、それは言説のルールになるのである。この点で、裁判所による各判決は発話内行為的ではあるものの、それらの判決の遂行的価値はそれぞれの推論的価値に依拠する。私が論じているのは、いったん裁判所が立憲的多元主義の状況におかれたのであれば、それらの裁判所は、EUの状況では対位法の原則の採用を通じて、立憲主義に関する対立のリスクを管理すべきであるということである。その理由は、対位法の原則こそが、多元主義的状況において、関連するすべての裁判所が追求しなければならない立憲主義の取極めを満たすための最善の方法だからである。しかし、別の論者は、立憲的多元主義は、立憲主義そのものから極端に距離をとる必要があると信じている。この考えを、マテジ・アウベリ(Matej Avbelj)は、多元主義が直面する選択肢という形式で提示している。すなわち、立憲主義の慣例的意味に忠実であり続けることで多元主義を諦めるか、それとも、真に多元主義者であり続けながら立憲主義を抜本的に再定義するかという選択である。(67) 同様の筋道で、ニコ・クリシュもまた、とくに立憲主義をその根本的な近代的形式で理解するのであれば、立憲主義を越えたところに解決策は見出されるであろうと論じている。多元主義は、ポスト・ナショナルな世界で立憲主義の諸理念を追求するための最善のものであるが、われわれが知っているような立憲主義から極端な距離をとる必要がある。(68)

しかし、先に強調したように、多元主義は立憲主義の慣例的形式においても本質的に重要である。法と政治的権威の統一的概念と、政治的空間の多元主義との間での緊張は、少なくとも慣例的理解で支配的となった近代リベラリズムという形式において、立憲主義のプロジェクトの中核に存在してきた。この意味で、立憲的多元主義者はなんら新しいものに遭遇しているわけではない。しかし、われわれはこの緊張に新たな状況で対処せねばならない。言い換えれば、ポスト・ナショナルな政治的共同体や国境を越えたガバナンスの必要性に応じて立憲主義を更新するためには、新しい調和が、多元主義と統一性との間で試みられなければならない。(69)

立憲的多元主義は、多元的状況下での現在の法の実践によって生じる新たな形態において、古い立憲主義のパラドクスに対峙すべきであろう。ニール・ウォーカー(Neil Walker)が述べたように、「立憲的多元主義者は、多元主義に由来する、政治的領域での豊穣で縮減できない多様性の感覚の保持と同時に、立憲主義に由来する、政治的領域全体にわたる正当な権威保持者の単一性という理念の保持を追求する」[70]。要するに、立憲的多元主義の将来は、常に立憲主義を支配してきた多元主義と統一性という互いに逆方向の引力の和解に成功できるかどうかにかかっているのである。

8 結語——国境を越えた立憲主義の実践方法

このように見てくると、国境と政治的共同体を越えた立憲主義は、不可能でもないし必ずしも否定的なものでもない。国境を越えたガバナンスがひとたび立憲主義の国境を越えた対応を必要とすれば、この対応を拒否することは、根本的問題が解決されないという課題を無視することになる。ベンサムの有名な言葉のように、飢えがあるがゆえにパンが存在すると想定すべきではないが、パンがないがゆえに飢えもないと想定すべきでないことも同様に真なのである……。国境を越えた立憲主義は、社会的・経済的な相互依存が立憲主義的な相互依存へと至ったがゆえに必要なのだが、これは立憲主義の発展がたやすいことを意味しているわけではない。国境を越えた立憲主義が国家立憲主義と同じ形態をとるというわけでもない。同時に、その任務の困難さゆえに国境を越えた立憲主義が立ち消えとなることもない……。

国境を越えたガバナンスの結果として、国家立憲主義と、多数の競合的な立憲主義的主張との間の関係は、次のような主張の構成要素によって決まる。「それらは競合するひとまとまりの政治的共同体から支持されているのかいないのか、支持されているとすれば、どの政治的共同体が支持しているのか」。こうした立憲主義的な主張がもたらす、制度が競合することの優位性とは何か。この思考訓練では制度の比較分析の方法論が中心となる。究極的には、制度が競合することの優位性は、立憲主義の諸理念により近接したものへと発展することでもたらされる。これはこれまで論じてきたように、立憲主義自体のパラドクスとして反映されている。

ＥＵは、国境を越えた立憲主義が、国家立憲主義にもたらす立憲主義的な付加価値とその諸結果によりいかに正当化されるかについて、特に先進的な事例である。ＥＵにはその権力を制限し統治するための立憲主義的な手段が必要であることは、今やほぼ共通了解となっている。これには、立憲主義的な手段がもはや国際法からではなく、憲法から借用されるようになって初めて、国境を越えた立憲主義が承認されたことが関係している。こうした事態は、私がすでに記した権力の場所と形式が推移した結果、国際的領域ではますます可視化されつつある。しかしＥＵはさらにこの先を行っている。ＥＵは国家の憲法の主張に反対しうるだけの、自らの規範的権威についての立憲主義的主張も行っている。換言すれば、立憲主義による権力の制限と規制を必要とするだけでなく、実際には、立ち現れつつある政体を伴いながら、欧州統合プロセスの立憲主義的な概念化を基礎として権力を主張している。これに関しては、ＥＵの立憲主義的な主張が「国家の政体による立憲主義的主張に反対できるだけの正当性をＥＵの政体が有すること」についての説明が求められる。これは、ＥＵの立憲主義が国家立憲主義と同じであることや、国家と同様の包括的な社会的野心を有することを意味しない。しかし、ＥＵの立憲主義には、いくつかの点で、ＥＵが反対しうる国家立憲主義に対して立憲主義的な付加価値をもたらすことが求められる。

他の論文で、私は立憲主義的な付加価値が存在しうる場所を説明したことがある。(71) 要するに、欧州統合過程やEU法のおかげでナショナルな政治的共同体やその立憲民主主義にもたらされる、立憲主義と民主主義の付加価値の主たる源泉として、三つのものを識別できる。第一に、ヨーロッパの立憲主義は、国家の政治過程がその審議で影響が及びうる国家外部諸利益への配慮を求めることで、ナショナルな民主主義のなかでの包摂性を促進する。欧州統合への取り組みによって、EUの加盟国は、自分たちの民主主義を他の加盟国の市民・諸利益にも相互開放することを承認している。これによって立憲主義に本来備わっている包摂性の論理が拡張されることになる。第二に、ヨーロッパの立憲主義は、各国家によるコントロールを侵食してしまうトランスナショナルなプロセスに対して、各国家の民主主義が集合的にコントロールを取り戻すことを許容する。第一の場合は、外に向かって出ていく民主主義的外部性(国家による国家外部諸利益への影響)のことであるのに対して、第二の場合は、内に入ってくる民主主義的外部性(国内諸利益に影響するような国家外意思決定とそのプロセス)のことを指している。第三に、ヨーロッパの立憲主義自体もまた、自己規制的でありながらも外部性を有する立憲主義的統制を構成し、国家での民主主義に影響が及ぶ。国内での政治的機能不全が外的な制約のおかげでよりよく矯正されるという事例はたくさんある。そうした事例では、国家の政治過程で経路依存化したり特定の諸利益に取り込まれたりした国内政策を合理化させることもある。そこでは、EU法が課す統制のおかげで、国家の政治過程が合理化されて、より多くの情報に基づく真に開かれた審議が再び活発になることも多い。

このことは、国家の政治的共同体が、今でも多くの点で立憲主義の価値観を追求していくうえで最善の場であることを無視してはいない。多くの例で、国家立憲主義は今でも立憲主義の価値観にとって最善の代理形式であって、万が一ヨーロッパの立憲主義が権力の集中や濫用を行う場合には、それに対する抵抗を国家立憲主義が保証する。ヨーロッパの立憲主義は、国家立憲主義への付加価値となることが強調される形式だが、国家立憲主義に優越するとの一般的主張までは行っていない。しかし、何の主張もなしに、ヨーロッパの立憲主義は付加価値を提供しているわけではない。ヨーロッパの立憲主義による付加価値とは、立憲主義に関する加盟国とヨーロッパの互いの欠陥を矯正しあうことから生じるものであり、このことが互いの立憲主義的秩序の間に存在する多元主義の特定の形式を正当化するのである。

ＥＵは国境を越えた立憲主義のうちで最も発達したものだが、それは一つのケースにすぎない。国境を越えたガバナンスは非常に多様であるため、「どんな場合でも通用するようなアプローチ」というものは、いかなるものであれ疑わしい。代わってわれわれが必要としているのは、国境を越えたガバナンスという状況での立憲主義的な選択の方法論である。この選択の方法論とは、これまで議論してきた様々な理論の知見を利用することで、立憲主義が基盤とするパラドクスと緊張とを反映できるものである。このパラドクスと緊張が示唆するところによると、われわれの世界には高度な取引費用、組織費用、情報費用があるがゆえに、国境を越えたガバナンスの土台となる制度選択は常に二つの意味で難しい。第一に、選択肢が似通ったものとなる傾向があり、ある代替制度での問題が、他の代替制度でも同様の問題として表れてしまう傾向がある。第二に、数と複雑性が高度な世界において、現実的に最善の選択肢というものは、抽象的世界での理想的制度からはかけ離れたものであろうことである。

国境を越えたガバナンスという状況での立憲主義への通常のアプローチは、法や公共政策の分析形式の多くと共通する問題に苦しんでいる。すなわち、単一制度的であるという問題である。単一制度的なアプローチは、特定の機能不全に焦点を当てるものであり、立憲主義的な代替制度を提案するものの、立憲主義のパラドクスとバランスへの配慮や、高度な取引費用と情報費用が存在する世界でその代替制度が立憲主義の機能不全をもたらす可能性への配慮を欠いている。よりよい用語がないために、国境を越えたガバナンスの状況で蔓延しているこの機能不全の問題のことを単一立憲主義と呼んでも差し支えないだろう。これは立憲主義に関する概念ではあるが、制度選択のための規範的枠組みとしての概念ではなく、特定の制度選択を具体化するものとしての概念である。

国境を越えたガバナンスの状況では単一制度分析には常に完全主義がつきまとう。これは、現存制度での深刻な機能不全を曝け出すことが、改革を証明することになるという信念に端を発するものである。政治、市場、司法、行政などにおいてあらゆる種類の機能不全がある。現存の市場、政治過程、司法が機能不全を助長するという議論はいつでも正しいが、同時にそれだけでは概ね妥当性がない。単一制度的であるという点でまさに共通するこの種の分析が正当化されるのは、たとえば政府かトランスナショナルな規制か脱規制かといった制度選択のために、市場の失敗や政府の失敗という形で必要条件を提示するからなのかもしれない。しかし、満たされるのはいつも条件でしかない。それゆえ、単一制度分析は、代替制度の機能不全の程度と理由(および対応する制度的機能不全)に関するもっと深い分析によって補完される必要がある。

情報費用と取引費用の高まりと密接に関係することが多い条件で、ある制度を崩壊させる原因となるのと同じ条件がまた、代替制度を同様に崩壊させる原因となりうる。しかし、様々な制度が同一方向に向かって崩壊する傾向があるということは、それらがあらゆる点で等しく動くことを必ずしも意味してはいない。数や複雑性の増大に応じて、取引費用とその他の参加費用も高まるにつれて、たとえ動きの方向性が同じであっても、その動きの比率は制度によって違うかもしれない。比較優位でより優れた制度的選択肢が存在するのは、厄介かもしれないが、まさにここなのである。

国境を越えたガバナンスの様々なモデルに関するほとんどの法的・政治的分析において、完全主義がはびこっている。改革の提唱者らは理想化された改革ビジョンを掲げる。彼らは、自分たちが所与の制度形式に関連付ける社会目標の優越性の観点から、自分たちの改革に強みを見出す。しかし、制度選択の現実は、この短い論考で明らかになっていることを期待しているが、目標と制度との単純な結びつきを許容しない。たとえ疑いもなく善の単一のビジョンを掲げることができるとしても、制度選択についてはなにも導かれないし、法や公共政策についてもなにも導かれない。同じ目標の達成についても、状況次第で異なる制度が最善策となる可能性がある。目標と制度とが分かちがたく結びついているという想定は、分析的にはあてにならない。この見込み違いは、所与の目標と誤って連結された制度形式が摩擦なく機能するとの想定も相まって、複合的となっている。

要するに、立憲主義の規範的プロジェクトを追求するには、制度やプロセスの無謬性や理想状態を想定するだけでは足りない。立憲主義のルール、プロセス、諸個人の間で介在する取引費用と情報費用といった参加費用のために、あらゆる代替制度は非常に不完全なものとなり、どんな制度にも一定の立憲主義的理想が反映されているとは考えにくくなる。取引費用と情報費用がある世界で運用されている制度と比較すれば、制度的理想状況に基づくどんな立憲主義的議論も最初から失敗が決まっている。さらに、立憲主義そのものがこの問題を織り込み済みである。これこそが立憲主義が本質的にパラドクスを抱えており、相克する緊張の間でいつまでもバランスを保つことを根拠とする理由である。立憲主義の特定の制度モデルを推奨する単一立憲主義はすべて、立憲主義が抱えるパラドクスや、このパラドクスゆえに様々な制度選択が必要となることが視野に入っていない。

現実は次のようなものである。たとえ国境を越えたガバナンスが国家立憲主義を基礎としているか、そうであるべきとの認識から始めるにしても、われわれは国境を越えたガバナンスでの立憲主義の位置づけの理解には遠く及んでいないのである。ここに規範的分析と現実分析との間の相互作用がある。国境を越えたガバナンスの特定形態についての検証や、その国境を越えたガバナンスの特定形態が立憲主義の難題の把握に努める理論と実践が例証しているように、立憲主義の形態、問題、相互作用には多様なものがある。各事例での始動的アクターは、少なくとも理論上は今でも国家である。しかし、トランスナショナルな主体の背後に横たわる構造から生じている意思決定の現実は、国家が権限委譲をしたり制御(ナショナルな拒否権や全会一致の意思決定を通じたもの)したりするという世界観を越えて展開している。この進展状況の認識については、当事者である組織ごとに違うであろうが、国境を越えた立憲主義と困難な制度選択の諸問題が生じるのは明らかである。

最も広い意味では、立憲主義とは、自由、平等、完全な参加と代表といった立憲主義的理念を最大化するように、権力を配分、制御、管理するための規範理論である。この立憲主義の規範理論は、社会的意思決定の管轄範囲が大きいものにも小さいものにも適用できるし、政治過程、裁判所、市場にも適用できる。同様に、権力を行使するいかなる制度にも適用可能だし適用すべきである。立憲主義の規範理論が制度的に適用される形式は、国家立憲主義と同じである必要はない。国境を越えたガバナンスが国家の憲法と同じ条件で正当化されることまでは要求できない。しかし、国境を越えたガバナンスが立憲主義的な条件で正当化されること、少なくとも、立憲主義的条件のもとでガバナンスの選択が評価されることは、要求しなければならない。憲法(政治的共同体の立憲主義)と立憲主義そのものとを混同してはならないのである。

国境を越えた立憲主義は、国家立憲主義とは違って、政治的共同体なき立憲主義である。それゆえ、国境を越えた立憲主義は国家の伝統的な立憲主義モデルには依拠できない。トランスナショナルな政治的共同体の出現を目の当たりにすることがあっても、それは国家とは別の立憲主義的な選択を必要とする別の政治的共同体なのである。しかし、どの場合でも、われわれが立憲主義的諸問題に直面する際には、立憲主義の規範的な宝庫のなかに必要な答えを見出すべきである。さらに、われわれは、その立憲主義の諸問題への答えを探究し続けなければならないが、これは比較制度分析に基づく類似制度選択を通じて行わなければならないし、包摂という立憲主義的価値観と、潜在的に影響を受ける様々な利害関係者の参加の集中度との間での絶え間ないトレード・オフや、様々な代替制度が取引費用と情報費用を伴って相互作用する状況を考慮に入れなければならない。国境を越えたガバナンスが、国家の民主的で立憲主義的なモデルの反映を目指しようがないのは事実だが、それよりむしろ、ますます高まる相互依存状況での国家の機能不全を矯正する新たな代替制度を提供することのなかに、国境を越えたガバナンスの規範的価値が見出されうる。そうすれば、国境を越えた立憲主義は、立憲主義自体の価値を損ねるのではなく、さらに進展させることになるのである。

（1）ジョルジオ・ブチェラッティ（Giorgio Buccellati）『政治の起源』（Alle Origini della Politica）より引用。同書は、政治の発生を、多様な出自の人々が同じ空間と資源を共有しながら集住し始めた最初の都市地域の出現と結びつけている。

（2）Neil K. Komesar, *Imperfect Alternatives: Choosing Institutions in Law, Economics, and Public Policy*, The University of Chicago Press, 1994.

（3）それはニール・K・コメサルによって論じられた単一制度主義という考えのより広い概念である。*Ibid.*

（4）Francisco Rubio Llorente, *La Forma del Poder*, Centro de Estudios Constitucionales, 1993.

（5）Anne-Marie Slaughter, *A New World Order*, Princeton University Press, 2004.

（6）実際、経済学による市場分析の多くは立憲主義的な分析である。外部性の問題や情報費用、取引費用といった問題は、市場での参加の問題の例にすぎないのであり、われわれが今後もこれまで通りに強調するように、これは立憲主義の中核であると同時に、現在のグローバルなプロセスで必要となる学問分野横断的な言説での共通概念である。

（7）J.H.H. Weiler, Ulrich R. Haltern, and Franz C. Mayer, "European Democracy and its Critique", *West European Politics*, Vol. 18, No. 3, 1995, pp. 4-39.

（8）このことは、経済面でのグローバル競争の度合いが誇張されている場合であっても依然として当てはまる。Paul R. Krugman, "Increasing Returns, Monopolistic Competition, and International Trade", *Journal of International Economics*, Vol. 9, No. 4, 1979, pp. 469-79.

（9） これは商取引という単純な意味での市場よりも広い市場の概念である。それは意思決定に影響を及ぼす形式として、たとえば、企業、消費者、労働者などの市場参加者の移動性を含んでいる。

（10） これらの問題と立憲主義との間の結びつきの説明については次を参照のこと。Miguel Poiares Maduro, "Three Claims of Constitutional Pluralism," in Matej Avbelj and Jan Komárek (eds.), *Constitutional Pluralism in the European Union and Beyond*, Hart Publishing, 2012, pp. 67–84.

（11） この原則は、たとえ国家での立憲主義的規範よりも高次の規範を創出する場合であっても、他のあらゆる点ではほとんど、国家立憲主義的な主権概念を保護するための操作的原則であった。さらに、その概念自体が、究極的権威の定義として主権を捉えるという同様の考え方を反映するものだった。

（12） Julio Baquero Cruz, "The Legacy of the Maastricht-Urteil and the Pluralist Movement", Working paper, Robert Schuman Centre for Advanced Studies, European University Institute, 2007/13; Joseph H. H. Weiler, *The Constitution of Europe: 'Do the New Clothes Have an Emperor?' and Other Essays on European Integration*, Cambridge University Press, 1999; Allan Rosas, "Separation of Powers in the European Union," *The International Lawyer*, Vol. 41, No. 4, 2007, pp. 1033–46.

（13） Miguel Poiares Maduro, "Contrapunctual Law: Europe's Constitutional Pluralism in Action," in Neil Walker (ed.), *Sovereignty in Transition: Essays in European Law*, Hart Publishing, 2003, pp. 501–38 at 505; see also Richard Joyce, *Competing Sovereignties*, Routledge, 2013; William Davies, *The Limits of Neoliberalism: Authority, Sovereignty and the Logic of Competition*, SAGE Publications, 2015.

（14） Maduro, "Contrapunctual Law: Europe's Constitutional Pluralism in Action," op. cit.; Miguel Poiares Maduro, "Three Claims of Constitutional Pluralism," op. cit.; Neil Walker, "The Idea of Constitutional Pluralism", *Modern Law Review*, Vol. 65, No. 3, 2002, pp. 317–59; Neil MacCormick, "Beyond the Sovereign State", *Modern Law Review*, Vol. 56, No. 1, 1993, pp. 1–18; Mattias Kumm, "The Cosmopolitan Turn in Constitutionalism: An Integrated Conception of Public Law", *Indiana Journal of Global Legal Studies*, Vol. 20, No. 2, 2013, pp. 605–28.

(15) いかに頻繁に、閉鎖が、国家レベルでの民主主義の手段として構想されてきたかの事例としては、以下に示すEUと一体性に関するドイツ憲法裁判所の判決を参照。4 BVerfG(Federal Constitutional Court–Bundesverfassungsgericht), judgment of the Second Senate of 30 June 2009–2 BvE 2/08 et al., BVerfGE 123, 267–Lisbon decision and Bundesverfassungsgericht[BVerfG–Federal Constitutional Court], Case No. 2 BvR 987/10, 2 BvR 1485/10, 2 BvR 1099/10, 2011 Entscheidungen des Bundesverfassungsgerichts[BVerfGE]129, 124(Sept. 7, 2011)("Greek bailout", rejecting complaint).

(16) たとえば、David Held and Mathias Koenig-Archibugi(eds.), *Global Governance and Public Accountability*, Blackwell, 2005.

(17) EUの文脈での分析については、Miguel Poiares Maduro, "Europe and the Constitution: What If This Is As Good As It Gets?," in Marlene Wind and Joseph H. H. Weiler(eds.), *European Constitutionalism Beyond the State*, Cambridge University Press, 2003, pp. 74–102; Maduro, "Three Claims of Constitutional Pluralism," op. cit. *supra* note 10.

(18) もとはコメサルが生み出した表現。Neil K. Komesar, op. cit.

(19) Robert A. Dahl, *Democracy and Its Critics*, Yale University Press, 1989. ダールは政体には二つの問題があると指摘する。「一―包摂という問題。どのような人々がデモスに含まれる正当な権利を有するのか。二―政体の権威の範囲。デモスを制御するにはどのような正当な限界があるのか」(*Ibid*., 119.)。以下も参照。David Held, *Democracy and the Global Order: From the Modern State to Cosmopolitan Governance*, Stanford University Press, 1995, with a focus on "Stories of Democracy: Old and New," at 3–28 and "Political Community and the Cosmopolitan Order," at 221–38.

(20) Richard Bellamy, "The Political Form of the Constitution: The Separation of Powers, Rights and Representative Democracy," in Richard Bellamy and Dario Castiglione(eds.), *Constitutionalism in Transformation: European and Theoretical Perspectives*, Blackwell Publishers, 1996, p. 24. ベラミーは、立憲主義を定義してきた三つの原

則として、権利、権力分立、代表制による政府を強調する。しかし、彼の見立てでは、近年、三つのうちで最初の権利が中心的になってきた。「司法審査によって支持される諸権利は、政治が展開される規範的な法的枠組みを提供しており、憲法の第一の構成要素と言うことができる」(*Ibid.*, 24.)。

(21) 前者についてはRonald Dworkin, *Taking Rights Seriously*, Harvard University Press, 1977を参照。後者についてはJohn Hart Ely, *Democracy and Distrust: A Theory of Judicial Review*, Harvard University Press, 1980を参照。

(22) Neil K. Komesar, op. cit.

(23) *Ibid.*

(24) 他の諸理論も同様の貢献を行ってきた。たとえばアッカーマンによる「二重の民主主義」は、政治過程と裁判所の両方を、民主的意思決定を促進し保護するものとして位置づけている。Bruce Ackerman, *We The People: Volume 1 Foundations*, Harvard University Press, 1991; Bruce Ackerman, *We The People: Volume 2 Transformations*, Harvard University Press, 2000.

(25) 多数決型民主主義が民主主義の自然な形式であるかどうかについてはより多くの議論がある。たとえば以下を参照。James M. Buchanan and Gordon Tullock, *The Calculus of Consent: Logical Foundations of Constitutional Democracy*, University of Michigan Press, 1962. 多数決型民主主義がより効率的な意思決定をもたらすのかどうかについても同様である。それは効率性の概念や影響の測定方法によって左右される。

(26) より隔離された集団ほど多数者バイアスを被りやすくなるリスクがあり、これが、国家立憲主義によってその他の保護メカニズムが提供される理由である。

(27) Immanuel Kant, *Critique of Pure Reason*, Paul Guyer and Allen W. Wood trans., Cambridge University Press, 1999; Jürgen Habermas, *The Theory of Communicative Action, Volume 1: Reason and the Rationalization of Society*, Thomas McCarthy trans., Beacon Press, 1984.

(28) James Bohman, "Republican Cosmopolitanism", *Journal of Political Philosophy*, Vol. 12, No. 3, 2004, pp. 336–

52.

(29) ここで扱っているのは、新制度学派経済学と、そこでの次のような基本的な制度概念、すなわち、諸制度は概して進化の産物であるがゆえに、常に維持されるわけではないが尊重される必要はあるものという意味での制度概念である。

(30) Ernst-Ulrich Petersmann, "How to Reform the UN System? Constitutionalism, International Law, and International Organizations", *Leiden Journal of International Law*, Vol. 10, No. 3, 1997: pp. 421–74 at 463.

(31) *Ibid.*, p. 445.

(32) *Ibid.*, p. 423.

(33) *Ibid.*, pp. 447–48.

(34) たとえば、Friedrich A. Hayek, *The Constitution of Liberty*, The University of Chicago Press, 1960; Werner Bonefeld, "Freedom and the Strong State: On German Ordoliberalism", *New Political Economy*, Vol. 17, No. 5, 2012, pp. 633–56.

(35) Steve Charnovitz, "The Globalization of Economic Human Rights", *Brooklyn Journal of International Law*, Vol. 25, No. 1, 1999, pp. 113–24.

(36) 別バージョンのものとして次を参照。Danilo Zolo, *Cosmopolis: Prospects for World Government*, David McKie trans., Polity Press, 1997.

(37) Daniele Archibugi and David Held(eds.), *Cosmopolitan Democracy: An Agenda for a New World Order*, Polity Press, 1995; Richard Falk, *On Humane Governance: Toward a New Global Politics*, Polity Press, 1995.

(38) より小さな管轄権は真逆の脅威を生むこともありえるがそれについては以下の行論で議論する。

(39) Carol M. Rose, *Property and Persuasion: Essays on the History, Theory, and Rhetoric of Ownership*, Westview, 1994.

(40) 政治的共同体の自律的政府を保証するための閉鎖と安定性が国家の憲法によって提供されることに関する先の

行論を参照。

(41) Martti Koskenniemi, "The Future of Statehood", *Harvard International Law Journal*, Vol. 32, No. 2, 1991, pp. 397–410. たとえば三九九ページ、「しかし、人権保護は社会秩序の有益な基礎とはなりえない。政体を人権との関わりで定義するというのであれば、その人権の数と中身を見極めなければならない」。

(42) *Ibid.*, p. 407.

(43) 政治的な善についての見解の一致はいまだに無い。本質的な見解の不一致を制度化された議論で取り扱わせる手段は、通常の環境では、国家が今でも提供している(*Ibid.*, p. 410.)。

(44) *Ibid.*, p. 403.

(45) Michael Hardt and Antonio Negri, *Empire*, Harvard University Press, 2000.

(46) たとえばインドネシアの事例を見よ。Richard Robison and Vedi R. Hadiz, *Reorganising Power in Indonesia: The Politics of Oligarchy in an Age of Markets*, Routledge, 2004.

(47) Boaventura De Sousa Santos, "Globalizations", *Theory, Culture & Society*, Vol. 23, 2006, pp. 393–99.

(48) David Kennedy, "Turning to Market Democracy: A Tale of Two Architectures", *Harvard International Law Journal*, Vol. 32, No. 2, 1991, pp. 373–96.

(49) David Regan, *The Local Left and its National Pretensions*, Centre for Policy Studies, 1987.

(50) Miguel Poiares Maduro, "Is There Any Such Thing as Free or Fair Trade? A Constitutional Analysis of the Impact of International Trade on the European Social Model," in Gráinne de Búrca and Joanne Scott (eds.), *The EU and the WTO: Legal and Constitutional Issues*, Hart Publishing, 2001, pp. 237–82.

(51) 憲法を通じた合理的言説が、多元主義の状況において、共通のアイデンティティを保証し、政治的共同体を安定させる。

(52) 司法審査の役割と正当性に関する終わりなき議論において多くの誤解がある理由は、この点がしばしば忘れられている事実にこそ求められる。そこでも、現実に生じていることを、憲法で定着した多元主義が明らかに意図した「制度競争」の一形態だと表現するのがふさわしい場合、法律家は、憲法の意味を決定する究極の権威を探し求めるようである。Poiares Maduro, 'Interpreting European Law: Judicial Adjudication in the Context of Constitutional Pluralism', *European Journal of Legal Studies*, Vol. 1, No. 2, 2007, pp. 1–21.

(53) Mataj Avbelj による Dieter Grimm の論文についての議論を参照。

(54) Nico Krisch, *Beyond Constitutionalism, The Pluralist Structure of Postnational Law*, Oxford University Press, 2010, pp. 47 ff., in particular p. 52.

(55) Baquero Cruz, 'The Legacy of the Maastricht-Urteil and the Pluralist Movement', *European Law Journal*, Vol. 14, No. 2, 2008. これらの批判のうちのいくつかについては次のワーキングペーパーの元となったシンポジウムで私はバケーロと討論した。Matej Avbelj and Jan Komárek (eds.), *Four Visions of Constitutional Pluralism*, EUI Working Paper Law, No. 2008/21, 2008.

(56) Alexander Somek, 'Monism: A Tale of the Undead', in Matej Avbelj and Jan Komárek, op. cit. pp. 343–379.

(57) Ronald Dworkin, *Law's Empire*, Harvard University Press, 1986.

(58) Pavlos Eleftheriadis, 'Pluralism and Integrity', *Ratio Juris*, Vol. 23, No. 3, 2010, pp. 377–78.

(59) *Ibid.*, p. 378.

(60) *Ibid.*, p. 381.

(61) *Ibid.*, p. 381 and p. 388.

(62) おそらく、ニコ・クリシュが行っているように、公的な自律性と私的な自律性の形式の変化について語るほうがより適切であろう。

(63) Maduro, "Contrapunctual Law", op. cit. を参照のこと。

(64) Pavlos Eleftheriadis, op. cit., p. 387.

(65) 特に Jan Komárek によるものを見よ。

(66) 私はニール・マコーミック (Neil MacCormic) の著作に見出される多元主義の様々な型を念頭に置いている。

supra note 14; Neil MacCormick, *Questioning Sovereignty: Law, State, and Nation in the European Commonwealth*, Oxford University Press, 2002.

(67) Matej Avbelj, "Can European Integration be Constitutional and Pluralist - Both at the Same Time?", in Matej Avbelj and Jan Komárek, op. cit.

(68) Nico Krisch, op. cit.

(69) 地域的統合とグローバルな統合の状況で、生じつつある国境を越えた政治的共同体と、伝統的な政治的共同体が直面する諸課題との両方について言及している。

(70) Neil Walker, 'Constitutionalism and Pluralism in Global Context', RECON Online Working Paper 03/2010, p. 1.

(71) Miguel Poiares Maduro, *We the Court: The European Court of Justice and the European Economic Constitution*, Hart Publishing, 1998; Miguel Poiares Maduro, "Europe and Constitution," op. cit.; Miguel Poiares Maduro, 'Passion and Reason in European Integration,' 2010, available at SSRN: https://ssrn.com/abstract=1709950.

〈執筆者紹介〉

はしがき，序章，第 1 章　庄司克宏(しょうじ・かつひろ)
奥付参照

第 2 章　和達容子(わだち・ようこ)
長崎大学環境科学部准教授．政治学，環境国際関係論

第 3 章　佐藤真紀(さとう・まき)
慶應義塾大学法務研究科非常勤講師．国際ビジネス法．
KH ネオケム株式会社 経営管理部(前職：ソフトバンクグループ株式会社 法務部)

第 4 章　浪岡新太郎(なみおか・しんたろう)
明治学院大学国際学部教授．政治社会学

第 5 章　長尾香里(ながお・かおり)
NHK 報道局 記者

第 6 章　駒村圭吾(こまむら・けいご)
慶應義塾大学法学部教授．憲法，言論法

終　章　ミゲール・P. マドゥーロ
奥付参照

訳者：原　田　徹(はらだ・とおる)
佛教大学社会学部専任講師．政治学

〈編者紹介〉

庄司克宏

1957年生．中央大学総合政策学部教授，慶應義塾大学名誉教授．専門は，EUの法と政策，欧州政治，国際機構．日本EU学会元理事長，現理事．欧州委員会よりジャン・モネ・チェア（*ad personam*）授与．2009–10年外務省日EU関係有識者委員会委員．著書に『欧州連合――統治の論理とゆくえ』（岩波新書），『ブレグジット・パラドクス　欧州統合のゆくえ』，『新EU法　基礎篇』，『新EU法　政策篇』（以上，岩波書店）他，編著，訳書多数．

ミゲール・P. マドゥーロ（Miguel P. Maduro）

1967年，ポルトガル生．欧州大学院大学教授，前トランスナショナル・ガバナンス研究科長．専門は，EU法，国際経済法，憲法，比較制度分析．EU司法裁判所のアヴォカ・ジェネラル（裁判官同等職），ポルトガル政府の官房長官・地域開発大臣，FIFAガバナンス・審査委員長等も歴任．著書に *We the Court: The European Court of Justice and the European Economic Constitution*, Hart Publishing; *The Past and Future of EU Law*（co-editor with Loïc Azoulai）, Hart Publishing 他．

トランスナショナル・ガバナンス
――地政学的思考を越えて

2021年5月13日　第1刷発行

編　者　庄司克宏（しょうじかつひろ）　ミゲール・P. マドゥーロ

発行者　岡本　厚

発行所　株式会社　岩波書店
〒101-8002 東京都千代田区一ツ橋2-5-5
電話案内 03-5210-4000
https://www.iwanami.co.jp/

印刷・理想社　カバー・半七印刷　製本・牧製本

ISBN 978-4-00-061470-2　　Printed in Japan